W0210055

die 3D iät

Karl Lagerfeld

Die 3D Diät

Jean-Claude Houdret

Ingrid Sischy interviewt Karl Lagerfeld

Aus dem Französischen von Karl-Udo Bigott
Übersetzung des Interviews aus dem Englischen: Udo Breger

Steidl

In

Karl Lagerfeld wurde 1938 in Hamburg geboren. Er ist Designer, Fotograf, Buchhändler, Verleger und Galerist. 1996 wurde er mit dem Kulturpreis der Deutschen Gesellschaft für Photographie ausgezeichnet.

Jean-Claude Houdret ist Arzt für Allgemeinmedizin und auf Ernährung, Ästhetik, Naturheilkunde und Homöopathie spezialisiert. Er lehrt an der medizinischen Fakultät der Universität Paris XIII und ist Autor mehrerer Bücher. Er lebt und praktiziert in Paris.

Ingrid Sischy ist Chefredakteurin der Zeitschrift »Interview«, New York.

halt

Karl

Lagerfeld

Docteur Jean-Claude Houdret

PRÉSIDENT FONDATEUR DE L'I.M.I.I.
CHARGÉ DE COURS UNIVERSITAIRE À LA FACULTÉ DE MÉDECINE DE PARIS III

Merci cher ami

pour tous ces jolis papillons.

Votre Jean

13.XII

94, BOULEVARD FLANDRIN, 75116 PARIS · TÉL. 01 47 27 27 93 · FAX 01 47 27 91 08
E mail : Dr.HOUDRET@wanadoo.fr
MEMBRE D'UNE ASSOCIATION DE GESTION AGRÉÉE ACCEPTANT LE RÈGLEMENT PAR CHÈQUE LIBELLÉ À SON NOM.

Vorwort

Die Frage nach der »wahren Natur« und dem »wahren Selbst« läßt sich erst beantworten, wenn wir die unterschiedlichen Seinszustände verstanden haben. Sollten Ihnen Übergewicht und die Aussicht, sich unmöglich neu und modern kleiden zu können, unwichtig sein, ist dies kein Buch für Sie. Gesundheitliche Gründe sind ein sehr gutes Argument zum Abnehmen und für manche Leute überlebensnotwendig. Sofern Sie natürlich in der glücklichen Lage sind, sich eigentlich nicht aus gesundheitlichen Gründen einer Diät unterziehen zu müssen, so können diese – falls Sie die Tatsache, daß die tieferen, ehrlicheren Gründe weniger medizinischer Natur sind, nicht an die große Glocke hängen wollen – doch ein willkommener Vorwand sein. Die geistige Gesundheit ist in gewisser Weise ja sogar noch wichtiger. Sie müssen daran glauben, daß Sie es schaffen. Lassen Sie sich Zeit, für ein neues Leben gibt es keine Deadline: »No deadline for a new line.«

Tun Sie es einfach, befolgen Sie den Rat Ihres Arztes und denken Sie, es sei lebenswichtig – selbst wenn es nicht so ist. Nehmen Sie es ernst – aber glauben Sie nicht, daß es das Allerwichtigste ist. Nutzen Sie diese Art der »reinigenden Isolation« (die eine ernsthafte Diät Ihnen beschert) als eine interessante Erfahrung. Tun Sie es nicht, weil Sie einfach nur nach einer Abwechslung suchen oder schlimmer noch: wegen einer neuen oder alten Liebe. Solche Beweggründe münden geradewegs in Depressionen. Es geht allein um Sie – die anderen kommen später (oder auch nicht). Zu Beginn sollten Ihre intimsten Freunde (oder Geliebten) auf keinen Fall erfahren, daß Sie sich neu erfinden wollen. Später darf es zu einem Gesprächsthema werden, aber am Anfang muß es ein Geheimabkommen mit Ihnen selbst bleiben. Auch »Schönheit« – oder die Hoffnung, Schönheit zu erlangen – ist ein sehr gefährlicher Beweggrund. Ich weiß nicht mehr, von wem der Satz stammt: »Liebt, wer jemanden aufgrund von Schönheit liebt, auch wirklich die Person?« Konzentrieren Sie sich also niemals auf die Vorstellung von perfekter Schönheit – falls Ihnen das je in den Sinn kommen sollte. Damit andere Leute sich mehr für Ihre Seele interessieren, reicht es, halbwegs gut auszusehen. Was uns interessant macht, ist die Summe unserer Erfahrungen, und es kann auch sein Gutes haben, wenn wir mal eine körperlich schlechte Phase (oder was wir dafür halten) durchlebt haben. Vielleicht war sie sogar notwendig. Wenn die »perfekte Schönheit« erst verblüht ist, gibt es ohnehin keinen Weg zurück!

An Ihrem Äußeren zu arbeiten, mag Ihnen helfen, es zu erhalten und zu verbessern. Es gibt einen Augenblick im Leben, wo wir uns von der Vorstellung, Schönheit und Jugend allein genüge, verabschieden und sie durch Stil und Eleganz ersetzen müssen. Eine andere Möglichkeit gibt es nicht. Das grausamste Auge ist das Auge der Jugend – erinnern Sie sich, was Sie als Zwanzigjähriger von Leuten dachten, die die dreißig überschritten hatten? Niemand bildet eine Ausnahme. Beeindrucken Sie die Jugend mit etwas, das diese, solange sie nichts weiter ist als nur jung, nicht sein kann. Vielleicht denken junge Leute, daß das unwichtig sei, aber mit den Jahren werden sie alle nachsichtiger. Die Jugend ist ein Club, aus dem eines Tages jeder vertrieben wird. Konkurrieren Sie nicht mit der Jugend. Junge Leute wissen – sofern sie nicht völlig dumm sind –, daß ihre Mitgliedschaft in diesem Club auch zeitlich begrenzt ist. Aber vergessen Sie auch nicht, daß Jugend nichts mit der Schönheit der Seele älterer Menschen zu tun hat. Bringen Sie sich selbst – wenn Sie die 35 überschritten haben – nicht in die Lage, sich mit jungen Leuten zu vergleichen, sondern finden Sie lieber etwas in sich selbst, was diese nachahmenswert finden, wenn ihre Zeit gekommen ist und sie aus dem »Paradies« der Jugend vertrieben werden. Wir sind von allen möglichen Umständen abhängig, aber dennoch: Gehen Sie mit sich selbst so um wie ein Maler mit seinem Modell. Stellen Sie sich vor, Sie seien ein Schauspieler, der eine neue Rolle einübt. Fangen Sie mit Ihrer Diät in einem glücklichen, optimistischen Augenblick an. Sie müssen sich von Ihrem physischen Selbst eine Zeitlang lösen, selbst Ihr gesellschaftliches Umfeld sollte in den Hintergrund rücken. Stecken Sie all Ihre Energie von Anfang an in Ihre Diät. Es handelt sich um eine gänzlich physische Diät, und moralische Probleme und andere Schwierigkeiten sollten ausgeblendet werden (was nicht immer einfach ist). Sie sollten eine Art Doppelleben führen. Reden Sie nicht zuviel darüber. Tun Sie es. Als Gesprächsthema ist Fitneß ebenso langweilig wie Krankheit!

Sie können eine Art zweiter Jugend finden – die mit der ersten nicht zu vergleichen ist –, die sehr angenehm sein kann, solange Sie andere Prioritäten setzen. Vermeiden Sie jegliche literarische Psychologie – darum geht es bei einer Diät nicht. Es geht allein darum, jemanden zu verlassen, den Sie nicht mehr mögen, jemanden, mit dem Sie nicht länger zusammenleben wollen... aber, vergessen Sie nicht, daß Sie selbst diese Person sind.

Mit der Diät werden Sie kein besserer Mensch werden – sondern eher ein verbesserter, ein Mensch, der sich auf die Art und Weise verändert hat, wie er es sich gewünscht hat. Sie können an unmittelbare Eigenschaften denken – aber erhoffen Sie sich keine unmittelbaren Ergebnisse. Rechnen Sie damit, daß es prosaisch sein wird und ein wenig dauert. Eine Diät kann sehr »realistisch« sein und einen schnell auf den Boden der Tatsachen zurückholen. Niemand nimmt mit Worten ab, sondern allein durch die Umsetzung dessen, was der Arzt sagt – und gemäß den Regeln der Diät. Machen Sie sich klar: Spiele haben Regeln. Gehen Sie aus diesem Spiel – Ihrer Diät – als Gewinner hervor!

Karl Lagerfeld

Dr. Jean-Claude

Vorwort

Das Thema »Wie und warum ein Modeschöpfer 42 kg abgenommen hat« erweckt den Anschein von Eitelkeit, dahinter verbirgt sich aber in Wirklichkeit ein gravierendes Problem der Menschheit. Die Fettleibigkeit breitet sich auf der ganzen Welt aus und wird in den kommenden Jahrzehnten die Hauptursache der Sterblichkeit werden, zwar nicht unmittelbar, aber indirekt durch die Gesundheitsstörungen, die sie auslöst: Diabetes und ihre Folgeerscheinungen, Bluthochdruck, Schäden am Bewegungsapparat, Atembeschwerden...

Vor nicht allzu langer Zeit war der Hunger die Geißel der Menschheit, künftig wird meiner Auffassung nach die Überernährung die Geißel der Menschheit sein. Ursache dafür ist vor allem der Zucker, dessen Verzehr sprunghaft ansteigt. Sobald ein Land absolute Armut und Unterernährung hinter sich läßt und Anschluß an die Konsumgesellschaft findet, in der Nahrungsmittel im Überfluß vorhanden und ohne größere Mühe zugänglich sind, stürzt sich seine Bevölkerung wie besessen auf Süßigkeiten, so als sei der Zucker das neue Opium der Völker, das alles Leid und alle Not vergessen läßt.

Auf dieses Phänomen stößt man in allen Ländern der Welt, die Anschluß an den Massenkonsum finden, was die These bestätigt, daß die Vorliebe für Zucker weltweit verbreitet ist.

Das Problem, das sich stellt, ist mehr gesellschaftlicher als im engeren Sinne medizinischer Natur. Mit dem Zucker wird es genau so sein wie mit dem Tabak: Alle wissen, daß der übermäßige Gebrauch gefährlich ist und daß die Krankheiten, die er auslöst, zu Lasten der Gemeinschaft gehen.

Die eigentliche Frage ist: Wie schützt man die Individuen vor sich selbst und wie schützt man die Gesellschaft vor den Individuen?

In einer Zeit, in der die Zahl übergewichtiger Kinder in den USA, in England, Deutschland, Frankreich und ganz allgemein in den westlichen Ländern unaufhörlich steigt, in einer Zeit, in der die Permissivität ständig größer wird, in der im Namen der Toleranz und des Rechts des einzelnen zu tun und zu lassen, was er will, das Verbieten selbst zunehmend unter Verbot steht, muß man sich nicht wundern, wenn die Zukunft für Maßnahmen gegen Übergewicht eher düster aussieht.

Der Fall Karl Lagerfelds ist nicht nur spektakulär, sondern auch ein Symbol, denn er zeigt, wie es durch Entschlossenheit und Willenskraft möglich ist, wieder zu Harmonie und Gleichgewicht zurückzufinden, auch wenn das Übergewicht nicht erst seit gestern besteht, sondern sich schon festgesetzt hat.

Ich hoffe, daß das beispielhafte Ergebnis des schlanken, eleganten und unermüdlich schöpferischen Karl Lagerfeld viele Männer und Frauen veranlassen wird, die paar überflüssigen Kilos abzunehmen, die ihrem Glück im Wege stehen, oder jene Dutzende Kilos loszuwerden, die ihr Leben verkürzen.

Jean-Claude Houdret

Eine **Diät** ist das einzige **Spiel**, bei dem man gewinnt, wenn man verliert

Karl Lagerfeld im Gespräch mit Ingrid Sischy

INGRID SISCHY: Also Karl, wie nahm das seinen Anfang mit der Diät?

KARL LAGERFELD: Eines Morgens wachte ich auf und mochte mein Aussehen nicht mehr. Ich hatte mit meinem massigen Körper ganz gut gelebt und auch keine gesundheitlichen Probleme gehabt, aber plötzlich wollte ich mich anders kleiden, wollte das tragen, was der Designer Hedi Slimane, der zuerst bei St. Laurent war und jetzt bei Dior Homme ist, für Männer entwarf. Aber für diese Art Mode – die von sehr, sehr schlanken Jungen vorgeführt wurde (und nicht von Männern meines Alters) – mußte ich 40 Kilo, möglicherweise sogar ein bißchen mehr abnehmen. Als ich am 1. November 2000 mit der Diät begann, wußte ich nicht, daß es möglich wäre, innerhalb eines Jahres so viel abzunehmen – weil ich niemals damit gerechnet hatte, daß es so lange dauern würde. Tatsächlich hat es genau 13 Monate gedauert. Also fing ich an jenem Tag ohne irgendwelche Erwartungen an und befolgte die Anweisungen meines Arztes (Jean-Claude Houdret). Und jetzt machen wir ein Buch über die Diät. Ich hätte es mir niemals träumen lassen, dieses Ergebnis zu erzielen, ohne jemals müde zu sein. Heute arbeite ich besser als jemals zuvor, und ich bin niemals müde, schlafe sieben Stunden pro Nacht, ohne zwischendurch aufzuwachen – oder irgendwelche Pillen zu nehmen. Die Leute denken, ich hätte einen enormen Willen und Disziplin aufbieten müssen. Ich bin da gar nicht sicher. Ich hatte beschlossen, ein perfekter Kleiderbügel von (bei einer Größe von 1,80 m) 60 Kilo zu werden, also mit dem für die neue Art enger, maßgeschneiderter Kleidung und den entsprechenden Look benötigten Gewicht. Ich hatte bereits damit begonnen, weniger Kleidungsstücke der japanischen Designer zu kaufen – ihre großzügigen, übergroßen Schnitte ihrer Entwürfe waren mir etwas über, und ich fing an, mich in ihnen ziemlich belastet zu fühlen. Eine geraume Zeitlang hatten sie bestens für mich funktioniert – ich hatte mich gutangezogen, modern, genau richtig gefühlt. Ich mochte Materialien und Geist dieser Kleider. Ich hatte sie – in meiner schwarze Phase – über zehn Jahre lang getragen; ich war mit dieser Kleidung also nicht ausgesprochen unglücklich. Aber ich selbst gefiel mir nicht mehr. Ich begann zu denken: »Du bist im Modegeschäft, und in der Mode geht es um Veränderung. Wenn du dein eigenes Image nicht magst, dann mußt du es ändern. Irgendwohin zurück, wo du schon einmal gewesen bist, willst du nicht.« Es waren also sehr oberflächliche Gründe, aus denen ich mit der Diät begann, und mit dieser Idee kann ich ganz gut leben. Ich glaube, daß Mode – für Frauen wie für Männer – der gesündeste Beweggrund ist, um sein Körpergewicht zu senken. Für mich ging es einzig und allein um Kleidung und nicht um gesundheitliche Probleme oder – was schlimmer ist – um sentimentale Komplikationen! Es ist nicht gut, krank oder unglücklich sein zu müssen, um eine Diät anzufangen. Ich hatte keinen erhöhten Blutdruck. Ja, ich hatte Übergewicht, aber Übergewicht hängt auch davon ab, wie man sich fühlt. Es gab keinen wirklich narzißtischen Antrieb für diese Diät. Es war eher so, daß es Zeit für einen Wechsel war. Das Ich von vor fast zwei Jahren (das vom November 2000) habe ich vergessen – das ist jemand, an den ich mich nicht erinnern kann.

Ich weiß wirklich nicht, was es im einzelnen genau war, das mich zu der Diät veranlaßt hat. Für meine berufliche Glaubwürdigkeit ist es eine gute Sache, beweisen zu können, daß ich nicht nur in meiner Arbeit Veränderungen bewirken kann, sondern auch was mein Aussehen betrifft. Die schwarzen Hosen, Stiefel, Hemden – das ganze Drum und Dran – war eine Art Tarnung. Das hat funktioniert, und ich kann sagen, daß ich darin, oder besser dahinter, ganz gut gelebt habe. Die dunkle Brille, der Fächer – es war, als hätte ich zwischen mir und der Welt eine Mauer gehabt. Dann dachte ich: »Vielleicht will ich eine Mauer aus Glas, damit ich mehr sehen kann.« Indem ich mehr sehe, gebe ich natürlich auch mehr von mir preis. Es gab nichts in meinem Leben, was ich verändern wollte, außer seiner äußeren Erscheinung. Nachdem ich nun die Diät abgeschlossen habe, sind meine Freunde immer noch dieselben und auch meine Arbeit ist immer noch dieselbe.

I.S.: Sprechen wir doch jetzt einmal von Ihnen, als Sie Anfang dreißig waren. Wenn man sich Fotos von Ihnen aus jener Zeit anschaut, ist man verblüfft, was für ein Muskelpaket Sie damals waren.

K.L.: Auf den Bildern, von denen Sie sprechen – mit dem Illustrator Antonio Lopez in St. Tropez und all den Bodybuildern –, war ich Anfang dreißig. Aber es gibt einen ganz anderen Look, den nicht viele Leute kennen. Das war, als ich achtzehn, neunzehn und Anfang zwanzig war.

I.S.: Erzählen Sie bitte davon.

K.L.: Als ich nach Paris ging, war ich noch Schüler. Aber ich fand schnell heraus, daß das Beste im Leben war – dies war in den fünfziger Jahren –, gut gekleidet zu sein. Mein Vater war gewiß niemand, der gern zuviel für oberflächliche Dinge ausgab, er war dagegen, das Geld aus dem Fenster zu werfen, aber er stammte aus einer Generation, für die es sehr wichtig war, gut angezogen zu sein. Er sagte, der halbe Job sei schon getan, wenn man schön gekleidet zur Arbeit käme. Er war folglich nicht etwa gegen maßgeschneiderte Hemden, schöne Anzüge und Schuhe. Damals mußte man alles anfertigen lassen, es gab in den Geschäften nichts besonders Schönes zu kaufen. Als ich mich erstmals für Kleidung zu interessieren begann, gab es einen Laden in Paris, Eddi in den Arkaden des Lido auf den Champs-Élysées, und dort gab es einen berühmten Pub, wo mittags jedermann hinging, um Hamburger zu essen. Ich ging also auch dorthin, und anschließend ging ich ein wenig einkaufen. Dieser Ort war ziemlich chic, und der Anblick der Kleidung und der gutgekleideten Leute beim Shopping ließ in mir den Entschluß reifen, daß es vielleicht an der Zeit wäre, mir maßgeschneiderte Kleidung zuzulegen. Ich war sechzehn oder siebzehn und fing an, ganz sanft meinen Vater zu bearbeiten. Aber das war nicht ganz so leicht, weil ich nicht seinen deutschen Schneider wollte, der für ihn perfekt war – ich wollte einen italienischen Schneider namens Cifonelli, der im Paris jener Jahre der Hit war. Den wollte ich, und niemanden sonst.

I.S.: Haben Sie damals schon gearbeitet? Oder haben Sie da noch studiert?

K.L.: Nein, damals habe ich bei Balmain gearbeitet. Ich war siebzehn und stand noch ganz am Anfang. Ich erinnere mich eines besonderen Tages. Es war im Winter 1956, ein eiskalter Winter, der kälteste Winter, den Paris je erlebt hat. Mein Vater war im Georges V abgestiegen, dem Hotel, in dem er immer wohnte, wenn er Paris besuchte. Es war ein sehr komfortables Hotel, aber mir war es nicht gestattet, dort zu wohnen, weil meine Eltern dachten, es sei nicht der richtige Ort für junge Leute. Sie waren der Ansicht, es würde mir vorgaukeln, das Leben sei zu leicht, und daß es dort zu viele Versuchungen gäbe, die sie für Jungen meines Alters für nicht richtig erachteten. Ich ging ihn also besuchen – es war ein kalter Wintertag, zu kalt zum Schneien, und ich hatte keinen Mantel an. Mein Vater sagte: »Aber du trägst ja gar keinen Mantel!« Ich erwiderte: »Nein.« »Aber du hast doch tonnenweise Mäntel«, insistierte er. Ich erklärte, ich hätte sie weggegeben. Er fragte: »Aber, warum? Bist du verrückt?« Ich sagte: »Nein, nein, nein. Dem Hotel gegenüber gibt es einen Laden, der heißt Dorian Gray, und die haben einen marineblauen, wie ein Morgenmantel geschnittenen Kaschmirmantel. Den will ich haben. Bekomme ich den Mantel nicht, ziehe ich es vor, vor Kälte zu sterben.« Ich sagte zu meinem Vater, daß ich keinen anderen Mantel als den, den ich gesehen hatte, anziehen, und daß ich im Bett bleiben und nicht mehr auf die Straße gehen würde. Ich sagte, wenn es sein Wunsch wäre, daß ich mich in der Öffentlichkeit zeigte, dann bräuchte ich den Mantel unbedingt. Also ging er über die Straße und kaufte ihn mir.

I.S.: Sehr clever, Karl. Und wie sah Ihre Figur damals aus?
K.L.: Ich war sehr, sehr dünn. Damals wünschte ich mir breitere Schultern. Mein Körpergewicht war dasselbe wie heute.

I.S.: Sie haben damals genauso viel gewogen wie heute?
K.L.: Ja, als ich siebzehn, achtzehn war.

I.S.: Und wie haben Sie ausgesehen?
K.L.: Für sehr kurze Zeit war mein Haar ziemlich kurzgeschnitten. Als Kind hatte ich es lang getragen, und dann ließ ich es schneiden, weil ich dachte, für die fünfziger Jahre wären kurze Haare genau das Richtige. Dann sagte mein Vater: »Du kannst zu *Hilditch and Key* gehen und dir ein paar Hemden machen lassen. Ich werde für eine gewisse Anzahl Anzüge von Cifonelli zahlen, und du kannst dir von Hellstern Schuhe machen lassen.« So kam ich zu meinem ersten Hilditch-Hemd; ich gehe heute immer noch hin und bin der beste Kunde geworden, den sie auf der ganzen Welt haben. Ich bin wie die Frauen, die Couture bestellten, denn wenn ich einkaufen gehe, gehe ich einkaufen. Ich bin ein Hemdenfreak. Wenn Sie mich fragen würden, was in der Mode ich am liebsten erfunden hätte, dann ist es das weiße Hemd. Für mich ist ein Hemd die Grundlage überhaupt – alles andere kommt später. Der angenehmste Augenblick im Leben eines Mannes ist, wenn er sich morgens ankleidet und ein frisches, sorgfältig gebügeltes Hemd anzieht.

I.S.: Ihr Vater verstand also etwas von Stil?
K.L.: Ja. In Deutschland hatte er seinen eigenen Schneider (Staben in Hamburg). Als ich vierzehn war, machte der mal einen Anzug für mich, aber den mochte ich nicht. Gegen Ende seines Lebens, als mein Vater hoch in den Achtzigern war, trug er nur noch helle Farben, hellgrau – graue Hüte, graue Anzüge mit weißen Hemden und hellgraue Krawatten und Perlen. Mit seinem grauen Haar sah das okay aus. Ich fand, er war chic. Aber ich sehe meinem Vater nicht im geringsten ähnlich. Ich habe völlig andere Proportionen.

I.S.: War Ihr Vater dünn?
K.L.: Ja. Vielleicht nicht in jenem Jahr, aber seine ganze Silhouette war

immer schlank und zugleich kräftig, sogar dann noch, als er neunzig war. Mit fünfzig, sechzig war er auch mal runder, aber immer »stramm«. Er hatte eine kurze Taille und lange Beine. Mein Problem ist das Gegenteil – ich habe eine längere Taille mit, nun, ich würde nicht gerade sagen, kurzen Beinen, aber richtig lang sind sie auch nicht. Ich glaube nicht, daß es chic ist, zu kurze Beine zu haben, aber ich mochte immer eine schmale Taille ohne Hüften. Das habe ich von meiner Mutter.

I.S.: Als Sie ein junger Mann waren, waren Sie da immer makellos gekleidet?

K.L.: Ja. Meine Mutter und mein Vater legten sehr großen Wert auf ein gepflegtes Äußeres, und sie hatten es gern, makellos zu sein. Mein Vater und meine Mutter pflegten zu sagen, daß es nichts Schlimmeres gäbe, als eine verwahrloste ältere Person. Wenn man jung ist, ist es vielleicht okay, aber wenn man die 25 erst einmal überschritten hat, sollte man anfangen, sich ein paar Gedanken zu machen, und wenn man über dreißig ist, nun... Ich wurde zu einem gepflegten Äußeren angehalten, wurde für ein gepflegtes Äußeres geboren.

I.S.: Wenn man sich Fotos von Ihnen aus dieser Zeit anguckt, scheinen Sie auch sehr glamourös gewesen zu sein.

K.L.: Aber dieser Begriff wurde für Männer damals nicht wirklich verwendet. Es ist kaum noch jemand da, der einem von jener Epoche erzählen kann. Ich habe damals noch nicht wirklich gearbeitet – ich pflegte spätabends auszugehen und bis fünf oder sechs Uhr in der Früh zu tanzen und ging vom Night-Club fast direkt zu Balmain oder Paton. Und vergessen Sie bitte nicht, daß es in jener Zeit, den späten fünfziger Jahren, beim Tanzen um Tanzen und nicht um Drogenkonsum und Trinken ging.

I.S.: Und wann hat sich Ihre Figur von diesem makellosen Körper mit dem gepflegten Äußeren, dem alles paßte, hin zu etwas anderem verändert?

K.L.: Anfang der sechziger Jahre stimmte plötzlich der makellose schmächtige Karl-Look nicht mehr. Es war zu chic. Aber es gab diesen, von den Frères Renoma geführten Laden in Paris, an der Rue de la Pompe, wo sie Kleidung mit schmalen Schultern und einem völlig anderen Schnitt für Dünne anfertigten. Die jungen berühmten Franzosen, die es damals gab, etwa Jacques Dutronc und Johnny Hallyday, die waren dünn, folglich mußte man das auch sein, um in diese Kleider zu passen. Aber nach ein paar Jahren hatte ich diese Art von Kleidung ebenfalls über. Dann, weil ein Freund mich dazu drängte, fing ich mit Bodybuilding an. Ende der sechziger Jahre lag das nicht gerade im Trend, aber mit dreißig dachte ich, für mich wäre das der richtige, der nächste Schritt, der zu tun sei. Es war gut für den Strand und überhaupt für das Aussehen, das ich erreichen wollte. Also tat ich das und es machte mir außergewöhnlich viel Spaß. Dann begab ich mich wieder zu Cifonelli, weil man für einen gestählten Körper sorgfältig genähte Sachen braucht, aber sie müssen auch groß genug sein. Diese knappen, engen Sachen sahen einfach nicht mehr passend aus, außerdem hatte ich genug davon.

I.S.: Hatten Sie damals alles, was man zum Gewichtheben braucht, bei sich zu Hause?

K.L.: O nein. Ich ging jede Woche mindestens viermal für drei Stunden in einen Club, wo sich all die chicen Gigolos jener Zeit nachmittags versammelten, um ihre Körper für ihre Kunden in Form zu halten.

I.S.: Wie lustig.

K.L.: Ja, das war mein Club im 8. Arrondissement in Paris. Es war kompliziert. Aber es war keine schwule Welt – und wissen Sie, weshalb? Aus einem sehr einfachen Grund. Keiner der bekannten Jungen jener Jahre, die ausgehalten wurden, war schwul. Es gab fünf oder sechs, die schwul waren, aber wenn ein Kunde bereit war, für einen Jungen zu bezahlen, wollte er nicht mit anderen Jungen konkurrieren. Wenn er einen Jungen abends – den Klienten trafen sie mittags – mit einem Mädchen sah, konnte ihm das völlig egal sein. Was der Kunde nicht ertragen konnte, war der Gedanke, der Junge, mit dem er gerade schlief, könnte dabei an einen anderen denken. Wann immer ein Gigolo eine Affäre mit einem Jungen hatte, was durchaus vorkam, mußte das in aller Heimlichkeit geschehen, denn wenn der Klient davon erfuhr, würde der Junge gefeuert werden. Es war die Kehrseite des berühmten französischen Romans von 1884, *Monsieur Vénus*, von Rachilde. Es war eine Situation wie bei Visconti.

I.S.: Im Vergleich dazu ist das Leben heutzutage ziemlich langweilig.

K.L.: Niemals vergleichen! Niemals etwas gegenüberstellen! Ich kannte alle diese Gigolos. Ich gehörte zwar nicht ihrer Gruppe an, auch wenn einer meiner früheren Assistenten, der damals achtzehn war, glaubte, daß es so wäre. Ich war erst 21, und ich hatte einen Bentley und mehr schöne Kleider als viele andere. Er wußte nicht, wie es mir möglich war, mir das alles leisten zu können. Und ich war mit all diesen Leuten befreundet. Ein Junge in der Welt der Gigolos, der gutgekleidet war und jung und einen Bentley hatte, den konnte man sich ebenso gut als erfolgreiches Mitglied der Branche vorstellen.

I.S.: Waren damals alle tagsüber in der Turnhalle?

K.L.: Ja. Die besten Stunden waren die am Nachmittag. Ich war damals nicht besonders ehrgeizig. Ich habe nicht viel gearbeitet – aber viel trainiert.

I.S.: Aber Sie waren damals bereits bei all diesen hochgeschätzten Modehäusern.

K.L.: Ja, aber in jener Zeit habe ich weniger gearbeitet. Ich habe Chloé und Fendi betreut, aber für Chloé haben wir zwei Kollektionen im Jahr gemacht, und Fendi hatte eine Kollektion pro Jahr. Damals habe ich auch Krizia betreut, aber das bedeutete weniger Arbeit. Auch Charles Jourdan gehörte dazu, aber es gab stets genügend Zeit, um all die anderen Dinge zu tun.

I.S.: Für Sie, ja, bis zum heutigen Tag. Sie scheinen immer noch mehr zu bewältigen als sonst jemand auf der Welt. Doch ich würde gerne wissen: War Bodybuilding das Richtige für die damalige Kleidung?

K.L.: Dies war in den späten sechziger Jahren. Ich ging wieder zu Cifonelli, weil ich eine Art sportlichen Körper hatte, wie ihn heute so viele haben. Damals war das eher selten, und Cifonellis Kleidungsstücke waren geradezu perfekt dafür. Eines Tages, 1972 oder '73, ging ich zu einer Anprobe zu Cifonelli, und Mr. Cifonelli, ein winzig kleiner Mann, sagte: »Könnten Sie am Nachmittag wiederkommen, ich fühle mich ein wenig erschöpft.« Ich kam am Nachmittag wieder, und er war tot. Das war äußerst traurig, weil er ein Genie war. Das Geschäft wurde von seinem Neffen übernommen, aber die Kleidungsstücke paßten nicht mehr so wie ehedem zu mir. Es funktionierte einfach nicht mehr. Dann ließ ich mir von einem Schneider Kleidungsstücke nach Maß machen, die er nach meinen Zeichnungen anfertigte.

I.S.: Sie haben also gezeichnet, was Sie haben wollten.

K.L.: Ja. Der Schneider hat die Entwürfe sehr gut umgesetzt. Eines schönen Tages, ich glaube, Anfang der siebziger Jahre, war ich in der Turnhalle und bemerkte, daß es mir vollkommen gleichgültig war. Seitdem ging ich nicht mehr hin. Es langweilte mich zu Tode. Und solche Dinge funktionieren einfach nicht, wenn man sich nicht darauf konzentrieren kann. Dann fing ich an zuzunehmen. Ich erfand ein Kleidungsstück, eine sogenannte Überbluse – das war ein großzügig geschnittenes Hemd und ein Schal über einem zweiten Hemd. Ich machte also eine Art Zwiebellook aus Schals und Überblusen. Alle – Jackie O., Antonio – trugen sie.

I.S.: Und Sie haben sie erfunden, weil Sie zugenommen hatten.
K.L.: Natürlich. Aber dick war ich noch nicht. Dann, so um 1978, hatte ich von diesem Bohème-Look und all den Improvisationen genug. Ich hatte auch von dem Schneider genug, zu dem wir so oft zur Anprobe gehen mußten, und niemals hat etwas gepaßt. Ich hatte ja auch noch andere Dinge zu tun. Ich hatte mehr Arbeit, und so wollte ich zu Caracini in Mailand. Ich fuhr dorthin, und die machten wunderschöne Sachen für mich. Ich war damals nicht dick, ich war okay. Damals wog ich, sagen wir 80 Kilo, 20 Kilo mehr als heute. Anfang der achtziger Jahre ging ich immer wieder zu Caracini; damals, während der Jahre in Monte Carlo, den ersten lustigen Jahren, als ich beinahe allabendlich in elegantem Schwarz stecken mußte. Von denen hatte ich tonnenweise Kleidungsstücke, weil ich leicht dahin tendiere, zuviel zu bestellen. Soweit ich mich erinnere, war das die einzige Zeit, in der ich Hemden aus anderem Material schneidern ließ, als Hilditch and Keys es verwendet. Sie waren weniger klassisch. Sie waren aus hauchdünnem Batist mit diesen schönen pastellfarbenen Streifen. Ich habe immer noch welche davon. Jacques de Bascher, mein Freund, ließ ebenfalls bei Caracini arbeiten, und wirkte in seinem sehr klassischen Look recht dekadent und elegant. Ich sah nicht so klassisch aus. Ich war fast vierzig und begann, mir ein etwas seriöseres Aussehen zuzulegen. Ich wollte mich nicht lächerlich machen. Also hörte ich auf, an den Strand zu gehen, und nahm ein wenig zu. Es gibt nichts Schlimmeres, als mit finsterem Blick Kleidung zu betrachten, die man tragen möchte, die möglicherweise aber zu eng ist. Nachdem ich 1983 bei Chanel angefangen hatte, sagte ich mir: »Jetzt fängst du besser mal mit einer Diät an.« Ich nahm etwa 15 Kilo ab, und was die Kleidung anging, funktionierte das sehr gut.

I.S.: Was für eine Art Diät war das?
K.L.: Im Grunde genommen dieselbe wie die, die ich kürzlich gemacht habe, aber sie war weniger extrem. Einige der homöopathischen und der

Oligo-Therapien waren damals noch nicht auf dem Markt. Viele der Cremes, die ich jetzt für meine Haut verwendete, um sie straff zu erhalten, waren noch gar nicht erfunden. Wir können uns heute glücklich schätzen, daß all diese Dinge möglich sind. Auch gewisse Tests, mit denen man die Verfassung seines Körpers kontrollieren kann, existierten damals noch nicht. Aber diese frühere Diät basierte auf denselben Prinzipien wie die, die ich jetzt hinter mir habe, und die waren für mich bereits ausgeklügelt genug, um das abzunehmen, was ich wollte. Ich habe dann aber nicht weitergemacht. 78 bis 80 Kilo bei einer Größe um 1,80 m sind ja auch okay ... oder fast.

I.S.: Wie lange hat diese Diät damals gedauert?
K.L.: Ich glaube, ungefähr vier oder fünf Monate. Und das hat perfekt funktioniert. Es war perfekt, was die Kleidung anging. Alles war wieder tadellos. Und als Jacques dann krank wurde, interessierte es mich immer weniger, wie ich aussah, weil ich wußte, was kommen würde. Ich verlor das Interesse an mir selbst und an oberflächlichen Dingen. In meinen chicen, maßgeschneiderten italienischen Sachen fühlte ich mich überholt. Ich begann, Matsuda, Comme des Garçons und Yohji Yamamoto zu kaufen. Von der Größe Small ging ich über zu Medium, von Medium zu Large und dann zu XL. Bei diesen Kleidungsstücken klappt es mit dem Schnitt auch in größeren Größen. Mein Gewicht machte mich nicht wirklich unglücklich. Für mich war das okay. Und dann, in den neunziger Jahren, ließ ich es immer weniger darauf ankommen, weil ich mit dem, was ich tat, viel zu beschäftigt war. Es gab für mich andere Prioritäten, Modekollektionen, Häuser, Fotografie – ich war nicht länger mein Hauptthema. Meinen Narzißmus gab es vielleicht auch nicht mehr, oder er schlummerte, ich weiß es nicht. Dann sagte ich mir plötzlich – das war vor ungefähr fünf Jahren –, vielleicht solltest du mal wieder ein Auge auf dich selbst haben, an dir arbeiten. Aber bevor ich begann, mein Aussehen zu verändern, veränderte ich meine gesamte Umgebung. Es war ein Großreinemachen. Ich verkaufte alles, was mit meiner Vergangenheit zu tun hatte – weil es keine mit dem Erbe aus dieser Vergangenheit verbundene Zukunft gab. Ich wollte nicht Kurator meiner Vergangenheit sein, und so mußte ich meine eigene späte Zukunft erfinden. Ich habe drei Jahre gebraucht, um mich von allem zu befreien, und dann habe ich angefangen, auch mein Gewicht loszuwerden. Für das neue Jahrtausend wollte ich diesen alten Look nicht mehr. Ganz geschäftsmäßig sagte ich mir, wenn du das, was du tust, auch weiterhin tun willst, dann brauchst du einen anderen Look. Die Zeiten haben sich geändert, und du mußt dich ändern, bevor du eine

schlechte Imitation deiner selbst wirst. Vergiß dich also selbst und mach eine Diät. Du willst die Kleidungsstücke tragen, die du siehst, aber solche Kleidungsstücke sehen an dir, so wie du bist, nicht gut aus.

I.S.: Sie sind eine Art umgekehrter Dorian-Gray-Story.
K.L.: Vorher bin ich das Bildnis gewesen.

I.S.: Es ist interessant, daß Sie Ihren Körper verändern wollten, weil Ihnen die neue Silhouette gefiel, die Sie bei Herrenkleidung wahrgenommen hatten.
K.L.: Genau so verhält es sich. Außer den großen Hemden gab es für mich keine aufregenden Kleidungsstücke im Schrank. Manche waren sogar ein wenig eng geworden. Es ist amüsant, am Morgen aufzuwachen und oberflächlich genug zu sein, sich Gedanken darüber zu machen, was man an diesem Tag tragen wird. So etwas zu tun, ist Männern doch ebenfalls gestattet, nicht? Warum auch nicht? Nachdem ich also ungefähr sechs Monate lang über all das nachgedacht hatte, ging ich wieder zu meinem Arzt. Tatsächlich mußte ich mir einen neuen Arzt derselben Schule suchen, weil der, zu dem ich bis dahin gegangen war, gestorben war. Er war 76, und ich hatte gedacht, er wäre sechzig. Ich fand also diesen neuen Arzt, Dr. Houdret. Diesmal war es anders. Ich habe mich nicht zurück ins Jahr 1983 gepusht, weil ich dachte, es hatte perfekt funktioniert. Die Kleidungsstücke saßen wunderschön, und bei meiner Größe konnte ein Mann dieses Alters okay aussehen. Diesmal war es anders, weil ich, als ich die ersten zwanzig Kilo abgenommen hatte, meine Caracini-Kleidung, die ich übrigens immer noch habe, wieder aus dem Schrank nahm. Es schmeichelte mir, daß ich etwas tragen konnte, das ich 15 oder 20 Jahre früher getragen hatte, aber es entsprach nicht dem modernen Look. Ich sah darin wie eine Imitation meiner eigenen Vergangenheit aus. Ich dachte: Das willst du nicht, du willst etwas anderes. Ich wollte etwas sehr viel Plastischeres. In meinem Alter muß ich kein sexy Muskelpaket sein, vielen Dank. Es ist der Moment im Leben, in dem man besser daran denken sollte, wie man angezogen, und nicht, wie man ausgezogen aussieht. Ich habe diese Diät nicht angefangen, weil ich mich krank fühlte, oder aus Gesundheitsgründen. Gott sei Dank ging es mir gut. Ich habe angefangen, damit ich die Kleidungsstücke tragen konnte, die ich sah. Das ist das ganze Wunder an der Geschichte. Also sagte ich zu Dr. Houdret: »Lassen Sie uns weitermachen.« Ich nahm weiterhin ab. Ich zog Jeans an, in einer Größe, von der ich nicht glaubte, sie jemals wieder tragen zu können. Als ich wieder

damit begann, Jeans anzuziehen, hatte ich Größe 31, und ich fand das schon ziemlich gut. Jetzt bin ich bei Größe 26. Am Ende der Diät hatte ich 42 Kilo abgenommen. Vor jetzt zehn Monaten habe ich mit dem Abnehmen aufgehört, aber die nötige Disziplin, bestimmte Dinge nicht zu essen, halte ich weiterhin aufrecht, keinen Zucker, keine Sahne, keinen Reis, zu bestimmten Zeiten essen und keine Getränke, außer literweise Wasser und literweise Diet Coke oder Pepsi Max, morgens Tee und mittags nach dem Essen starken Kaffee.

Jetzt ziehe ich Kleidungsstücke vor, die nicht speziell für mich gemacht werden. Ich ziehe es vor, sie von der »Stange« zu kaufen. Ich weiß nicht, wie es mit Slimane-Entwürfen bei Dior funktioniert, aber sie passen perfekt. Ich habe das Gefühl, sie haben sie auf Jungen zugeschnitten, aber mir passen sie besser, als wären sie speziell für mich entworfen worden: Jacken in Größe 46 (wegen der Schultern), Hosen in Größe 44, das sind die kleinsten französischen Größen. Das ist das Komische, das ich nicht verstehe.

I.S.: Ich möchte noch mal kurz zurückgehen. Mich würde interessieren, wie lange es vom Entschluß, eine Diät zu beginnen, gedauert hat, bis Sie tatsächlich angefangen haben.

K.L.: Oh, das waren weniger als drei Tage. Ich ging sofort zum Arzt, mußte dann aber fast eine Woche warten, bis ich die Resultate all dieser Analysen hatte. Bevor er mich auf Diät setzte, wollte er wissen, wie es um meine Gesundheit bestellt ist.

I.S.: Und was haben Sie in der Woche, in der Sie auf die Resultate gewartet haben, gegessen?

K.L.: Normal.

I.S.: Normal, weil Sie wußten, Sie würden tatsächlich anfangen?

K.L.: Nein. Es war wie bei den Leuten, die auf den Elektrischen Stuhl oder die Guillotine warten – vorher bekommen sie ein gutes Mahl vorgesetzt.

I.S.: Haben Sie anfangs das Gefühl gehabt, daß es kompliziert oder überwältigend wäre?

K.L.: Nein. Für mich ist es keine Diät, wenn ich nicht komplizierten Anweisungen zu folgen habe. Ich brauche die Disziplin, all die kleinen Pillen bereitzulegen, die zum Frühstück, Mittag- und Abendessen einzunehmen sind.

Soundso viele zum Mittagessen, soundso viele zum Abendessen, dies tun, jenes tun. Die Rituale sind mir sehr wichtig. Wenn sie nicht Teil der Diät sind, glaube ich nicht daran. Es muß eine Art Bestrafung sein, etwas, von dem man weiß, daß man es tun muß. Dann, viel später – nach ungefähr vier oder fünf Monaten – begann ich mit der Hautbehandlung. Am Anfang besteht für die Haut keine Gefahr, weil es genug Fett darunter gibt. Nach ein paar Monaten sprach ich mit dem Arzt. Ich fragte ihn: »Glauben Sie, daß, wenn ich noch mehr abnehme, all dieses hängen wird?«

I.S.: Sie zeigen auf Ihr Gesicht.
K.L.: Das Gesicht, alles. Die Sache ist die, daß es heute Hautprodukte gibt, die phantastisch sind. Vor zwanzig Jahren gab es so etwas noch nicht. Aber man muß sie am Morgen und am Abend auftragen – geh nie zu Bett, ohne deine Haut zu reinigen und die Cremes aufzutragen. Heute muß man sich das Gesicht reinigen, als würde man Make-up tragen, nur um den Staub herunterzubekommen. Ich erinnere mich, wie, als ich 24 wurde, meine Mutter anrief und sagte: »Oh, übrigens, ab 24 geht es nur noch abwärts.«

I.S.: Das war aber nett von ihr.
K.L.: Sie sagte: »Paß jetzt also gut auf. Das, was Leute ›Jugend‹ nennen, ist vorbei, aber du bist noch jung.« Ich weiß nicht, warum sie sich 24 aussuchte, aber ich habe mich mein ganzes Leben lang daran erinnert. Ich weiß noch genau, wo ich stand und in welchem Zimmer, als sie anrief.

I.S.: Von da an haben Sie also wirklich begonnen, sich um Ihre Haut zu kümmern.
K.L.: Ja, aber ich sage Ihnen, ich habe nie gedacht, daß sie recht hätte. Ich glaube, ihre Standards waren andere. Sie sagte, was sie selbst anbetraf, Dinge wie: »Nach vierzig keine kurzärmeligen Blusen mehr, weil die Ellbogen zu alt aussehen.«

I.S.: [lacht.]
K.L.: Meine Mutter habe ich mein Leben lang nicht in kurzärmeligen Kleidern gesehen.

I.S.: Hat Ihre Mutter hin und wieder eine Diät gemacht?
K.L.: Nein, sie hat nie gegessen. Nach meiner Geburt machte sie mal eine Diät. Sie sagte, ich sei an allem schuld. Sie war 42 und sie war, für ihre Stan-

dards, anderthalb Jahre nach meiner Geburt nicht dünn genug. Egal wie ihr Gewicht später war, es war immer meine Schuld. Aber mir war das völlig egal. Ich hatte um nichts gebeten. Lachend sagte sie, daß ich der Mörder ihrer Jugend und ihrer Schönheit gewesen sei. Als sie im Alter von 82 Jahren starb, trug sie die französische Größe 38, das entspricht der deutschen Größe 36. Nein, Gewichtsprobleme hatte sie nicht. Aber obwohl ich mich nicht daran erinnere, daß sie aß, erinnere ich mich sehr wohl, daß sie viel darüber sprach. Ich habe nicht darauf geachtet, was meine Eltern aßen oder was sie nicht aßen. So oft haben wir nicht gemeinsam zu Mittag oder zu Abend gegessen. Aber allgemein redete man damals nicht über Dinge wie Diäten.

I.S.: Können Sie sich an Ihren ersten Tag der letzten Diät erinnern?

K.L.: Die entsprechenden Speisen und Pillen kannte ich von früher, somit war das keine so große Premiere. Die Nahrungsmittel, glaube ich, sind besser geworden – die Produkte sind besser. Was die Diätküche angeht, sind die Leute besser organisiert, als sie es 1982 oder '83 waren.

I.S.: Das grundlegende Prinzip beim Essen lautet, kein Fett, nicht wahr?

K.L.: Genau, kein Fett. Am Anfang gab es ein Programm, das ich eine Woche lang befolgte. Es war ziemlich kompliziert. Man muß sehr sorgfältig und organisiert sein. Ich erinnere mich, daß ich Sonntag abends grüne Bohnen mit gekochten Eiern zu mir nahm. Darüber hinaus nicht viel. Manchmal aß ich ein Stück von diesem Brot, das ich immer noch esse, aber nicht immer. Sechs Monate lang bestand das Frühstück aus zwei Stückchen Brot und einer halben Grapefruit. Nach sechs Monaten waren es zwei Stück Brot mit fettfreiem Joghurt, den ich immer noch esse und unterdessen sehr gern mag. Vorher mochte ich keinen Joghurt und hatte ein großes Problem damit. Aber ich habe mich daran gewöhnt, und wenn ich jetzt einschlafe, träume ich vom Joghurt am nächsten Morgen, also muß das ganz okay sein. Und man muß viel trinken – und das rettet mich.
Am Tag nehme ich mindestens drei Liter Flüssigkeit zu mir. Ich könnte Tee oder Kaffee trinken. Die Flüssigkeit ist dazu da, um das System zu reinigen. Aber ich glaube, daß ich das deshalb so ohne weiteres hinbekommen habe, weil ich nie geraucht oder Drogen genommen habe und kaum, so gut wie nie, Alkohol trank. Das heißt, wenn man nicht so ein Langweiler ist wie ich,

dann funktioniert es nicht. Und wenn man langweilig ist, muß man versuchen, das mit Witz und leichter Konversation wettzumachen.

I.S.: Und werden Sie diese Diät für den Rest Ihres Lebens einhalten?

K.L.: Ja. Aber so genau weiß man das natürlich nicht. Man kann morgen sterben oder man kann vierzig Jahre oder mehr weiterleben.

I.S.: Hatten Sie einen Zeitplan, der vorgab, daß Sie in einer bestimmten Zeit soundso viel abnehmen müßten?

K.L.: Nein, einen wie immer gearteten Zeitplan hatte ich nicht. Ich habe keinen Zeitplan. Ich folge allein dem Zeitplan der Umstände.

I.S.: Wie oft haben Sie den Arzt aufgesucht?

K.L.: Zu Beginn jeden Monat, und dann alle zwei Monate.

I.S.: Wie war das auf Reisen? War es schwierig, die Diät einzuhalten?

K.L.: Ich habe versucht, während der Monate meiner Diät so wenig wie möglich zu reisen, und wenn, dann keine langen Reisen zu unternehmen. Wenn man eine Diät macht, sollte man so viel wie möglich zu Hause bleiben. Frühstück um acht, Mittagessen um eins, Abendessen um acht. Das ist sehr wichtig. Und während der Diät darf man absolut niemals etwas zwischendurch essen. Sie geben einem eine Art homöopathischer Pille, wenn man hungrig wird, aber das Geheimnis lautet acht Uhr, ein Uhr, acht Uhr. Nichts zwischen acht Uhr abends und acht Uhr morgens, nur trinken darf man, soviel man will – man kann niemals genug trinken. Zwischen November und Mai habe ich um die 32 Kilo abgenommen. Dann verbrachte ich den August in Biarritz, und als ich einen Monat vor den Prêt-à-porter-Kollektionen nach Paris zurückkehrte, war ich auf 65 Kilo herunter. Und dann, bis zu den Schauen, hatte ich noch mal fünf Kilo abgenommen; nicht wegen Überarbeitung, sondern nur durch gnadenlose Disziplin. Und ich konnte die kleinen Größen wieder tragen. Alle Kleidungsstücke, die sie für mich bei Dior gemacht hatten, mußten wieder zurück und um zwei Größen kleiner gemacht werden. Es gibt einen Punkt, an dem man Männerkleidung nicht mehr viel kleiner machen kann, weil sonst die Proportionen nicht mehr stimmen, dann ist es besser, sie neu zuzuschneiden. Danach beschloß ich, Kleidung nur noch »fertig« zu kaufen. Ich kaufte beinahe alle Marken, die es gibt, und dann fand ich heraus, daß Dior mir am besten steht – weil ich den Look bevorzuge, aber auch der Look zieht mich vor, zieht meine Knochen vor, und funktioniert mit meinen Proportionen.

I.S.: Nachdem Sie soviel an Gewicht verloren haben, haben Sie neue Hemden gekauft oder haben Sie sie ändern lassen?

K.L.: O nein, keine Änderungen. Ich habe neue Hemden, die ich entworfen habe. Ich wollte diese sehr hohen, offiziersartigen Kragen. Ich wollte eine Art offiziellen Look, den man mit Doppelkinn nie hätte tragen können und den ich früher schon hatte.

I.S.: Wie sieht es mit Sport aus? Hat der Arzt von Ihnen verlangt, daß Sie trainieren sollten?

K.L.: Ja, aber nur dreimal die Woche fünfzehn Minuten lang. Ich neige dazu, ein wenig massig zu werden, also übertreibe ich es nicht. Ich wohne in einer riesigen Wohnung. Ich habe Treppen, ich bewege mich viel. Und ich bin nicht sicher, ob es für mich nötig ist, soviel zu trainieren, weil ich, wenn ich tanze, das Gefühl habe, mich perfekt bewegen zu können, daß ich wie ein Stück Gummi bin. Es gibt nichts an meinem Körper, das nicht beweglich ist. Solange das also so bleibt, habe ich keine Lust, zuviel mit diesen Gewichten zu hantieren. Heutzutage habe ich das Gefühl, daß mein Körper ist wie der Wind – etwas, das sich bewegen kann und nicht weiß, was es bedeutet, müde zu sein. Als Schuljunge habe ich Sport getrieben, indem ich Fahrrad fuhr, lief und schwamm, und als ich nach Paris ging, bin ich immer noch viel geschwommen; indem ich also abnahm, kam die Figur zurück, die ich hatte, als ich noch unter zwanzig war, auch wenn ich keine Gymnastik machte. Heute bin ich wie ein Stück Holz, versuchen Sie nur, mich zu kneifen. Sie können es nicht. Aber ich habe diese Diät nicht gemacht, um angefaßt zu werden oder sexy zu sein. Ich wollte ein guter Kleiderbügel werden. Wenn der Übergrößen-Look einmal wiederkommt, kann ich wieder zunehmen, aber im Augenblick möchte ich das nicht.

I.S.: Es ist faszinierend, daß Sie in dem Moment, in dem eine neue Mode und eine neue Silhouette aufkamen, beschlossen haben, eine Diät zu machen.

K.L.: Ich glaube, ohne den neuen Moment hätte ich das nicht getan. Vielleicht hört sich dies alles politisch unkorrekt und oberflächlich an. Aber das Problem mit der politischen Korrektheit ist, daß es einem in dem Moment, in dem man politisch korrekt ist, langweilig wird. Politische Korrektheit wird zu einer Konvention, und das ist die schlimmste bürgerliche Ästhetik. Bei einer Diät mag einem der Gedanke kommen, daß, weil man die Anstrengung auf sich genommen hat, sich das Liebesleben ändern wird. Aber die Blüte der Jugend kommt niemals zurück, selbst dann nicht, wenn man zwanzig Kilo abnimmt. Da gab es nichts, was ich ändern wollte. Eine Diät wegen seiner Kleidung zu beginnen, ist etwas völlig anderes. Es ist ein oberflächliches Bedürfnis, es gibt kein Muß, von der Diät hängt nichts im Leben ab, außer das Ankleidezimmer. Wenn man Sinn für Humor hat, kann man über sich selbst lachen. Das ist kein Problem. Man muß damit umgehen, als wäre es keine besonders wichtige Herausforderung, und deshalb kann man das auch – weil es wirklich nicht darauf ankommt. Man muß nicht abnehmen, man will es einfach.

I.S.: Somit ist das also eine Form von Freiheit.
K.L.: In dem Moment, wo man eine Diät machen muß oder man denkt, man müsse es, ist man schon paralysiert, besessen. Ich habe mich nur alle zwei Wochen mal auf die Waage gestellt. Das zu oft zu tun, ist nicht gut, weil einen das besessen macht. Leute, die Diät halten, werden manchmal ein Kilo zunehmen. Dann verprügeln sie sich sozusagen selbst, weil sie glauben, sie hätten die Schlacht verloren.

I.S.: Was sonst noch?
K.L.: Ich glaube, man muß wissen, wie man über sich selbst lacht. Bei einer solchen Diät ist Sinn für Humor eines der wichtigsten Dinge – man nehme es nicht zu ernst, lache über sich selbst, gestehe sich ein, warum man es tut, und rede keinen Blödsinn. Es ist etwas Physisches, und das ist alles. Und man sollte nicht versuchen, etwas anderes daraus zu machen, weil es dann kompliziert wird. Wie ein Rekrut in einer Armee muß man sich selbst kommandieren; man selbst ist Offizier und Soldat in einer Person. Der General sagt, was er vom Soldaten verlangt; wie er sich benehmen soll [klatscht in die Hände], was er tun soll [klatscht], also das [klatscht]. Man muß seinem physischen Selbst und seinem mentalen Selbst gegenüber ehrlich sein, und dann, glaube ich, kann es funktionieren. Das ist das Geheimnis. So bin ich meine Diät angegangen. Man ist ein General mit einer Armee aus einem Soldaten, den man vor sich hat. Den muß man instruieren, und er muß das tun, was man von ihm verlangt. Das mag ihm zwar langweilig vorkommen, aber trotzdem muß er es tun.

I.S.: Bei dieser Einstellung wette ich, daß Sie nie in Versuchung geraten sind, die Diät zu unterbrechen.

K.L.: Nie. Ich betrachtete es als ein Spiel, und ich wollte gewinnen. Ich spiele keine Spiele, bei denen ich denke, es könnte mir egal sein, wenn ich verliere – es geht darum zu gewinnen. Beim Sport geht es darum zu gewinnen oder zu verlieren, weil es eben Sport ist, aber in diesem Fall ging es einzig ums Gewinnen. Wenn nicht, dann lohnte es sich nicht, überhaupt anzufangen. Eine Diät ist das einzige Spiel, bei dem man gewinnt, wenn man verliert.

I.S.: Wie spricht man in der Modewelt über Ihren Gewichtsverlust?

K.L.: Gewisse Leute denken, ich hätte mir das Fett absaugen lassen, daß ich operiert worden wäre, oder daß ich krank sei. Das denken sie am liebsten. Ich habe Leute gesehen, die sich einer Liposuktion unterzogen haben, und so etwas will ich ganz gewiß nicht. Ich habe Angst vor Operationen, ich mag überhaupt nicht daran denken. Ich will kein Babygesicht sein, und ich will nicht wie ein kleiner zwanzigjähriger Pin-up-Knabe aussehen. Ich wollte die Silhouette und eine glatte Haut und schönes Haar – all das zusammen. Warum das funktioniert hat und warum dies half, weiß ich nicht, aber die Kombination aus all dem hat das zu dem Ergebnis geführt. Ich habe niemals gedacht, daß ich 42 Kilo abnehmen und zu einer Kleidergröße eines achtzehnjährigen Models zurückkehren könnte.

I.S.: Glauben Sie, daß es in der Modewelt darauf ankommt, so makellos zu sein, wie Sie es jetzt sind? Bei Ihnen würde ich niemals den Begriff Macht verwenden, weil Sie sich irgendwie so jenseits von Macht befinden –

K.L.: – ich hasse Macht, ich hasse es, daran auch nur zu denken, an die damit einhergehende Haltung. Ich will keine Macht darstellen, die für andere Leute bedrohlich ist; ich glaube, das ist das Schlimmste im Leben. Die Dinge müssen sich natürlich entwickeln. Wenn aber ein Mann, der vierzig Kilo mehr wiegt als ich, über Mode spricht, dann ist das etwas, worüber er sprechen und womit er sich befassen kann, weil er die entsprechenden Kleider nicht tragen muß. Aber es gibt etwas auf der Welt, in der wir leben, das besagt, daß, wenn man sich zu weit vom Thema entfernt, Zweifel darüber aufkommen können, ob man überhaupt eine Ahnung hat. Es gibt Leute, die sagen: »Er sieht so und so aus und er redet so und so – warum will er die armen Frauen damit quälen, diese oder jene Kleider zu tragen, wenn er es nicht selber mal versucht?« Ich mußte die Person, die ich war, annehmen, um die ganze Sache zum Funktionieren zu bringen. Auch mußte ich mich selbst neu erfinden, um die Leute, mit denen ich arbeite, zu stimulieren. Diese Art sportlichen Freitags-Freizeitlooks ist mir über. Leute, die jung sind, mögen ja hübsch darin aussehen, aber wenn man über 35 ist, da bin ich mir nicht sicher, ob es noch der richtige Look ist.

I.S.: Es gibt sicher immer noch viele Leute, die Sie auf Ihren Gewichtsverlust ansprechen.

K.L.: Ja, und die meisten Leute finden das als Idee befreiend. Aber diejenigen, die es am meisten hassen, sind Männer meines Alters. Für sie ist es unverzeihlich, daß ich jetzt wieder so bin, wie ich mit achtzehn war. Nur dicke Leute oder Leute mit Übergewicht sagen mir: »Sie sind zu dünn.« Schlanke Menschen haben mir das noch nie gesagt. Neulich las ich in einer Zeitung »der hagere Lagerfeld«. Das ist amüsant als Wortspiel, aber nicht die Wahrheit. Ich bin schlank, sehr schlank, aber nicht »hager«.

I.S.: Oh, das will ich gerne glauben [lacht].

K.L.: Ich war nicht immer so abstrakt, aber ich habe das erreicht, ich habe mich völlig abstrahiert. Ich habe mich gelöst, mich von meinem physischen Ich, von meinem Gehirn gelöst. Ich weiß nicht, ob es ein gutes System ist, aber dieses Mal habe ich etwas erreicht, von dem ich nicht wußte, ob es mir gelingen würde – meinen Kopf und mein Gehirn vollständig von meinem physischen Selbst zu trennen. Ich manipulierte meinen Körper mit meinem Gehirn, als wäre es jemand anderes. Mein Gehirn ist auf das physische Problem meines Körpers nicht eingegangen.

I.S.: Denken Sie manchmal an Gerichte, die Sie besonders mochten, wie zum Beispiel ein Trüffelsandwich?

K.L.: Nein.

I.S.: Aber ich sehe, Sie lächeln. Warum?

K.L.: Nun, ich mochte Hot dogs, wie man sie auf der Straße kaufen kann. Und vor ein paar Tagen habe ich sie mal probiert, weil es mir gestattet war, Fleisch zu essen, aber ich habe sie nicht mehr gemocht.

I.S.: Sie haben also, was die Ernährung angeht, Ihre gesamte Sichtweise verändert.

K.L.: Ja, das alles hat sich geändert. Das ist so, als gäbe es etwas, in das man vor dreißig Jahren verliebt war, und wenn man es später wiedersieht, kann man sich nicht vorstellen, wie das damals möglich war. Ich mag den Geruch von Schokolade, aber ich war nie besonders erpicht darauf, welche zu essen. Schokolade und Kaffee, das sind Gerüche, die ich mag. Darum lege ich auch in den Zimmern, die ich bewohne, überall Schokolade hin. Die ist nicht zum Essen gedacht, was aber nicht heißt, daß man sie nicht essen darf. Ich mag sie um ihres Duftes wegen. Nebenbei bemerkt paßt sie auch gut zur Farbe des Hauses in Biarritz; es ist schokoladenbraun ... und die ist hier berühmt und so gut. Die »Rochers de Biarritz« von Henriet und die Schokoladencaramels von Dodin, das gibt es nur hier, und ich verschicke sie in die ganze Welt, um andere in Versuchung zu führen.

I.S.: Das ist großartig, so über Schokolade zu denken, als einen dekorativen Gegenstand.

K.L.: Wissen Sie, was ich zu Beginn der Diät gemacht habe? Ich aß etwas, aber ich behielt es im Mund und spuckte es dann aus. Auf diese Art und Weise hat man den Geschmack, aber nicht die Kalorien. Damit habe ich schon seit langem wieder aufgehört, aber es ist eine gute Sache, weil es Frustration verhindert. Für mich besteht der Höhepunkt von Luxus heute darin, noch eine zusätzliche Scheibe Vollkorntoast zu essen. Ich glaube, das ist das Köstlichste von der ganzen Welt.

I.S.: Während des Essens fiel mir auf, daß Sie zum Nachtisch ein Stück Toast gegessen haben.

K.L.: Ja. Jetzt, wo ich nicht mehr abnehmen muß, kann ich das. Jetzt ist das sehr einfach, ich kann mich jeden Tag – oder jeden zweiten Tag – auf die Waage stellen, und solange ich sechzig Kilo oder zwei Gramm mehr wiege, ist für mich alles okay. In dem Augenblick, wo ich 59 wiege, esse ich ein wenig mehr Brot, weil ich sechzig Kilo nicht unterschreiten möchte.

I.S.: Wie hat sich das angefühlt, als Sie die ersten engen Jeans angezogen haben, war es ein unglaubliches Gefühl?

K.L.: Ich hatte ganz vergessen, wie sich das Material anfühlt, also war es anfangs nicht allzu aufregend, wieder in Jeans zu stecken. Ich mag weichere Materialien, also trage ich Jeans nicht mehr so oft. Aber wenn ich sie trage, achte ich ganz besonders darauf, was ich mit ihnen kombiniere. Jeans können vermitteln, daß »dieser Mann sexy sein will«. Ich will nicht sexy sein, ich bin nicht auf dem Markt. Das war ich nie. Es geht nicht darum, daß ich denke, ich sei nicht jung genug, es geht darum, daß es nicht das ist, was ich sein möchte. Irgendwie bin ich alterslos, ich gehöre keiner Generation an. Und das ist etwas, das mich gerettet hat. Ich sehe Leute, die viel älter sind als ich, speziell Männer meines Alters, meiner Generation, und es ist zutiefst deprimierend, weil sie mir vorzugaukeln versuchen, sie seien immer noch heiß begehrt. So etwas will ich nicht einmal wissen. Davon will ich nichts hören. Es stört mich nicht, ein alter Mann zu werden und Falten zu haben. Ich will nicht hübsch und jung sein, aber es gibt eine gewisse Haltung, die meines Erachtens besser ist, und mein Vater hatte sie noch mit fast neunzig. Das heißt nicht, daß ich mir nicht mal etwas anderes überlege, aber wenn ich das tue, heißt das, daß das Gehirn die Marionette auffordert zu gehen. Enge Jeans, ein weißes Hemd – am besten ein Smokinghemd – und eine enge, knappe schwarze Jacke sind in Paris für Männer und Frauen ein derartiger Look geworden, der mit mir persönlich visuell verbunden ist, daß ich kaum noch wage, so auf die Straße zu gehen. Ich komme mir dann fast vor wie meine eigene Imitation.

I.S.: Aber bis dahin gewähren Sie uns doch noch einen Einblick, wie man die Diät durchhält.

K.L.: Ich schalte mich selbst auf Autopilot, wie ein Flugzeug. Es gab nicht einen einzigen Augenblick, an dem ich die Resultate in Frage gestellt hätte, die sich zuweilen nur langsam einstellten. Man muß seine imaginativen Fähigkeiten aufbieten, um jede Art von persönlicher Entfremdung in etwas zu verwandeln, mit dem man sich selbst erschafft, und das ist auch etwas, an dem ich in diesem Buch durchgehend teilhaben lassen möchte. In der heutigen Welt ist Körpergewicht ein akutes Problem. Das mag materialistisch sein, aber wenn man sich selbst gegenüber ehrlich ist, steht das Leben nicht nur unter dem Einfluß von Geist und Vernunft. Es ist durchaus vernünftig, dem Äußeren einer Person größere Wichtigkeit beizumessen (speziell in der Welt, in der wir leben); das macht es einfach, das übrige auszudrücken. Es geht nicht nur um Eitelkeit – aber Eitelkeit kann als motivierender Faktor eingesetzt werden. Es ist die auf Oberflächliches bezogene, auf kreative, produktive und schließlich selbsterhaltende Weise benutzte Vorstellungskraft. Zu denken, daß ein Look heutzutage unwichtig sei, ist eine Lüge. Es hilft in einem weiten Bereich der persönlichen Harmonisierung. Eine Diät verlangt nach keiner philosophischen Erklärung oder irgendeiner Art von Rechtfertigung, von denen manche Leute meinen, daß sie sie liefern müßten. Eine Diät kann hilfreich sein, unsere wahre Persönlichkeit zu entdecken oder zu definieren. Wir sind, was wir waren – nicht, was wir wurden. Es gibt plötzlich einen Weg zurück mit einem neuen, unterschiedlichen und ermutigenden Neubeginn. Ein unglückliches Leben ist kein Grund, eine Diät anzufangen. Man sollte eine Diät beginnen, bevor man mit sich selbst unglücklich ist. Man sollte sein inneres Gleichgewicht nicht in den Augen anderer suchen. Das Ergebnis meiner Diät ist sehr befriedigend, befriedigend genug, um diese Art Reise zu unternehmen. Und es kann eine lange Reise sein. Sie brachte mich dorthin, wo ich hinwollte – dorthin, wo hinzugelangen ich die Hoffnung längst aufgegeben hatte – vierzig Jahre später, ohne erschöpft oder müde zu sein.

Visual inventory of a person

Fotoalbum

Mein Vater 1914 in Wladiwostok, mit hohem Kragen, wie ich sie habe. Er war damals 35 Jahre alt.

Hamburg 1948-49.
Die erste schwarze Jacke.

Paris, November 1954 mit Pierre Balmain. 1. Preis des Internationalen Woll-Sekretariats. Ich versuchte mein Haar mit Brillantine zu bändigen. Haarspray gab es noch nicht.

Paris 1960 bei Jean Patou in Caraceni

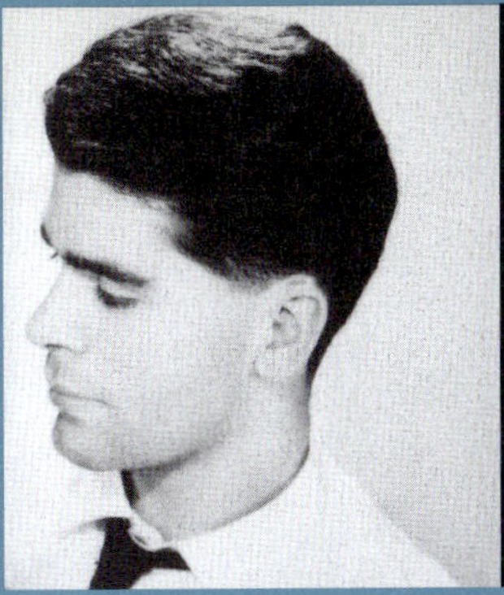

Paris 1958, kurzes Haar.

1960, schon Biarritz,
das ich noch heute liebe.

Paris 1960. Ich liebte Ray-Charles-Brillen damals.

Paris Art Deco 1971 (Foto: Juan Ramos)

Paris 1973 (Foto: Helmut Newton). Helmut nennt es den Mafia-Look.

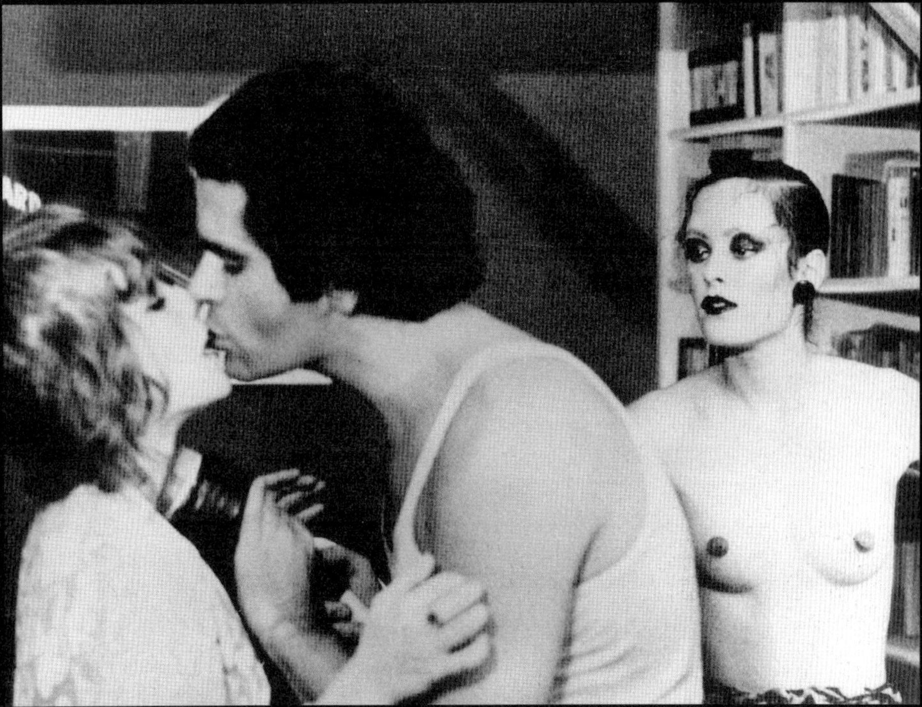

1970 mit Patti d'Arbanville und Jane Forth in Andy Warhols Film »L'Amour«
Bin ich das? War ich das?

Helmut Newton bei Chanel 1983. Helmut wollte es ohne schwarze Brille und mit offenem Hemd...
und man tut ja, was Helmut will...

2000–2002

Was trennt uns beide? 42 Kilo …

die3Diät

Die Grundprinzipien

Wissen ohne Gewissen Nur der Seele Verderb ist.

Rabelais, Gargantua und Pantagruel

Statt einer Einleitung...

... ein paar Zahlen, um mein Vorhaben zu verdeutlichen.

Um den Grad der Fettleibigkeit eines Patienten zu messen, beziehen sich die Ärzte unter anderem auf den Körpermasse- oder Body-Mass-Index (BMI), der das Gewicht einer Person in Kilogramm pro m^2 Körperfläche ausdrückt. Für Erwachsene liegt der normale BMI grob gesagt zwischen 19 (darunter ist die betreffende Person zu dünn) und 25 (darüber ist sie zu dick). Der BMI eines weiblichen Models beträgt um die 17.

Fettleibigkeit oder Adipositas wird in den Industrieländern ein immer ernsteres Problem. In den USA sind etwa 50% der Bevölkerung übergewichtig (BMI höher als 25). Fettleibigkeit im engeren Sinne – nach der gängigsten medizinischen Definition ein BMI von 30 und mehr – betrifft in Nordeuropa jeden zehnten Mann und jede sechste Frau, in Südeuropa schon jeden sechsten Mann und jede dritte Frau. In den USA sind fast jeder sechste Mann und mehr als jede vierte Frau fettleibig, wobei es je nach sozialer Gruppe erhebliche Unterschiede gibt. Adipositas ist ein ernstzunehmendes Problem der öffentlichen Gesundheit. Sie verursacht beträchtliche Folgekosten, ob nun direkt – Ausgaben für die Behandlung von Erkrankungen – oder indirekt. Denn mit dem Körpergewicht steigt auch das Risiko von Begleiterkrankungen. An erster Stelle sind Herz-Kreislauf-Erkrankungen und Diabetes zu nennen, doch es treten auch weitere, weniger bekannte pathologische Zustände auf, die zu erheblichen Einschränkungen der Gesundheit führen, so der Atemstillstand im Schlaf, die Schlaf-Apnoe. Doch auch beträchtliche psychologische Folgeerscheinungen wie Minderwertigkeitsgefühle und sogar Depressionen können sich ergeben. Nebenwirkung dieser physischen und psychischen Einschränkungen der Gesundheit ist eine geringere Leistungsfähigkeit, d.h. ein Verlust von Arbeitstagen. Fettleibigkeit hat also erhebliche soziale Folgen.

Der westliche Mensch unserer Zeit erreicht ein immer höheres Alter, und dies in einer Welt, die ihm dem Anschein nach immer mehr Möglichkeiten eröffnet, ihm in Wirklichkeit aber immer mehr abverlangt. Um ihren Platz in der Gesellschaft zu behaupten, sind Männer wie Frauen verpflichtet, aktiv, schön und vor allem jung zu sein, d.h. schlank. Und für das oben genannte Gesundheitsideal sogar viel zu schlank. Die Dicken werden immer zahlreicher und sind doch die ungeliebten Zeitgenossen. Abgelehnt, manchmal Beleidigungen ausgesetzt, oft Zielscheibe von Diskriminierungen, haben sie größere Schwierigkeiten als andere, einen Arbeitsplatz zu finden, ja überhaupt ihren Platz in der Gesellschaft. Sie werden vielmehr ausgegrenzt, wenn sie sich letzten Endes nicht selbst isolieren. Der Dicke ist nicht mehr in.

Jugend, Geld, Schlankheit, die Übereinstimmung mit den Standards der Mode und der Denkgewohnheiten, und alles mit einer großen äußerlichen Lässigkeit zur Schau getragen, das ist das, worauf es in unserer Gesellschaft zu Beginn des dritten Jahrtausends ankommt. Wie soll man sich dem Gebot anpassen und zugleich das Leben mit seinen Vor- und Nachteilen meistern, ja es voll ausschöpfen, ohne sich dem Diktat der äußeren Erscheinung zu unterwerfen? Wie soll man sich demnach akzeptieren – vielleicht auch mit ein paar Fettpölsterchen, die aus der Mode gekommen sind – ohne sich in einem Kult der Jugendlichkeit zu verstricken oder sich die Magerkeit um jeden Preis aufs Panier zu schreiben?

Um gut und lange zu leben, kommt es in erster Linie darauf an, sich bei guter Gesundheit zu halten. Die Haut pflegen, sich Schönheitsoperationen – warum nicht? – oder Hormonbehandlungen unterziehen, sein Gewicht überwachen und abnehmen, falls erforderlich... Die heute üblichen medizinischen und chirurgischen Behandlungsformen haben längst ihre Wirksamkeit bewiesen. Aber ohne den eigenen Willen, ohne das Selbstvertrauen werden alle Mittelchen dieser Welt, alle Techniken, und seien sie auch noch so ausgeklügelt, nur zu mittelmäßigen und keinesfalls dauerhaften Ergebnisse führen. Ein äußeres Erscheinungsbild zu erhalten oder zurückzuerlangen, ein Gewicht oder eine Figur zu erreichen, mit denen man zufrieden ist, dazu muß man all seine Energie mobilisieren, seine Beziehungen zu anderen und zum eigenen Körper überdenken, muß seine persönliche Streßbewältigung und seinen Umgang mit den eigenen Frustrationen, aber auch mit dem, was Vergnügen oder Lust bereitet, überprüfen – und dazu bereit sein, sich zu ändern, manchmal auch tiefgreifend.

Gewiß ist die Veranlagung zuzunehmen nicht bei uns allen gleich. Doch unabhängig von Ihrer persönlichen Geschichte oder Ihrer erblichen Veranlagung, beim Abnehmen liegt in dieser Gewissensprüfung und dem Willen der Schlüssel zum Erfolg. Ich kann Ihnen selbstverständlich helfen, Ihr Gewicht zu verringern; meine Methode und das Schlankheitsprogramm Spoonlight, das aus ihr abgeleitet wurde, sind so ausgeklügelt, daß sie Ihnen bei der Rückkehr zu sich selbst, die die Diät darstellt, helfen und Sie dabei unterstützen. Aber ohne Ihre eigene aktive Beteiligung können Sie kein dauerhaftes Ergebnis erwarten.

Steigen Sie in mein Programm nicht ein, um Ihrem Partner oder Ihrer Umgebung einen Gefallen zu tun, oder weil man Sie dazu gedrängt hat. Fangen Sie damit an, weil Sie sich dazu entschlossen haben. Nur dann kann es Ihnen auf Ihrem weiteren Weg helfen.

Jean-Claude Houdret

Was ist Fettleibigkeit?

Die medizinische Definition von Fettleibigkeit

Der Weltgesundheitsorganisation (WHO) zufolge ist Fettleibigkeit »ein Übermaß an Fettmasse, das für die Gesundheit verhängnisvolle Folgen hat«. Dieses Übermaß von Fettgewebe kann über den ganzen Körper verteilt sein, aber im allgemeinen konzentriert es sich auf

- die Oberschenkel, den Bauch, das Becken und die Brüste (»gynäkoid« genannte Fettleibigkeit, meist bei Frauen);
- die Magengegend, den Rücken, die Schultern und den Hals (»android« genannte Fettleibigkeit, meist bei Männern);
- die viszerale Fettleibigkeit, die die Eingeweide betrifft.

Die gynäkoide Fettleibigkeit, so wenig ästhetisch sie auch sein mag, birgt geringe Gesundheitsgefahren. Dagegen begünstigen die androide und Eingeweide-Fettleibigkeit Erkrankungen der Herzgefäße, Bluthochdruck und Streß.

Unter medizinischen Gesichtspunkten ist Fettleibigkeit also tatsächlich eine Krankheit. In sozialer Hinsicht ist das etwas anderes...

Medizinische Fettleibigkeit oder soziale Fettleibigkeit?

Der Begriff »Fettleibigkeit« wird oft subjektiv verwendet, denn er hängt auch vom Körpergefühl des einzelnen ab. Der eine fühlt sich bei einer bestimmten Körpergröße und einem bestimmten Gewicht wohl in seiner Haut, der andere dagegen bringt bei derselben Körpergröße genau dasselbe Gewicht auf die Waage, betrachtet sich aber als beleibt und ist erst zufrieden, wenn er die Kilos los geworden ist, die er für überflüssig hält.

Oft spielen die ästhetischen Kriterien der Mode bei der Einschätzung des eigenen Körpers eine Rolle; der Vergleich mit Vorbildern, wie sie die Medien vermitteln, ist dabei bestimmend. Man möchte aussehen wie die berühmten Models, und es ist nun mal so, daß seit etwa fünfzig Jahren diese Models dünn, ja sogar mager sind. So erklärt sich die große Zahl von Menschen – besonders Frauen –, die sich für zu dick halten oder von ihrem Umfeld für zu dick gehalten werden, obwohl ein Arzt noch von Normalgewicht sprechen würde. Umgekehrt gelten viele Frauen aus westlichen Ländern jenseits des Mittelmeers noch immer als viel zu mager, obwohl sich, beeinflußt durch Werbung und Fernsehserien, die westlichen Normen auch dort schon längst durchzusetzen beginnen.

Schließlich unterliegen auch die Wissenschaftler den jeweiligen Moden, wenn sie versuchen, das Idealgewicht zu bestimmen. So ist in Nordamerika seit dem Zweiten Weltkrieg die Gewichtsnorm für Frauen erheblich gesunken, während für Männer das Idealgewicht praktisch gleich geblieben ist.

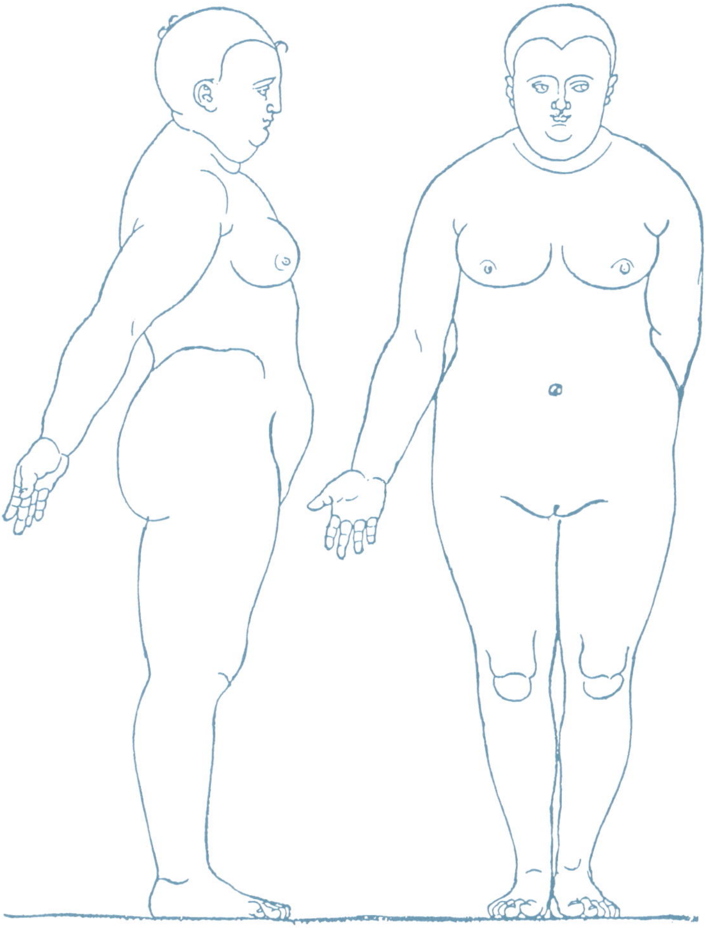

Sind Sie zu dick?

Um den Grad einer Fettleibigkeit zu diagnostizieren, bedienen sich Ärzte mehrerer Methoden, von denen die geläufigste der Körpermasse-Index (BMI) ist, den ich oben schon erwähnt habe. Die Rechenformel besagt, daß das Gewicht in Kilogramm durch das Quadrat der Größe in Metern geteilt wird.

Beispiel: Berechnung des BMI einer 68 kg schweren Frau, die 1,65 m groß ist: $BMI = 68 : (1{,}65)^2 = 68 : 2{,}72 = 25$.

- Ein Gewicht, das als normal angesehen wird, muß zwischen 19 und 25 kg pro m^2 liegen: BMI zwischen 19 und 25;
- bei einem BMI zwischen 25 und 30 spricht man von Übergewicht;
- zwischen 30 und 40 von schwerer Fettleibigkeit;
- bei über 40 von krankhafter Fettleibigkeit.

Noch weitere Parameter müssen in die Berechnung einbezogen werden, um den Grad des Übergewichts zu ermitteln. So wird eine Person mit einem schweren Skelett mehr wiegen als jemand mit einem leichten Skelett, ohne deswegen zu dick zu sein. Anhand der Hand- und Fußgelenke kann man sich ein genaues Bild von der Art des Skeletts machen, denn dicke Gelenke gehen mit einem schweren Knochenbau einher, feine Gelenke mit einem leichten Knochengerüst. Im Zweifelsfall liegt man nicht sehr daneben, wenn man die Mitte wählt.

Doch der Arzt kann sich auch anderer Techniken bedienen, um seine Diagnose zu verfeinern, so kann er das Verhältnis von Körpergröße zum Hüftumfang berechnen oder die Dicke einer Hautfalte messen. Ich bediene mich vor allem der Impedanz-Messung, einer Technik, bei der mit Hilfe eines spezifischen Apparates der Anteil an Fettgewebe gemessen wird. Heute sind elektronische Personenwaagen im Handel, die gleichzeitig mit dem Gewicht den Fettanteil berechnen. Für diesen gilt die folgende Norm:

- Männer 10 bis 19%
- Frauen 20 bis 29%.

Zusammenfassend läßt sich sagen, daß das richtige Gewicht im allgemeinen in der Nähe des Idealgewichts liegt, wie es die hinten abgedruckte Tabelle ausweist. Tatsächlich aber ist das Gewicht richtig, bei dem man sich wohlfühlt, und es macht nichts, wenn es einige Kilo über dem Idealgewicht liegt! Dieses eventuelle Übergewicht muß jedoch medizinisch gut vertragen werden; es darf nicht das Wohlbefinden beeinträchtigen oder zu Gesundheitsstörungen führen. Andernfalls sollte man lieber den Anweisungen seines Arztes folgen und eine Diät in Erwägung ziehen.

Adipositas bei Kindern

Beim Kind stößt die Definition von Fettleibigkeit auf spezifische Schwierigkeiten, denn die Adipositas verändert sich im Laufe des Wachstums physiologisch, sodaß es nicht möglich ist, einen einheitlichen Referenzwert festzulegen. Hinzu kommt, daß ausreichende Daten epidemiologischer Vorausberechnungen fehlen, mit denen man die mittel- und langfristigen Risiken bei Übergewicht in der Kindheit abschätzen kann.

Das Expertengremium der Weltgesundheitsorganisation empfiehlt, für jede Bevölkerung Kurven des Körpermasse-Index in Abhängigkeit vom Alter zu erstellen. Beim gegenwärtigen Stand der Kenntnisse kann man von Fettleibigkeit beim Kind ausgehen, wenn Werte über 97% der Verteilung nach Körpermasse-Index für die Altersgruppe erreicht werden.

Die Entstehung von Fettleibigkeit

Die Entstehung von Fettleibigkeit durchläuft zwei Phasen:

- Eine dynamische Phase, während der die Fettleibigkeit in Erscheinung tritt, ist durch eine positive Energiebilanz gekennzeichnet: Es werden mehr Kalorien aufgenommen als verbraucht. Schematisch unterscheidet man die früh entstandene Fettleibigkeit, die seit der Kindheit oder sogar schon im Kleinkindalter auftritt, und die im Erwachsenenalter – im allgemeinen vor dem 45. Lebensjahr – auftretende Fettleibigkeit. Die Dauer dieser dynamischen Phase variiert von einer Person zur anderen; sie kann bei wenigen Monaten liegen, sich aber auch über Jahre hinziehen.
- Eine statische Phase, in der die Person, nachdem sie fettleibig geworden ist, ihr Gewicht auf einem bestimmten Niveau hält, sofern sie nicht die Energiezufuhr verringert. In dieser Phase, in der das Gewicht auf einem übermäßig hohen Niveau stabil bleibt, ist der Energiehaushalt erneut ausgeglichen: es werden ebenso viele Kalorien aufgenommen wie verbraucht. Unterbleibt eine Behandlung, verschlechtert sich der Zustand fortlaufend über die Jahre.

Die Gründe dafür sind zahlreich und von Mensch zu Mensch verschieden.

Ungleichgewicht zwischen Energiezufuhr und Energieverbrauch

Logischerweise wird man fettleibig, wenn man zu viel ißt, weil man im Verhältnis zu seinem Energiebedarf zu viele Kalorien zu sich nimmt. Die überschüssigen Kalorien werden dann in Form von Fett in den Fettzellen oder Adipozyten gelagert, die sich wie Schwämme verhalten: Sie quellen in Phasen des Dickerwerdens auf und ziehen sich wieder zusammen, wenn man abnimmt. Auch die Qualität unserer Nahrung und unsere Gewohnheiten können eine Rolle spielen: Der übermäßige Verzehr von schnell umwandelbarem Zucker führt dazu, daß dieser Zucker, wenn er nicht gleich wieder abgebaut wird, als Fett gespeichert wird.

Der Körper verfügt über drei Arten, Energie zu verbrauchen:

- den Stoffwechsel als solchen, d.h. die Energie, die der Körper verbraucht, um zu funktionieren, vor allem um seine magere Körpermasse – seine Muskeln – in Bewegung zu halten. Dafür werden 70% des Energieverbrauchs aufgewandt;
- die physische Betätigung des Körpers, bei der 20% der Energie verbraucht wird. Dabei macht es natürlich einen großen Unterschied, ob eine Person im Sitzen arbeitet oder Tag für Tag körperlich schwere Arbeit leisten muß;
- Energie, die aufgewandt wird, um Nahrungsmittel zu verdauen, sie im Körper aufzunehmen und in den Zellen einzulagern: 10%. Ein Verweis darauf, daß man nicht dadurch abnimmt, indem man eine Mahlzeit überspringt.

Dieser Prozeß läßt folgende Schlüsse zu, die für viele eine neue Erkenntnis sein dürften und all jenen Menschen die Schuldgefühle nehmen, die vergeblich versucht haben, abzunehmen:

- Grundverbrauch an Energie: bei einem Fettleibigen ist auch die magere Körpermasse größer als bei einer dünnen Person. Er wird also mehr essen als der Schlanke, allein um seine magere Körpermasse zu erhalten ohne deswegen weiter zuzunehmen;
- physische Betätigung: allein durch die Tatsache, daß ein Fettleibiger eine größere Anstrengung vollbringt, um sich zu bewegen, verbraucht er mehr Kalorien als ein anderer. So nimmt ein Dicker bei derselben körperlichen Tätigkeit mehr ab als ein Dünner.

Damit wären alle Schwierigkeiten zusammengefaßt, die man haben kann, wenn man zu dick ist und dauerhaft abnehmen will.

Kohlenhydrate, Fette und Eiweiße

Unser Organismus schöpft seine Energie aus der Umwandlung von drei für unsere Gesundheit wesentlichen Energieträgern organischer Herkunft, den Kohlenhydraten, den Fetten und den Eiweißen. Die Energie wird durch das Verbrennen der aus der Nahrung bezogenen, Kohlenhydrate genannten Kohlenstoffe – in Sonderheit verschiedene Arten von Zucker – und die Synthese des Wassers mit von den Lungen geliefertem Sauerstoff freigesetzt. Die Kalorie ist die Einheit der Energiemenge, die in den Nahrungsmitteln enthalten ist oder vom Körper abgegeben wird.

Kohlenhydrate

Ein Gramm Kohlenhydrate liefert 4 Kalorien. Kohlenhydrate sind eine leicht verfügbare Energiequelle. Die Verdauung wandelt sie schnell oder langsam in Glukose um. Nach den Mahlzeiten sammelt sich die Glukose in der Leber als Glykogen; zwischen den Mahlzeiten setzt die Leber nach und nach diese Reserven frei. Ein großer Teil der als Glykogen im Körper befindlichen Glukose dringt einerseits in die Fettzellen ein und wird dort zu Fett, lagert sich andererseits in den Muskeln ab, damit diese bei Bedarf darüber verfügen können. Nur ein Teil der Glukose gelangt unmittelbar in jene Zellen, die sie zu gasförmigem Kohlenstoff und Wasser oxydieren und in dieser Form den Energiebedarf decken.

Bei den Kohlenhydraten lassen sich drei Kategorien unterscheiden:

- die einfachen Zucker (Monosaccharide), die schnell resorbiert werden: Glukose, Fruktose z.B in Obst und Honig;
- die Disaccharide, z.B. Laktose in Milch, Maltose im Bier;
- die komplexen oder langsamen Zucker (Polysaccharide) in vielen pflanzlichen (Stärke in Kartoffeln) und tierischen (Glykogen im Muskelgewebe) Produkten; ihre Bezeichnung rührt daher, daß sie zunächst in einfachen Zucker gespalten werden müssen, um resorbiert werden zu können.

Die einfachen, auch »schnell« genannten Zucker stellen zwar schneller Energie bereit, aber ihnen fehlen Mineralien und Vitamine; sie liefern nur Glukose-Kalorien. Zu ihnen gehört vor allem der Zucker und alles, worin er enthalten ist: Limonaden, Bonbons... Sie fördern die Gewichtszunahme, denn sie stimulieren die Ausschüttung von Insulin, einem Hormon, das in der Bauchspeicheldrüse hergestellt wird und zur Bildung des Glykogen in der Leber und den Muskeln erforderlich ist. Ohne dieses Hormon ist die Fettsynthese aus Glukose unmöglich. Das Insulin ermöglicht auch, daß Aminosäuren in die Zellen eindringen, und löst dadurch die Protein-Synthese aus.

Die »langsam« genannten Zucker, die man mit Reis, Grieß, Getreide, Kartoffeln, Nudeln oder Brot zu sich nimmt, stellen ihre Energie nicht so schnell zur Verfügung, doch sie liefern zugleich auch Proteine, und sie enthalten unverdauliche Kohlenhydrate (Ballaststoffe) – z.B. Zellulose –, die der Verdauung förderlich sind. Manche Fasern – in erster Linie die der Karotten und Haferflocken sowie das Pektin von Äpfeln – tragen auch zur Ausscheidung des Cholesterins bei und sind damit Helfer im Kampf gegen Erkrankungen der Herzgefäße.

Fette (Lipide)

Ein Gramm Fett liefert 9 Kalorien. Zwei Kategorien sind voneinander zu unterscheiden: die gesättigten Fettsäuren aus Nahrungsmitteln tierischen Ursprungs und die ungesättigten Fettsäuren pflanzlichen Ursprungs. Auch das Fett von Fischen oder Schalentieren hat einen hohen Anteil an ungesättigten Fettsäuren.

Diese Lipide sorgen für die Regulierung der Körperwärme, und sie haben Anteil an vielen chemischen Reaktionen. Sie befinden sich in Butter oder Öl, aber auch die meisten anderen Nahrungsmittel enthalten Fette: Fleisch, Eigelb, Wurst usw.

98% der zum Verzehr geeigneten Fette sind Triglyzeride, von denen es mehrere Sorten gibt: Die bekömmlichsten sind die wasserlöslichen. Cholesterin ist ein in allen Körperzellen vorhandenes Lipid, Grundsubstanz der Geschlechtshormone, des Kortisons und der Gallensäuren. Es wird mit der Nahrung aufgenommen, aber auch von der Leber und anderen peripheren Gewebezellen hergestellt.

Eiweiße (Proteine)

Ein Gramm Eiweiß liefert 4 Kalorien Energie. Die Proteine bestehen aus Aminosäuren, die auf unterschiedliche Weise gebunden sind; es gibt also zahlreiche Sorten von Proteinen. Die wichtigsten Proteinquellen sind Fleisch und Fisch.

Unter den vielen Aminosäuren gibt es einige, die für das Leben unverzichtbar sind, denn sie werden bei den Mechanismen der Verbrennung von Nahrungsmitteln wirksam, besonders in der Leber. Dabei handelt es sich um die essentiellen Aminosäuren Lysin, Phenylalanin, Threonin.

Erbfaktoren

Man kann einfach nur zu dick sein, weil die Eltern es waren. Diese genetische Veranlagung führt dazu, daß der eine bei gleichen Kalorien-Rationen dicker wird, der andere sein Gewicht hält.[1] Der Erbfaktor ist jedoch nicht der alleinige Faktor; die Behauptung, daß Fettleibigkeit eine erbliche Krankheit sei, ist also nicht nur grob vereinfachend, sondern schlicht falsch. Es besteht eine Interaktion zwischen der genetischen Veranlagung zu Fettleibigkeit und Faktoren des persönlichen Umfeldes, wie familiären Ernährungsgewohnheiten.

Die Veranlagung zur Fettleibigkeit ist in den westlichen Ländern äußerst verbreitet. Sie ist Ergebnis eines natürlichen Selektionsprozesses, welcher das Überleben der Personen begünstigt hat, die mehr als andere dazu in der Lage waren, Fettreserven einzulagern und die häufigen Hungersnöte zu überstehen. Was lange ein Vorteil war, hat sich seit einigen Jahrzehnten in einen Nachteil verkehrt.

Unausgewogene Ernährung in der Kindheit

Man kann fettleibig werden, weil man als Kind unausgewogen ernährt worden ist, mit Kalorien im Übermaß und oft zuviel Süßigkeiten. In der Tat sind Kindheit und Jugend die Lebensabschnitte, während der die Fettzellen die Fähigkeit besitzen, sich zu vermehren – später verlieren sie diese Eigenschaft. Im Fall einer Überernährung wird diese Vermehrung maßlos und führt zu einem anormalen Anstieg der Zahl der Adipocyten. Im Erwachsenenalter wird eine Person, die als Kind übermäßig ernährt worden ist, wegen der extrem hohen Zahl von Fettzellen, über die sie seit frühester Jugend verfügt, besonders zum Dickerwerden neigen.

Auslöser

Bei Menschen mit einer entsprechenden Veranlagung können bestimmte Ereignisse im Leben Ursprung der Fettleibigkeit sein.

- Streß, sei er nun durch einen tiefen Einschnitt im Leben – Trauerfall, Scheidung, Arbeitslosigkeit, Versetzung an einen fernen Ort usw. – hervorgerufen worden, durch physische Eingriffe – Unfall, Operation – oder durch Frustration, etwa eine persönliche oder berufliche Situation, die nicht den Erwartungen entspricht; oder durch Langeweile. Häufig zieht Streß als Reaktion Änderungen des Ernährungsverhaltens nach sich, etwa als Bulimie oder ständiges, zwanghaftes Knabbern. Die täglich aufgenommene Kalorienmenge übersteigt den tatsächlichen Bedarf und führt zur Einlagerung von Fettreserven. Was da geschieht, ist, als ob die Gehirnzonen, die den »Thermostat« für Gewicht und Appetit regulieren, in Folge von Streß verrückt spielten.

  Es kommt nicht selten vor, daß eine ältere Dame, die seit kurzem Witwe ist, in wenigen Monaten fünf Kilo und mehr zunimmt, während sie Jahre zuvor die als gefährliche Klippe geltende Menopause überstanden hat, ohne ein Gramm zuzulegen: Sie erstickt Trauer und Leid in zwanghafter Nahrungsaufnahme. Ebenso häufig kommt es vor, daß sich jemand nach einem Knochenbruch, der ihn zeitweise zu Untätigkeit verurteilt hat, ein respektables

Bäuchlein zugelegt hat: In diesem Fall liegt ein doppelter Grund für die Gewichtszunahme vor, denn zu dauerndem, kompensierendem Knabbern kommt der geringere Kalorienverbrauch durch die Bewegungsarmut.

- Veränderung der Lebensumstände (Eheschließung, Mutterschaft, sozialer Aufstieg) sind häufig Grund für eine Gewichtszunahme, auch wenn sie nicht zu Streß geführt haben. Der Lebensrhythmus ändert sich, man macht weniger Sport, weil man immer weniger Zeit hat, man wird häuslich, man ißt besser, weil man mehr Geld hat, ißt regelmäßiger, weil man die Mahlzeiten mit der Familie einnimmt. Nach und nach erhöht sich die tägliche Kalorienzufuhr und übersteigt mehr und mehr den täglichen Kalorienbedarf, und der sinkt, da die physische Anstrengung abnimmt. Das ist – auch wenn er in den Großstädten immer mehr aus der Mode kommt – der klassische Fall des dickbäuchigen Mannes, in dem seine Frau nach einigen Ehejahren kaum noch den schlanken flotten Apollo wiedererkennt, den sie einmal geheiratet hat! Oder der Fall jener Frau, die sich nach der Geburt ihrer Kinder »gehenläßt«, weil sie zum größten Leidwesen ihres Ehepartners der Meinung ist, es sei nicht mehr an der Zeit, gefallen zu wollen, sondern jetzt sei die Mutterrolle zu erfüllen.
- Der Abbruch eines intensiv betriebenen Sports löst meistens eine Gewichtszunahme aus, die manchmal sehr beträchtlich sein kann, denn der Kalorienbedarf sinkt, während der ehemalige Sportler meistens seine Ernährungsgewohnheiten beibehält So kommt es zu höherem Gewicht: Lag der Energiebedarf des Sportlers bei täglich 4000 bis 5000 Kalorien, brauchte er eine reichliche Nahrung, die den Verlust ausglich. Fehlt nun die sportliche Betätigung und bleibt er bei seiner gewohnten Ernährung, nimmt er wahre Pantagruel-Mahle zu sich.
- Häufig nimmt man auch dadurch zu, daß man aufhört zu rauchen. Drei Gründe sind dafür ausschlaggebend: Oft greift der Ex-Raucher als Kompensation zu einem Bonbon statt zur Zigarette; Tabakkonsum bedeutet einen zusätzlichen Verbauch von etwa 8 Kalorien pro Zigarette – mit jeder gerauchten Schachtel werden 160 Kalorien verbrannt; schließlich geht der Verzicht auf Tabak mit einem größeren Appetit einher, weil das Nikotin das Hungergefühl verringert. Es ist also ratsam, seine Ernährung im Auge zu behalten, wenn man das Rauchen aufgibt.
- Bei Frauen sind oft Veränderungen im Hormonhaushalt – Pubertät, Schwangerschaft, Menopause – Anlaß für größere Gewichtszunahme. Das gilt jedoch nicht für alle Frauen, erbliche Anlagen spielen beim Auftreten dieser Art von Fettleibigkeit ebenfalls eine wesentliche Rolle.

Der Appetit, eine Sache des Kopfes

Unser Gehirn signalisiert uns, ob wir Hunger haben oder gesättigt sind. Die für die Regelung des Appetits zuständigen Zentren haben ihren Sitz im Hypothalamus, einem Teil des Zwischenhirns, und die Neurotransmitter, die für die Information dieser Zentren sorgen, sind das Dopamin, das Serotonin, das Adrenalin und das Noradrenalin. So läßt sich auch die Wirkungsweise der Amphetamine erklären, die neben anderen die Eigenschaft haben, den Appetit zu hemmen: Sie erhöhen die Ausschüttung von Dopamin und Adrenalin im Hungerzentrum und verhindern so das Hungergefühl.

Soziokulturelle Faktoren

In den westlichen Ländern verhält sich der Index von Fettleibigkeit umgekehrt proportional zur Höhe des Einkommens: Die Armen sind in der Regel dicker als die Reichen. Diese Tatsache hat ihren Ursprung in unterschiedlichen Ernährungsgewohnheiten: Die Nahrung der Ärmsten ist reicher an Fetten. Vor allem aber gehören Nahrungsmittel nicht mehr zu den Konsumgütern, die für Menschen mit bescheidenem Budget unerreichbar sind. Arme leben sich also sehr viel mehr aus, indem sie übermäßig essen und trinken, als einen Sport zu betreiben, der eine teure Ausrüstung erfordert, oder von Boutique zu Boutique zu laufen, um ihren Zweitwohnsitz mit Möbeln auszustaffieren... Hinzu kommt, daß die preisgünstigen Lebensmittel, die in Supermärkten angeboten werden, alles andere als vorbildliche Diätkost sind. Schließlich können reichere Leute auch mehr Zeit und Geld dafür aufwenden, sich zu pflegen, auf ihr Aussehen zu achten und »in Form« zu bleiben.

Hauptverantwortlich für die Zunahme von Fettleibigkeit ist jedoch die moderne Lebensweise: die Verringerung physischer Anstrengungen (weniger Treppen zu steigen, weniger Kilometer zu Fuß zurückzulegen, besser geheizte Wohn- und Arbeitsstätten), die Zunahme von Schnellimbissen und ähnlichen Fast-food-Läden, deren Nahrungsangebot die elementarsten Diät-Regeln mit Füßen tritt, der Konsum gezuckerter Getränke wie Coca Cola, die wahre Kalorienbomben sind, oder auch die verbreitete Unsitte, ständig etwas knabbern zu müssen.

Heimtückische Fettpolster

Auch wenn manche Leute plötzlich durch bestimmte Ereignisse dick werden – z.B. durch eine Schwangerschaft, eine medizinische Behandlung oder eine Belastung, bei der sie Angst oder Ärger durch ständiges Essen kompensiert haben – die meisten nehmen zu, ohne es zu merken. Häufig trifft man Menschen mit einem erheblichen Übergewicht – etwa 20 kg –, das sich über Jahre hinweg aufgebaut hat. Ursprünglich mag das Ungleichgewicht zwischen der Energiezufuhr und dem Energieverbrauch winzig gewesen sein und sich etwa in der Größenordnung von ein paar Keksen oder dem Erklimmen von vier Etagen weniger am Tag bewegt haben. Doch dann hat sich fortschreitend die Gewichtszunahme eingenistet, die Erhöhung der Kalorienzufuhr wurde durch die Erhöhung der mageren Muskelmasse angetrieben.

Wenn man weiß, daß die ideale tägliche Kalorienzufuhr bei einem Erwachsenen mit sitzender Tätigkeit um 1800 bis 2000 liegt, wenn man weiter die vielfältigen Versuchungen des Genusses betrachtet, denen sich ein Mensch in westlichen Breiten ständig entziehen muß, dann versteht man leicht, warum viele unserer Zeitgenossen auf die Bahn der Fettleibigkeit geraten.

Wie ich dick geworden bin

Als Kind war ich schlank wie jeder normale kleine Junge in Norddeutschland. Zu Hause nahmen wir ein reichliches Frühstück ein, wie es in Deutschland üblich ist, mit Käse, Wurst, Schinken, Brot, Butter und Marmelade, dazu nach Belieben Tee, Kaffee oder Kakao. Mittags gab es nur ein leichtes Essen, eine Art Sandwich, das die Köchin uns morgens mitgegeben hatte; wir aßen es in der Schule, oder wo wir uns gerade befanden, wenn wir einen Ausflug machten. Zu Abend wurde sehr früh gegessen, um 18 Uhr, eine kalte Mahlzeit, bei der, wenn ich mich richtig erinnere, häufig Hering auftauchte, mit allen möglichen Saucen!

Wirklich dick bin ich erst so um die vierzig geworden; mondäne Abendessen, zu denen ich mich damals noch einladen ließ, und die Tatsache, daß ich mit dem Bodybuilding aufgehört hatte, wirkten dabei zusammen. Trotz meiner respektablen Körpergröße von 1,80 m bin ich damals rundlich geworden; zunächst ließ mich das gleichgültig, später ärgerte es mich ein wenig.

K.L.

Docteur Jean-Claude Houdret

PRÉSIDENT FONDATEUR DE L'I.M.F.I.
DIRECTEUR DE MODULE AU COLLÈGE NATIONAL DE MÉDECINE ESTHÉTIQUE
CHARGÉ DE COURS UNIVERSITAIRE À LA FACULTÉ DE MÉDECINE DE PARIS XIII

94, BOULEVARD FLANDRIN 75116 PARIS
TÉL. : 01 47 27 27 33
FAX : 01 47 27 31 08

à revenir p 66

Quand c'est possible

SPOON LIGHT 1 ***salé ou sucré***
Remplacer 1 repas par 1 ou 2 sachet(s) avec 1/4 l de lait 0% ou d'eau par sachet et 1 fruit ou 1 laitage
Ou prendre 1 sachet d'entremet en guise de dessert
Valeur calorique pour 100 g 1/3

RÉGIME POUR Mr KARL LAGERFELD.
RATION CALORIQUE PAR JOUR : 1000 / 1200 calories

BOISSON : Eau, Jus de tomate, boissons "Light", Pepsi MAX
éventuellement, vin rouge *(1 à 2 verres par jour)* 1/3

CÉRÉALES :	
~~Pain~~	~~255~~
Pain complet : 3 tranches par jour	
~~Riz~~	~~341~~
~~Biscotte~~	~~362~~
~~Pâtes~~	~~375~~
~~Semoule~~	~~375~~
CORPS GRAS : allégés	
Crème	300
Beurre	750
Margarine	752
~~Huile~~ — maxi 1 cuillère à soupe / j	~~900~~
LAITAGES : *(Au moins une fois par jour)*	
Lait écrémé 0% - 20%	36
Yaourt	45
~~Lait entier~~	~~68~~
Fromages blancs	120
2 Œufs : 100 g 1/3 *(pas plus de 4 par semaine)*	160
CRUSTACÉS :	
Coquilles Saint-Jacques	70
Moules	72
Crabe	86
Homard	87
Crevettes	96
Palourdes	168
POISSONS :	
Carrelet	65
Cabillaud	68
Merlan	69
Sole	73
Tanche	75
Dorade	77
Raie	78
Colin	86
Loup *(Bar)*	91
Carpe	104
Perche	112
Saumon	114
Turbot	118
Hareng *(frais)*	120
Maquereau	128
Truite	151
~~Sardine~~	~~174~~
~~Thon~~	~~225~~
PAS FRIT	
VIANDES :	
Cheval	110
Foie de veau	137
Jambon *(blanc)*	150
Volailles	150
Lapin	162
Veau	168
~~Mouton~~	~~248~~
~~Bœuf~~	~~250~~
~~Agneau~~	~~280~~
~~Porc~~	~~290~~
LÉGUMES :	
Laitue	18
Endives	22
Tomates	22
Épinards	25
Asperges	26
Choux-fleurs	30
Haricot verts	39
Artichauts	40
Carottes	42
Poireaux	42
Champignons de Paris	43
Choux de Bruxelles	54
Pommes de terre *(cuites à l'eau)*	86
~~Petits pois~~	~~92~~
~~Haricots secs~~	~~330~~
~~Lentilles~~	~~336~~
FROMAGES :	
~~Crème de gruyère~~	~~280~~
~~Camembert~~	~~312~~
~~Hollande *(Mimolette, Gouda etc...)*~~	~~331~~
~~Cantal~~	~~387~~
~~Gruyère~~	~~391~~
~~Roquefort~~	~~405~~
FRUITS FRAIS :	
Melons	31
Framboises	40
Fraises	40
Mandarines	40
Oranges	40
Pamplemousses	43
Abricots	44
Pêches	52
Pommes	52
Ananas	54
Poires	61
~~Prunes~~	~~64~~
~~Cerises~~	~~77~~
~~Figues~~	~~80~~
~~Raisins~~	~~81~~
~~Bananes~~	~~90~~
FRUITS SECS :	
~~Châtaignes~~	~~200~~
~~Pruneaux~~	~~290~~
~~Amandes~~	~~620~~
~~Noisettes~~	~~656~~
~~Noix~~	~~660~~
HUILE "RESTRICAL" : *(SANS EXCÈS : CONTIENT DE L'HUILE DE PARAFFINE UN PEU LAXATIVE)*	0

Et, bien sûr, ni chocolat, ni bonbons ni gâteaux etc. 3/4

Sucre : ASPARTAM (CANDEREL)

Man muß essen,
um zu leben,
nicht leben, um zu essen!

Wie wir sehen werden, fehlt es nicht an Methoden, die einem beim Abnehmen helfen sollen. Ich bin nicht so unbescheiden zu behaupten, daß auf diesem Gebiet allein demjenigen Erfolg beschieden ist, der dem Spoonlight-Programm folgt.

Im übrigen macht es natürlich einen erheblichen Unterschied, ob eine Person unter Adipositas leidet oder einfach nur ein paar Kilo weniger auf die Waage bringen will. Für die stark Übergewichtigen ist die ärztliche Unterstützung unabdingbar, im zweiten Fall reichen gesunder Menschenverstand und ein gut konzipiertes Diätprogramm.

Wenn nur etwas guter Wille aufgebracht wird, kann eine Diät in beiden Fällen eine schöne Sache sein, selbst wenn der eine oder andere erhebliches persönliches Engagement aufbringen muß, um tatsächlich einen Gewichtsverlust zu erreichen.

Ist das Ziel aber erst einmal erreicht, besteht die ganze Schwierigkeit nur noch darin, sein Gewicht stabil zu halten, nicht unbemerkt wieder Kilo um Kilo zuzulegen, kurz, zu essen, um zu leben, nicht zu leben, um zu essen. Mit der Diät ist auch die ständige Aufmerksamkeit beendet, die man ihr hat widmen müssen: Zeit zur Besinnung und Einkehr. Schlecht essen, zu viel essen, damit hatte man versucht, Streß, Ärger und Niedergeschlagenheit zu bekämpfen oder sich den Vorgaben seines gesellschaftlichen oder familiären Umfeldes anzupassen – ohne sich dessen unbedingt bewußt zu sein. Oder vielleicht war das Essen auch eine Ersatzbefriedigung? Ein Schlußstrich ist erforderlich, auf jeden Fall persönliche Entscheidungen zwischen diesen Alternativen, vielleicht auch radikale Konsequenzen. Wenn Sie nicht wieder verlernen, was Sie während Ihrer Diät über Ernährung gelernt haben, nach einem Diätplan »erhaltender« Nahrungsaufnahme leben, die Diätregeln, die Sie entdeckt haben, weiter beachten, dann werden Sie Ihre Figur erhalten. Die eingeleitete Veränderung muß endgültig sein, dieselben Ursachen würden zu denselben Folgen führen. Für die Heilmittel, mit denen Sie Streß, Sorgen und Ärger begegnen, fühle ich mich nicht zuständig. Sie liegen in den geheimen Tiefen Ihrer Seele...

Die verschiedenen Verfahren

Das Arsenal der heutigen Medizin kennt drei Methoden, um abzunehmen: die chirurgischen Eingriffe, die medikamentöse Behandlung und die Diät. Man kann vielleicht noch den Pfad der Genetik hinzufügen: Er ist vielversprechend, aber noch mit erheblichen Stolpersteinen gepflastert. In nicht allzu ferner Zeit wird er sicher zu einer »Nutrigenetik« führen, zu Ernährungsprogrammen, die auf die genetische Veranlagung der Patienten abgestimmt sind, und vor allem – dank einer besseren Kenntnis der Ursachen von Fettleibigkeit – zu einer wirksameren, gezielteren Präventiv-Behandlung.

Chirurgische Eingriffe und Medikamente allein reichen nicht aus, um einen Gewichtsverlust zu erreichen; sie werden übrigens auch nie als Mittel zu diesem Zweck genannt. Sie können unterstützend oder als wirksame Fortsetzung eingesetzt werden, parallel zu einer gut abgestimmten Diät. Das Spoonlight-Programm, das ich hier vorstelle, beruht übrigens zu einem guten Teil auf der Gabe von Nahrungszusätzen auf der Basis von Spurenelementen und Heilpflanzen. In Ausnahmefällen kommt es vor, daß ich einem Patienten einen chirurgischen Eingriff empfehle, auch wenn der Dreh- und Angelpunkt meiner Methode die Wiederherstellung einer ausgeglichenen Ernährung ist.

Lassen Sie uns in aller Kürze die verschiedenen Methoden durchgehen, die alle ihre Nachteile haben, und unter denen einige sind, von denen man klar abraten muß.

Die (engen) Grenzen der Chirurgie

Zahlreiche Menschen haben sich vergeblich einer ganzen Serie von Diäten unterzogen, sind es leid und geben sich in die Hände der Chirurgen. Bei der Behandlung von Fettleibigkeit beginnt die Chirurgie sich zu bewähren. In den USA wird sie seit dreißig Jahren angewandt, und auch in Europa verzeichnet sie wachsende Erfolge. Die Techniken haben in den letzten Jahren große Fortschritte gemacht. Aber sie ist alles andere als ein Wunderheilmittel. Medizinisch wird sie in erster Linie eingesetzt, um das Risiko einer koronaren Herzerkrankung zu vermindern, weniger, um dünner zu werden.

Wenn Sie weniger als 40 kg abnehmen müssen, überspringen Sie dieses Kapitel! Solche Eingriffe sind für Sie nicht geeignet, und kein Chirurg, der den Namen verdient, wird sich darauf einlassen, Sie zu operieren, um Ihr Gewicht zu reduzieren.

Betroffene dagegen müssen wissen, daß kein Chirurg sie von falschen Ernährungsgewohnheiten heilen wird, die die Ursache ihrer Fettleibigkeit sind. Hinzu kommt, daß jeder chirurgische Eingriff am Magen (Gastroplastik) bedeutet, daß der Patient nach der Operation Einschränkungen auf sich nehmen muß, und er muß sie *vor* der Operation begreifen und akzeptieren. Andernfalls ist der Eingriff zum Scheitern verurteilt, und der Betreffende hat unter Komplikationen zu leiden, die wirklich unangenehm, wenn nicht gar gefährlich sind. Haben Sie immer im Kopf, daß es sich eindeutig um chirurgische Eingriffe handelt und nicht um Schönheitsoperationen. Ein Null-Risiko gibt es nicht; es können Zwischenfälle während der Operation auftreten: Thrombosen, Embolien, Durchstoßen der Magenwände (Risiko ungefähr 1 : 1000) oder danach: Komplikationen mit dem in den Organismus implantierten Material, die einen weiteren Eingriff erfordern können. Zu begrüßen ist, daß derartige Eingriffe nur in einer eng begrenzten Zahl von Fällen vorgenommen werden.

Gastroplastische Operationen werden nur bei Personen vorgenommen, die jünger als 50 bis 60 Jahre sind und an krankhafter Fettleibigkeit leiden, d.h., deren Körpermasse-Index über 40 liegt – ausnahmsweise auch zwischen 35 und 40, wenn der Betreffende an Bluthochdruck, Diabetes oder einer anderen Erkrankung im Zusammenhang mit seiner Fettleibigkeit leidet, die dadurch verschlimmert werden könnte. Voraussetzung ist auch, daß er schon eine Reduktionsdiät unter ärztlicher Aufsicht versucht hat. Eine andere Bedingung *sine qua non*: Er muß sich verpflichten, die Diätvorschriften, die ihm nach der Operation auferlegt werden, strikt zu befolgen und sich mehrere Jahre lang regelmäßig ärztlicher Kontrolle zu unterziehen.

Es gibt zwei Arten von Eingriffen: die das Fassungsvermögen des Magens begrenzenden Techniken und den Magen-Bypass.

Die ersteren bewirken, daß die Aufnahmefähigkeit des Magens verringert wird, sodaß sich früher ein Sättigungsgefühl einstellt. Diese Techniken haben zwei nachteilige Folgen: einerseits muß man sich in der ersten Zeit danach übergeben oder hat Schmerzen, andererseits gewöhnt sich der Organismus mit der Zeit an die Veränderung, die damit längerfristig ihre Wirksamkeit verliert. Was die Bypass-Techniken angeht, so wird die Möglichkeit der Nahrungsmittelaufnahme dadurch reduziert, daß der Magen »kurzgeschlossen« wird. Diese Operationen führen langfristig zu einem besseren Ergebnis, aber wer sich dem unterzieht, muß eine strenge ärztliche Aufsicht über sich ergehen lassen.

- **Das Magenband.** Diese Technik stellt den geringsten operativen Eingriff dar, denn sie wird per Laparoskopie durch die Bauchdecke vorgenommen und verletzt den Magen nicht. Sie besteht darin, ein breites Band aus Silikon um den oberen Teil des Magens – wenige Zentimeter unterhalb der Einmündung der Speiseröhre – zu legen. Jede Aufnahme einer Nahrungsmenge, die größer ist als der Teil des Magens oberhalb des Ringes, oder von Stücken, die zu groß sind, um durch die Enge zu passen, führt zu Erbrechen und einem schmerzhaften Blockadegefühl. Das Magenband ist verstellbar und der Grad der Nahrungszufuhr damit zu variieren, indem mit einer unter der Bauchdecke implantierten Vorrichtung eine Flüssigkeit in das Innere des Bandes injiziert oder von dort abgezogen wird. Das Magenband zwingt den Patienten, weniger und langsam zu essen und sorgfältig zu kauen, um Erbrechen oder Schmerzen zu vermeiden.

- **Die Gastroplastik** durch Klammern. Es handelt sich um einen größeren Eingriff, weil ein Einschnitt in die Bauchdecke erforderlich ist. Das Prinzip ist dasselbe wie beim Magenband, aber die Einschnürung des Magens wird mit einem Silikonring und Klammern vorgenommen. Gegenüber der vorgenannten Methode ist der größte Nachteil, daß ein nachträgliches Verstellen unmöglich ist: Unwohlsein und Erbrechen bei der Nahrungsaufnahme treten unter Umständen bleibend auf.

- **Der Magen-Bypass.** Im Gegensatz zu den vorhergehenden Eingriffen ist diese Operation irreversibel. Sie besteht darin, den größten Teil des Magens zu überbrücken, indem im oberen Teil des Magens eine kleine Ausbuchtung gelegt und direkt mit dem Dünndarm verbunden wird. Das wirkt sich so aus, daß der Durchgang von Nahrung durch den Magen vermindert wird, indem ein Teil direkt in den Dünndarm geleitet wird. Nach dem Eingriff, der im allgemeinen durch Laparoskopie vorgenommen wird, erreicht der Patient beim Essen schnell ein Sättigungsgefühl, selbst wenn er nur wenig zu sich nimmt. Diese Art von Eingriff bedingt beim Patienten erhebliche Ernährungsumstellungen für das weitere Leben.

Medikamente: Vorsicht ist geboten

Leider gibt es nach meiner Kenntnis kein Medikament, das zur Gewichtsreduktion führt und vor allem das Gewicht ohne eigene Anstrengung stabil hält! Das bedeutet nichts anderes als daß kein Molekül Auswirkungen auf das Gewicht hat. Wie Sie weiter unten lesen werden, rate ich Leuten, die abnehmen wollen, als Nahrungsergänzung Mittel auf pflanzlicher Basis einzunehmen, deren wissenschaftlich belegte Wirkung darin besteht, die Gewichtsabnahme zu unterstützen. Was Medikamente im engeren Sinne angeht, so verschreiben manche Ärzte sie zwar, um ihren Patienten beim Abnehmen zu helfen, aber sie sind nur eine punktuelle Unterstützung und können unter keinen Umständen eine Veränderung der Ernährungsgewohnheiten ersetzen. Dabei muß darauf hingewiesen werden, daß die Einnahme derartiger Medikamente niemals harmlos ist und immer unter ärztlicher Kontrolle zu geschehen hat. Gerade von manchen »Wundermittel« gegen Übergewicht ist unter allen Umständen abzuraten; es handelt sich um Diuretika, Abführmittel, Schilddrüsenhormone oder Amphetamine:

- Durch die Diuretika verliert der Körper Wasser und kein Fett; die Mittel waschen gleichzeitig die Mineralsalze aus und senken den Blutdruck, was zu Müdigkeit führt. Der Harnsäure- und Blutzuckerspiegel wird erhöht.

- Die Abführmittel verbieten sich aus denselben Gründen: zu großer Flüssigkeitsverlust. Darüber hinaus können sie zu Darmstörungen führen. Letzten Endes ist – ob es sich um Diuretika oder Abführmittel handelt – der Gewichtsverlust nur scheinbar: die verschwundenen Pfunde sind einzig und allein das ausgeschiedene Wasser. Der so geschaffene Mangel wird in dem darauffolgenden Zeitraum einfach allein schon durch Trinken ausgeglichen.

- Schilddrüsenhormone dürfen nur Patienten verschrieben werden, die an einer Unterfunktion der Schilddrüse leiden. Von diesem Fall einmal abgesehen, bewirkt die Einnahme der Hormone eine künstlichen Überfunktion der Schilddrüse. Die führt in der Tat bei einer Abmagerungskur zur erwünschten Wirkung, zumindest im Anfangsstadium; es erhöht sich nämlich der allgemeine Stoffwechsel, d.h. der Kalorienbedarf des Körpers, um die Organfunktionen aufrecht zu erhalten. Aber sie ist auch ursächlich für Nervosität, Herzrhythmusstörungen wie eine erhöhte Pulsfrequenz oder

Tachykardien, für Durchfall und führt bald darauf zu einer sekundären Unterfunktion der Schilddrüse (unzureichende Sekretabgabe der Schilddrüse als Reaktion auf exogene Gabe von Schilddrüsenhormonen). Die Folge: wenn die Behandlung abgesetzt wird, findet die Schilddrüse nicht zwangsläufig zu ihrer normalen Funktionsweise zurück.

- Amphetamine sind höchst wirksame Appetitzügler mit gefährlichen Nebenwirkungen, die in erster Linie das Herz-Kreislauf-System beeinflussen und angreifen und manchmal zu psychischen Störungen führen.

Außer Arzneien, die speziell zur Behandlung von Störungen im Zusammenhang mit Fettleibigkeit verordnet werden (v.a. Anticholesterin- und hochdruckhemmende Mittel), kann man noch einen Wirkstoff verschreiben, der die für die Fettverdauung zuständigen Enzyme dämpft – das Orlistat. Seine Wirkung ist im Ergebnis sehr unterschiedlich und die ungewünschten Folgen sind ziemlich unappetitlich: weicher Stuhl in großen Mengen oder gleich Durchfall.

Blütenlese unter den Wunder-Diäten

Revolutionäre Diät-Methoden standen in den letzten vierzig Jahren in hoher Blüte, dafür sorgten schon der Druck der Medien und das Diktat des Schlankheitsideals. Die Ergebnisse sind oft zwiespältig, wenn nicht sogar eindeutig gesundheitsgefährdend.

Die Atkins-Diät zum Beispiel beruht auf einem einfachen Prinzip: der schlichten Verbannung sämtlicher Zucker, ob einfacher oder komplexer, aus der Ernährung. Man könnte diese Diät auch als kriminell bezeichnen: Menschen, die ihr folgen und auf Obst verzichten, leiden bald unter Vitaminmangel. Außerdem laufen sie Gefahr, in Kürze über einen Cholesterinspiegel zu verfügen, der alle Rekorde bricht, und sich eine Herz-Kreislauf-Erkrankung zuzuziehen. Zudem bauen sie ebenso viel Muskelmasse ab wie Fett und werden unweigerlich wieder dick, sobald sie die Diät unterbrechen.

Ein weiteres Beispiel, das gleichbedeutend mit Gefahr und Wirkungslosigkeit ist die Mayo-Diät. Deren Prinzip hat ebenfalls das Verdienst größter Schlichtheit; man muß jedoch davon abraten, es auch nur einige Tage anzuwenden, es sei denn, man will seinen Cholesterinspiegel blitzartig in die Höhe bringen und sich einen stabilen Vitamin- und Kalziummangel zuziehen. Es handelt sich um eine Diät, die wesentlich darin besteht, Eier zu verzehren, vier bis sieben Stück pro Tag. Wer sich darauf einläßt, wird schnell zwei oder drei Kilo abnehmen... die er unweigerlich nach Beendigung der Diät wieder zunimmt.

Viele andere Diäten erlebten einen Boom, wie etwa eine »Pseudo-Diät für Geschäftsleute«, die zugleich auf der Absenkung der täglichen Kalorienzufuhr – insbesondere durch Begrenzung der langsamen Zucker – und auf einem Prinzip der Trennkost beruhte: Es war strikt untersagt, Fette und Zucker gemeinsam zu verzehren. Die Methode begeisterte durch die Einfachheit ihrer Anwendung, denn sie gestattete, eine Diät zu machen, ohne daß es allzu sehr danach aussah. Aber die Gefahr lag ebenfalls in der Unausgewogenheit der Ernährung, die zu Vermehrung des »schlechten« Cholesterins und zu Herz-Kreislauf-Erkrankungen führt.

Andere, ernsterzunehmende Methoden sind aufgekommen, wie die Scardale-Diät, bei der die Nahrungsmittel über einen Zeitraum von 14 Tagen streng dosiert werden – alles muß gewogen werden. Eine Diät nach den Regeln der Vernunft, aber schwer zu verwirklichen, weil sie extreme Zwänge auferlegt. Erwähnen wollen wir auch die Diät der Weight Watcher, die gleichzeitig auf einem »klassischen«, von kompetenten Diät-Fachleuten entworfenen Ernährungsprogramm und auf einer psychologische Unterstützung durch Gruppentreffen beruht. Man könnte diese Kur als regressiv bezeichnen, weil sie ihre Teilnehmer auf den Stand von ABC-Schützen zurückführt, die für gute Ergebnisse »Sternchen« erhalten. Und es bestehen alle Chancen, daß am Ende wieder die Gewichtszunahme steht, wenn die Klienten nicht lernen, sich selbst in den Griff zu bekommen und selbständig zu regulieren.

Erwähnt sei noch die strikte Protein-Diät – eigentlich ist sie in dieser Aufzählung fehl am Platz, denn sie stellt unter den genannten Beispielen nach meiner Kenntnis das einzig seriöse Prinzip dar, das auch zu dauerhaften Ergebnissen führt. Mein eigenes Programm habe ich von dieser strengen Protein-Diät abgeleitet. Sie besteht darin, in einer ersten Phase nur Proteine und als Beigabe Gemüse zu verzehren, in einer zweiten Phase Proteine und Lebensmittel, die arm an Kohlenhydraten und Fetten sind. Die Methode ist ausschließlich dazu bestimmt, Gewichtsverluste größeren Ausmaßes herbeizuführen. Dabei erzielt sie auch zufriedenstellende Resultate, bedarf aber strenger ärztlicher Begleitung. Als Risiko kann sich ein ernstzunehmender Mangel an Vitaminen oder Mineralsalzen einstellen. Und man hüte sich vor erneuter Gewichtszunahme nach Absetzen der Protein-Tütchen.

Meine Diäten

Bevor ich mich in das Spoonlight-Programm gestürzt habe, hatte ich mich schon einer Diät des heute verstorbenen Dr. Richand unterzogen; er war Schüler von Professor Ménétrier, dem Erfinder der Medizin mit Spurenelementen. Ich bin immer mit Spurenelementen behandelt worden und fühle mich dabei, wie Sie sehen können, bestens. Vor zwanzig Jahren hatte ich durch die Kur ungefähr 15 bis 17 Kilo abgenommen. Doch habe ich wieder zugelegt, und in zehn Jahren waren alle Pfunde wieder da, sogar ein paar mehr. Doch ich muß eingestehen, daß ich auf mein Gewicht auch nicht sehr geachtet habe.

K.L.

Gleich-Gewicht und Willenskraft

Sie haben es gerade gelesen, »Wunderdiäten« gibt es nicht. Genauer gesagt, es gibt sie nur in einem gewissen Sinne, weil sie ermöglichen, sehr schnell mehrere Kilo abzunehmen, die sich jedoch sofort nach Beendigung der Diät wieder einstellen. Schlimmer noch, die verschwundenen Kilo gehen zu Lasten der mageren Muskelmasse und nicht der Fettmasse. Die Opfer solcher Methoden haben demnach beste Aussichten auf weitere Fettpolster, wenn sie zu einer normalen Ernährung zurückkehren, denn an Stelle der verschwundenen Muskelmasse werden neue Fettreserven angelegt. Und schließlich – das ist das Wichtigste – gefährden solche Diäten die Gesundheit, denn sie führen zu Mangelerscheinungen und überhöhten Cholesterinwerten.

Was soll man zu den anderen Methoden sagen? Selbstverständlich favorisiere ich alle seriösen Diäten, die auf einer echten Kenntnis des Stoffwechsels und der schädlichen Folgen willkürlicher Eßverbote sowie der als Folge auftretenden Mangelerscheinungen beruhen.

Doch welche Diät es auch sein mag, mag sie die ausgewogenste und ärztlich am besten überwachte sein, notwendig und unersetzlich ist die aktive Beteiligung desjenigen, der sich der Kur unterzieht. Schlank werden und nicht wieder zunehmen bedeutet, sein Aussehen zu verändern, aber auch eine andere Beziehung zu Nahrungsmitteln, Ernährungsgewohnheiten und den ihnen innewohnenden Risiken aufzubauen. Es bedeutet zu verstehen, warum man verkehrt und zu viel gegessen hat, bedeutet, daß der Betroffene akzeptiert, anders zu essen – und anders zu leben. Es bedeutet für den Betreffenden, daß er seine Beziehung zur Welt ändert. Es ist völlig unmöglich, schlank zu werden und dumm zu bleiben.

Die von mir vorgeschlagene Methode ist, selbst wenn sie einen bestimmten Namen trägt – Spoonlight-Diät –, alles andere als ein bloßes Etikett. Ihr zugrunde liegt meine ganz persönliche Sichtweise vom Menschen und seinen Schwächen: Eine zu strikte, zu strenge, zu einschränkende, kurz zu inhumane Diät birgt die Gefahr zu scheitern, dafür sorgen schon Streß und Frustration. Ebensowenig führt eine Methode zum Erfolg, die den Patienten zum Kind macht. Nur eine umsichtig angeleitete Diät, die von einer Bewußtseinsänderung des Patienten und seiner aktiven Teilnahme begleitet ist, kann zum Ziel führen, und vor allem zu dauerhaften Ergebnissen.

Wie ich mich mental auf das Spoonlight-Programm eingelassen habe

Ich habe die Diät angenommen wie eine Religion, mit Glauben und Entschlossenheit, und ohne jegliche Voreingenommenheit. Ich hatte den Beschluß gefaßt, ich hatte den Arzt gefunden, der mich leitet, ich brauchte nur noch seinen Anweisungen zu folgen, auf den Buchstaben genau. Ich befand mich in einer seelischen Verfassung, die man als positiv und empfangsbereit bezeichnen konnte. Ich hatte mich ohne besonderen Grund zu der Diät entschlossen, ohne gesundheitliche oder emotionale Probleme; ausschlaggebend war allein der vage Wunsch, mich anders zu kleiden.

Ich befand mich in einer Phase der Veränderung und Erneuerung. Adieu, meine wunderschöne Möbelsammlung aus dem 18. Jahrhundert. Adieu, japanische Kleidung, die mir zehn Jahre treue Dienste geleistet hat. Adieu auch zu den überflüssigen Kilos. Willkommen, modernes Mobiliar und einfaches, nüchtern-klares Dekor, das sich auf das Wesentliche richtet. Willkommen auch Heiterkeit und Entlastung von allen Problemen. Wichtig war auch die neue Mode von Hedi Slimane für Christian Dior, ein schmaler, schlanker Look.

In Wirklichkeit ist mein Gewichtsverlust nur die äußere Seite einer inneren Veränderung, die das, was ich schon immer gedacht habe, mit meinem Körper in Übereinstimmung bringt. Ich wollte, daß mein Äußeres meiner inneren Vision entsprach.

K.L.

Der Fall der »kleinen Diäten«

Diese Vorbemerkungen gelten für jede Gewichtsabnahme, ob es um den Abbau einer erheblichen Fettleibigkeit geht oder darum, ein paar überflüssige Kilo loszuwerden. Wir haben gesehen, daß irgendwelche Phantasie-Methoden tatsächlich einen Gewichtsverlust herbeiführen können, aber manchmal zum Schaden der Gesundheit, und vor allem mit der Gewißheit, das Ergebnis seiner Diät nach ein paar Wochen oder schon ein paar Tagen zunichte gemacht zu sehen.

Muß man sich deswegen immer in ärztliche Obhut begeben, wenn man eine Diät beginnt? Nach meiner Ansicht nicht, wenn es darum geht, fünf Kilo oder weniger abzunehmen. In diesem Fall ist der ärztliche Rat entbehrlich, es sei denn, es gibt besondere Probleme. Es ist unmittelbar einsichtig, daß eine Schwangere oder ein Diabetiker sich unter keinen Umständen aus eigenem Antrieb und ohne ärztliche Betreuung auf eine Diät einlassen darf.

Um fünf Kilo oder noch weniger abzunehmen, dürfte es genügen, den Anweisungen eines intelligenten Programms wie z.B. Spoonlight zu folgen, dessen Grundsatz ja in der Wiederherstellung einer ausgeglichenen Ernährung liegt, weniger in der Verordnung von Entbehrungen. Voraussetzung muß jedoch sein, daß die von der Diät vorgeschriebenen Maßnahmen strikt befolgt werden: Verzicht auf Nahrungsmittel, die untersagt sind oder von denen abgeraten wird; Verzehr von Zusatzkost, Vitaminen, Spurenelementen; ausreichende Aufnahme von Flüssigkeit. Und, sofern man das noch schreiben muß, man soll sich nicht selbst überlisten wollen, soll bereit sein, seine ganze Ernährung zu überdenken, und nicht mit einer Grundeinstellung der Frustration an die Diät herangehen. Man muß bereit sein zu begreifen, warum man zu viel oder das Falsche gegessen hat, bereit sein, sich zu eigen zu machen, daß der Schlüssel des Erfolgs in einer *tiefgreifenden* Revision des eigenen Verhältnisses zur Ernährung liegt.

Bevor Sie »solo« eine Diät unternehmen, nehmen Sie sich erst einmal die Zeit, sich selbst zu erforschen, Ihren Umgang mit der Ernährung zu erkunden und zu entziffern. Ändern Sie zunächst einmal nichts an Ihrem gewohnten Eßverhalten, aber schreiben Sie über ein paar Tage hinweg alles auf, was Sie essen; vergessen Sie dabei nicht, was Sie zwischen den Mahlzeiten nebenher verzehren, die Knabbereien zum Aperitif und die Bonbons, und alles, was Sie trinken: Limonaden, Wein und Schnäpse, Tee und Kaffee mit Zucker; ermitteln Sie so Ihre tägliche Kalorienzufuhr.[2] Ermitteln Sie ebenfalls, wieviel Wasser Sie täglich zu sich nehmen: viele Menschen trinken nicht genug. Sie wissen, daß die empfohlene tägliche Ration für einen Erwachsenen bei 2000 Kalorien liegt, außer bei wirklich kraftzehrender Tätigkeit. Mit Ihrer Ermittlung können Sie sich nun im Vergleich zu dieser Norm einordnen. Setzen Sie nicht bei zu hohen Zielen an: lieber eine geringe Diät – ein paar hundert Kalorien weniger als Sie gewöhnlich verzehren – über Wochen hinweg als eine drastische Diät, die Sie womöglich für Ihr Umfeld und für sich selbst unerträglich macht!

Stellen Sie schließlich noch fest, welche Situationen für Sie gefährlich sind, welche Ihnen die Gelegenheit bieten, zu viel oder vor allem das Falsche zu essen, und planen Sie Lösungen ein, das zu vermeiden. Der eine kann nach dem Abendessen beim Fernsehen nicht anders als etwas zu knabbern, der andere kann Gebäck zum Aperitif nicht widerstehen. Erkennen Sie diese Versuchungen im voraus und vermeiden Sie sie so weit eben nur möglich.

Diät oder Schönheitsoperation?

Wenn Ihr BMI bei 25 oder darunter liegt, haben Sie kein Problem mit Übergewicht – vom medizinischen Standpunkt aus gesehen. Im Zweifelsfall konsultieren Sie einen Diätberater oder einen Arzt. Sie sind in der Lage, mit dem obengenannten Instrumentarium und in Abhängigkeit Ihres Körperbaus, Ihres Geschlechts und Ihres Alters festzustellen, ob Sie ein paar Kilo abspecken müssen oder nicht.

Es kann sein, daß Sie etwas füllig sind. Es kann auch sein, daß Sie schlank sind, aber über isolierte Fettansammlungen verfügen, vor allem über Zellulitis. Die Behandlung solcher anatomischen Kennzeichen ist nicht Sache einer Reduktionsdiät. Sie würden riskieren, eingefallene Wangen zu bekommen und Ihre Gesundheit zu gefährden, lange bevor diese Formen, die Sie zur Verzweiflung bringen, dahinschmelzen. Was Sie brauchen, ist eine spezifische Behandlung in Verbindung mit einer allgemeinen körperlichen Mobilisierung. Unter den zahlreichen Behandlungsformen, mit denen die Zellulitis bekämpft wird sind zu nennen:

- die Mesotherapie: durch Mikro-Nadeln werden Medikamente in schwacher Dosis injiziert. Diese Methode hat den Nachteil, relativ schmerzhaft zu sein und regelmäßig wiederholt werden zu müssen
- Massagen: die Lymphdrainage
- Badekuren, Thalasso-Therapie
- Schönheitsoperationen: die Fettabsaugung ist unstrittig die geeignetste Behandlung, wenn der Bereich der Zellulitis lokalisiert und das Volumen nicht allzu groß ist. Außerdem müssen das Unterhautfettgewebe und die Muskulatur in gutem Zustand sein.

Weitere Fragen und Bilanz

Sie müssen mehr als fünf Kilo los werden und sind fest entschlossen, Ihr Übergewicht zu besiegen? Konsultieren Sie einen in der Spoonlight-Methode ausgebildeten Arzt. Ihre erste Zusammenkunft wird Anlaß zu einem Gesundheits-Check sein, der zwingend erforderlich ist, um Komplikationen während der Diät vorzubeugen und Ihnen die richtigen Nahrungsergänzungsstoffe zu verordnen. Sie müssen also auf eine ganze Reihe von Fragen antworten, die Sie aber nicht überraschen dürften. Es handelt sich nämlich um die üblichen Fragen, die jeder gewissenhafte Arzt stellt, bevor er eine Behandlung beginnt:

Wie ist Ihr Gesundheitszustand? Welche Krankheiten hatten Sie bisher? Werden Sie im Augenblick ärztlich behandelt? Standen Sie in der Vergangenheit in ärztlicher Behandlung? Haben Sie Kreislaufprobleme, Verdauungsprobleme usw.? Sind Sie depressiv oder waren Sie es? Welche Erkrankungen gibt es in Ihrer Familie? Sind in Ihrer Familie häufig auftretende Krankheiten, etwa die Neigung zu Diabetes oder Asthma bekannt? Madame, ist Ihre Regel normal? Leiden Sie an einem prämenstruellen Syndrom? Wenn Sie in den Wechseljahren sind, seit wann? Leiden Sie an Störungen im Zusammenhang mit den Wechseljahren wie etwa Hitzewallungen, Schlaflosigkeit, Migräne...?

Diese Befragung wird durch eine ärztliche Untersuchung ergänzt (Abhorchen, Blutdruckmessung...), und natürlich durch Feststellen Ihres Gewichts und Berechnung Ihres Körpermasse-Indexes. Bei Personen, die an unmäßiger Fettleibigkeit oder anderen Gesundheitsstörungen leiden, ist eine Blutuntersuchung unbedingt erforderlich, um Cholesterinspiegel, Triglyzeride, vorhandene Spurenelementen, Vitamin- und Magnesiumgehalt genau festzustellen. In diesen Fällen kann die Diät erst beginnen, wenn die Ergebnisse vorliegen, was das Ganze um höchstens einige Tage verschiebt.

Erster Kontakt

Ich habe Dr. Houdret aufgesucht, weil ich wußte, daß er der Nachfolger von Professor Bellaiche war, der wiederum der Freund meines vorhergehenden Arztes Dr. Richand war, und weil er dieselbe Methode wie Professor Ménétrier anwandte. Wie ich es immer in solchen Fällen mache, habe ich mich zuerst vorgestellt, habe erklärt, wer ich bin und was ich von meinem Arzt erwarte. Dann habe ich Dr. Houdret gebeten, mir darzulegen, wer er sei, was er bisher gemacht habe und gegenwärtig tue, und welche Behandlungskonzepte er habe. Ich habe aufmerksam zugehört und ihm dann gesagt: »Auf Wiedersehen, ich werde darüber nachdenken.« In der folgenden Woche habe ich beschlossen, meine Verwandlung in Angriff zu nehmen und die Obhut darüber Dr. Houdret anzuvertrauen.

K.L.

Sich ein Ziel setzen

Selbst wenn ich einige Leser verärgere und ihnen endgültig den Mut zu einer Diät nehme, muß ich gleich zu Beginn einmal mehr wiederholen: Die Wunderdiät gibt es nicht. Es ist zwar immer möglich abzunehmen, doch es wäre völlig unrealistisch zu hoffen, daß man wieder zu der »Wespentaille« zurückkommen wird, die man als Zwanzigjähriger hatte. Doch wenn man mehrere Kilo abnimmt – selbst wenn es ein paar weniger sind als erhofft – trägt das dazu bei, das Leben sehr viel angenehmer zu machen, sowohl was das gesamte Wohlbefinden wie auch die optimale Erscheinung betrifft.

Viele von Ihnen kommen in meine Praxis mit den Worten: »Dr. Houdret, ich will 10, 20, 30 oder 40 kg abnehmen.« Dann ist es meine Aufgabe, Sie zu überzeugen, daß Sie sich ein *vernünftiges* Ziel stecken.

Vernünftig in mehrfacher Hinsicht. Zunächst einmal: Je größer Ihr Übergewicht ist, desto schwieriger ist es, davon herunterzukommen. Die genaue Ermittlung, wieviel Kilo bei Ihnen überflüssig sind, ist also der erste Teil meiner Antwort. Jemand mit schwerer Fettleibigkeit hat weniger Aussicht, je wieder schlank zu werden, als ein Patient, der nur fünf oder zehn Kilo loswerden möchte.

Weiterhin gilt: Je länger Sie diese Kilos schon mit sich herumschleppen, desto schwieriger ist es, sich von ihnen zu befreien. Wann haben Sie zum letzten Mal Ihr Wunschgewicht gewogen? Wenn das länger als zehn Jahre zurück liegt, wird es schwerer, Ihr früheres Gewicht wiederzuerlangen als wenn die Gewichtszunahme jüngeren Datums ist.

Schließlich der unzweifelhaft wichtigste Punkt: Sind Sie wirklich bereit, sich auf eine Diät einzulassen? Ist jetzt der richtige Zeitpunkt dafür? Bringen Sie die ausreichende Willensstärke dafür mit? Sollte das nicht der Fall sein, ist es besser – sofern keine medizinische Notwendigkeit vorliegt, – daß Sie sich dazu durchringen, erst einmal Ihre Gewichts*zunahme* zu zähmen und Ihre Entscheidung auf einen günstigeren Zeitpunkt zu verschieben. Ohne eine wirkliche Bewußtseinsänderung, ohne den Willen, die Diät zu verstehen und zu akzeptieren, wird jeder, der mit ihr beginnt, notwendigerweise scheitern.

Mein Ziel

Ich habe mir das Ziel gesetzt, in einer Zeit von ungefähr einem Jahr auf ein Gewicht von etwa 70 Kilo zu kommen, um mich anders kleiden zu können. Ich wollte mein Aussehen verändern; dazu mußte ich notwendigerweise dünner werden, denn ich hatte mich entschieden, künftig sehr taillierte, eng anliegende Kleidung zu tragen. Die Herausforderung bestand also darin, auf acht Größen weniger zu kommen, um in die neue Kleidung zu passen und sich darin wohlzufühlen. Nach 13 Monaten wog ich 60 Kilo und konnte die schmalste im Handel existierende Größe tragen.

K.L.

Für einen guten Start: Erkenne dich selbst

Bei der ersten Zusammenkunft wird der Arzt Sie sehr genau nach Ihren bisherigen Ernährungsgewohnheiten befragen. Lassen Sie sich von der Lawine von Fragen nicht abschrecken. Sie dient einfach nur dem Zweck, Ihre Ernährungsweise und Ihre tägliche Kalorienration genau festzustellen und so zu erfahren, inwieweit sie sich mit Ihrer Diät vereinbaren lassen. Wie Sie unschwer verstehen werden, ist die Kenntnis dieser beiden Voraussetzungen unerläßlich, um Ihnen beim Abnehmen zu helfen.

Die Fragen werden sein: Was essen Sie und was trinken Sie morgens, mittags, abends, und in welchen Mengen? Trinken Sie Wasser zum Essen? Nehmen Sie zuckerhaltige Getränke (Coca Cola, Limonade...) zu sich, auch wenn es sich nur um die *light*-Varianten mit Süßstoff handelt? Konsumieren Sie Alkohol? Wenn ja, welche Sorten (Aperitif, Bier, Wein, Schnäpse nach dem Essen...)? Essen Sie lieber süß oder salzig? Leiden Sie an Bulimie? Überkommt Sie manchmal Heißhunger? Wo nehmen Sie für gewöhnlich das Mittagessen und das Abendessen ein: im Restaurant, in der Stadt, in einem Selbstbedienungsrestaurant, in der Werkskantine...?

Meine Nahrungsgewohnheiten vor dem Spoonlight-Programm

Ohne es zu merken, bin ich nach und nach dicker geworden, bloß weil ich gut und mit Appetit das aß, was ich gern mag. Dieses leckere Frühstück im »Café de Flore« mit Schnittkäse und den unübertroffenen Frankfurter Würstchen, die es dort gibt. Und dieser vorzügliche Aufschnitt, das würzige Schwarzbrot, reichlich mit Salzbutter bestrichen. Und dann erst die hervorragenden Backwaren, Rosinenbrötchen, Croissants, die Kekse, das Sandgebäck und der berühmte Kaiserschmarren.

Zum Glück trinke ich keinen Wein und habe es auch nie getan – wie ich auch nie geraucht habe. Von Drogen spreche ich erst gar nicht. Ich denke, das hat auch dabei geholfen, meine Haut gut und glatt zu erhalten.

Ich bin dankbar, daß Coca Cola die Cola light und Pepsi die Pepsi Max erfunden haben, sonst wäre es noch schlimmer gekommen, zumal ich zu allem Überfluß auch noch Schokoladeneis für mein Leben gern mag ... mochte, denn heute stehe ich dem glücklicherweise gleichgültig gegenüber.

K.L.

Die Leitlinien des Spoonlight-Programms

Um meine Patienten zum Abnehmen zu bringen, verordne ich eine gemischte Protein-Diät, die auf dem Prinzip von Protein-Beigaben zu den Nahrungsmitteln beruht.

Jemand mit einem normalen Gewicht sollte bei jeder Mahlzeit 50 bis 60 g Proteine zu sich nehmen, um die Muskelmasse zu erhalten. Bei einer Reduktionsdiät wird der Organismus durch Verringerung der Zufuhr von Fetten und Zucker veranlaßt, aus seinen eigenen Reserven zu schöpfen. Die Gabe von Proteinen ermöglicht es dem Betreffenden allerdings, seinen Proteinvorrat, der für die Erhaltung der Muskeln zuständig ist, stabil zu halten und so Spannkraft und Dynamik zu bewahren. Praktisch bedeutet das eine Protein-Gabe von 1,2 g pro Kilo Idealgewicht bei Frauen, 1,5 g bei Männern.

Beim Spoonlight-Programm verordne ich eine hochdosierte Zubereitung von Proteinen, die aus Milch, Soja und Eiweiß extrahiert werden, ergänzt durch Pflanzenextrakte und angereichert mit Vitaminen.[3]

An die Adresse derjenigen Leser, die genau wissen wollen, was sie erwartet, bevor sie eine Spoonlight-Diät aufnehmen, sei gesagt, daß Störungen, die bei dieser Art von Diät auftreten können, in der überwiegenden Zahl von Fällen harmlos sind und nur ausnahmsweise dazu führen, daß die Diät abgebrochen werden muß (bei den sehr seltenen allergischen Reaktionen auf Proteine). Im allgemeinen handelt es sich

- um ein Hungergefühl, das während der ersten zwei oder drei Tage auftreten kann, aber normalerweise wieder verschwindet, wenn man das Programm korrekt anwendet;
- um Müdigkeit, die sich ebenfalls nach ein paar Tagen wieder gibt, es sei denn, die Diätvorschriften werden nicht beachtet;
- um harmlose Verdauungsstörungen, in erster Linie ein Verstopfungsgefühl, das aber einfach mit der geringeren Nahrungszufuhr zusammenhängt;
- um eine Kälteempfindlichkeit und
- Krämpfe während der Nacht.

Noch seltener können Veränderungen im Menstruationszyklus auftreten oder leichter Haarausfall; beide Erscheinungen sind reversibel.

Der Dreh- und Angelpunkt

Zentraler Dreh- und Angelpunkt meines Programm ist die Wiederherstellung einer ausgeglichenen Ernährung. Das ist für jede Gewichtsabnahme unverzichtbar und läßt sich natürlich nur durch eine Verringerung der täglichen Kalorien-Zufuhr erreichen, vor allem aber durch den *völligen Verzicht auf alles rote Fleisch*. Meine Patienten werden aufgefordert, statt dessen – neben Proteingaben in Tütchen – alles zu essen, was aus dem Meer kommt, also Fisch und Krustentiere. Diese Grundregel erlaubt gewiß von Fall zu Fall Verstöße; so gestatte ich meinen Patienten, die ohne Fleisch nicht leben können, neben Fisch auch Geflügel- oder Kalbfleisch zu essen.

Die Nahrungsmittel aus dem Meer sind reich an Spurenelementen. Und – was noch wichtiger ist –, ihr Verzehr senkt das Cholesterin exogenen Ursprungs. Denn das stammt immer von Säugetieren. Das Cholesterin der Säugetiere, zu denen ja auch wir im Prinzip gehören, geht direkt ins Blut über. Beim Cholesterin der Fische und Vögel, die zu einer anderen Gattung gehören, ist das Gegenteil der Fall: Nahrungsmittel, die von ihnen stammen, senken den Cholesterinspiegel.

Bei der Gelegenheit möchte ich daran erinnern, daß die Forscher seit Ende der 80er Jahre die positiven Auswirkungen der Fette von Fischen auf die Arteriosklerose näher untersucht haben. Am Anfang dieses verstärkten Interesses stand die Beobachtung, daß die Eskimos, für die Fisch ein Hauptnahrungsmittel ist, nur selten Anzeichen von Arteriosklerose zeigen. Seit 1987 haben zahlreiche Fachveröffentlichungen die Richtigkeit dieser neuen Erkenntnis bewiesen. So wurde herausgefunden, daß sich im Lachsöl in großer Menge verschiedene Säuren befinden, die man essentielle Fettsäuren nennt, darunter die Säuren E.P.A. und D.H.A., die beide gleich mehrfach gegen Arteriosklerose wirken. Insbesondere üben sie eine entzündungshemmende Wirkung auf thrombosebildende Herde in den Arterien aus und verhindern Embolien. Zudem verringern die essentiellen Fettsäuren die Entstehung von »schlechtem« Cholesterin (LDL), das dazu neigt, sich an den Arterienwänden abzulagern, und verstärken die Bildung des »guten« Cholesterin (HDL), das sich schützend auf die Gefäßwände auswirkt. Schließlich fördern die essentiellen Fettsäuren auch den Abbau von Triglyzeriden.

Mein zweites Axiom: Es geht nicht so sehr darum, weniger zu essen, als vielmehr, nicht ständig dasselbe zu essen. Meine Patienten bekommen eine Tabelle mit nach Hause, aus der klar hervorgeht, welche Nahrungsmittel empfohlen, welche zu vermeiden oder absolut untersagt sind.

Die Tabelle finden Sie auf dem beiliegenden Poster.

Im übrigen rate ich, den Verzehr von Kalorien zu verringern, ohne daß diese dabei gezählt werden: Von dem, was erlaubt ist, können Sie so viel essen wie Sie wollen. Eine natürliche Selbstregulierung auf die geringere Kalorienmenge stellt sich nämlich in der Regel spontan ein. Es ist also unnötig, daß ich den Streß meiner Patienten zusätzlich vergrößere, indem ich ihnen auferlege, sämtliche Speisen auch noch zu wiegen. Es würde sie nur belasten und die Gefahr heraufbeschwören, auch dem Gutwilligsten den Mut zu nehmen.

Drei Stufen in der Anwendung der Diät

Im Spoonlight-Programm kann man zwischen drei Schwierigkeitsgraden wählen, je nach Willen, Entschlußkraft und Bedarf des Patienten.

- **Stufe 1:** Diese Diät beruht ausschließlich auf dem Verzehr von Proteinen und bestimmten Gemüsesorten und beläuft sich auf 800 bis 900 Kalorien täglich. Ich wende diese Diät nur in den seltenen Fällen an, wo der Patient sie ausdrücklich verlangt, weil er ein extrem schnelles Ergebnis erzielen will, und nur, wenn er bereit ist, eine strenge ärztliche Überwachung zu akzeptieren. In diesem Fall ist die Erstellung eines großen Blutbilds sowie eine eingehende Herzuntersuchung erforderlich, und Notwendigkeit wie auch Möglichkeit des geforderten Gewichtsverlusts sind nach strengstem Maßstab zu beurteilten. Der Patient muß darüber hinaus einverstanden sein, sich regelmäßig alle zehn bis vierzehn Tage einer allgemeinen Kontrolle wie auch einer Blutuntersuchung zu unterziehen, um seinen allgemeinen Gesundheitszustand zu überprüfen, möglichen Mängeln an Stickstoff und Mineralsalzen auf die Spur zu kommen und jeglichem Problem, das auftreten kann, rechtzeitig vorzubeugen.
  Die vorgeschriebene Ernährung sieht folgendes vor: 6 Tütchen Proteine täglich sowie mittags und abends mindestens 200 g von einer oder mehrerer der nachstehend genannten Gemüsesorten, roh oder dampfgegart, verfeinert mit Gewürzen und etwas Oliven- oder Sonnenblumenöl (zwei Eßlöffel täglich):
  Spargel, Auberginen, Mangold, Brokkoli, Sellerie, Champignons, Chicorée, Weißkohl, Rosenkohl, Blumenkohl, Salatgurken, Zucchini, Brunnenkresse, Endivien, Spinat, Fenchel, grüne Bohnen, weiße Rüben, Sauerampfer, Lauch, Paprika, Radieschen, grüner Salat, Tomaten.
  Mindestens 1 l Wasser am Tag muß getrunken werden.

Dauer: Eine Diät der Stufe 1 ist nur zeitlich begrenzt möglich, im allgemeinen dauert sie 14 Tage bis drei Wochen. Allein der Arzt ist in der Lage zu beurteilen, ob sie darüber hinaus fortgesetzt werden kann.

- **Stufe 2:** In diesem Fall setzt sich die Diät folgendermaßen zusammen: Frühstück auf Proteinbasis, eine Mahlzeit – entweder das Mittag- oder das Abendessen – auf Proteinbasis wie bei Stufe 1, die andere nach der allgemeinen Diätvorschrift, insgesamt 1000 bis 1200 Kalorien täglich. Dieser Diät gebe ich den Vorzug. Es gelten dabei die folgenden Anweisungen:
  Morgens Tee oder Kaffee, ungesüßt oder mit Süßstoff, Milch oder ein Joghurt mit 0% Fettgehalt, ein Tütchen Proteine in heißem Kakao oder Cappuccino.
  Mittags oder abends: 2 Tütchen Proteine und 200 g Gemüse entsprechend Diätstufe 1.
  Zwischen 10 und 16 Uhr: Tee oder Kaffee, ungesüßt oder mit Süßstoff; falls erforderlich ein Stück Obst, einen Tütchen Proteine bei Heißhunger.
  Als Hauptmahlzeit: eine Vorspeise (Rohkost oder Gemüsesuppe ohne Kartoffeln); 200 g Fisch oder Fleisch einer erlaubten Sorte, ersatzweise 150 g Geflügel oder 3 Eier, dazu 200 g gekochtes Gemüse. Als Nachspeise ein Joghurt oder 125 g Quark mit 0,1% Fettgehalt.
  Anwendungsdauer: eine Diät der Stufe 2 kann unter medizinischer Aufsicht mehrere Monate lang durchgeführt werden, falls erforderlich.

- **Stufe 3:** Der Patient bekommt bei allen Mahlzeiten die normale Diätkost, erhält aber außerhalb der Mahlzeiten Proteine; täglich ergibt das 1200 bis 1600 Kalorien. Es gelten folgende Vorschriften:
  Morgens: eine Frucht von gestattetem Obst, Tee oder Kaffee, ungesüßt oder mit Süßstoff, ein Joghurt oder 125 g Quark mit 0% oder 20% Fettgehalt, 1 oder 2 Scheiben Vollkornbrot, 5 bis 10 g fettarme Butter.
  Zwischen 10 und 16 Uhr: 1 Tütchen Proteine oder 1 Frucht von gestattetem Obst oder 125 g Quark mit 0% bzw. 20% Fettgehalt.
  Mittags und abends: eine Vorspeise (Gemüse, Fisch oder Krustentiere); in beliebiger Menge Fisch oder – von den genehmigten Sorten – Fleisch, dazu in Wasser gekochte Kartoffeln; von erlaubtem Gemüse soviel, wie man möchte; ein Joghurt mit 0,1% oder 20% Fettgehalt; 1 Frucht von genehmigtem Obst.
  Dauer der Anwendung: eine Diät der Stufe 3 kann über mehrere Monate ausgedehnt werden, bis ein befriedigendes Ergebnis erreicht ist.

In allen drei Fällen muß reichlich getrunken werden, und zwar überwiegend stilles oder kohlensäurehaltiges Wasser, je nach Vorliebe. Der einzige Fruchtsaft, den ich bei einer Abmagerungskur empfehle, ist Tomatensaft. Er enthält wenige Kalorien und ist besonders hilfreich, wenn man sich bei einem Empfang oder einer Cocktailparty an meine oberste Getränke-Regel halten will: keinen Alkohol! Was Erfrischungsgetränke angeht, so scheinen mir nur die *light*-Varianten empfehlenswert; davon kann man so viel trinken wie man möchte.

Diejenigen, die für Wein etwas übrig haben, werden es sicher begrüßen, daß ich täglich ein oder zwei Gläser Wein gestatte, aber Obacht: nur Rotwein. Er hat eine antioxydierende Wirkung und ist auch kalorienärmer als Weißwein.

Nahrungsergänzungsstoffe

Die drei der vier Grundpfeiler meiner Diät sind die Schaffung einer ausgewogenen Ernährung, die Verringerung der Kalorienzufuhr und die Gabe von Proteinen. Der vierte sind Nahrungsergänzungsstoffe auf pflanzlicher Basis mit bewährter Wirkung sowie Spurenelemente. Ihre Aufgabe ist, zur Dämpfung des Appetits beizutragen, Streß und Ermüdung zu verringern sowie die tägliche Versorgung mit den empfohlenen Vitaminen und Spurenelemente zu sichern. Diese Zusatzstoffe sind unverzichtbar; sie tragen einen wesentlichen Teil dazu bei, daß der Patient physisch wie psychisch durchhält.

- **Ein appetithemmender Ergänzungsstoff**

  Um den Appetit einzudämmen, verabreiche ich Gelatinkapseln mit einer Mischung ausgewählter Pflanzen: Sie sorgen für ein Völlegefühl im Magen und fördern die Ausscheidungen von Blase und Darm: Jede Kapsel enthält Guar-Gummi, Orthosiphon und die Haut von Ispaghul-Samen.[4]

  Das Guar-Gummi (*Cyamopsis tetragonalobus*) wird aus einer krautartigen einjährigen Pflanze gewonnen, die in Halbwüsten-Zonen der indischen Halbinsel und in Pakistan wächst und in den USA sowie Mittelamerika angebaut wird. Diese Pflanze ist sehr reich an Galaktomannanen, einem Polysaccharid, das aus Galaktose und Mannose zusammengesetzt ist. Sie verfügt über die Fähigkeit, aufzuquellen und zu gelieren und bewirkt damit auf pflanzlichem Weg ein Täuschungsmanöver: Bei Kontakt mit Wasser wird sie gallertartig, vergrößert ihr Volumen und erzeugt so ein Sättigungsgefühl.[5]

  Der Orthosiphon (*Orthosiphon stamineus* oder Javatee) ist ein aus Südostasien stammender Strauch, dessen Blätter über diuretische Wirkung verfügen und die Tätigkeit der Gallenblase fördern.

Bei dem Isphagul (*Plantago ovata*) handelt es sich um eine einjährige Pflanze, die in Indien und Pakistan angebaut wird. Die Samenhaut des Isphagul erhöht die Fäkalmasse, die ausgeschieden wird und verändert ihre Zusammensetzung, indem es ein gallertartiges, Wasser aufnehmendes Gel bildet. Im Zusammenwirken mit dem Guar entsteht ein Sättigungsgefühl, und die Darmtätigkeit wird angeregt.

- **Ein Nahrungszusatz, der die Aufnahme von Fetten und Zucker im Körper verringert**

Um die Aufnahme von Fetten und Zucker durch den Körper zu vermindern, verordne ich eine Nahrungsergänzung aus Trockenextrakten eines Riesenkaktus aus der Ficus-Familie. Dieser Opuntia ficus-indica[6] wächst in den Wüsten Zentralamerikas und im Südwesten der USA. Zahlreiche wissenschaftliche Veröffentlichungen[7] haben seine Wirkung auf Übergewicht und die Aufnahme von Fetten und Zucker bei der Verdauung nachgewiesen. Die Pflanzenfasern, der Schleim und die Enzyme der Pflanze sind in doppelter Weise wirksam. Einerseits verursachen die unverdaulichen Fasern eine Entladung des Darmtraktes von Ballast und unterstützen eine sanfte Beschleunigung des Durchgangs von Ausscheidungen durch den Darm. Andererseits – und noch viel wichtiger – verbinden sich diese Fasern mit Nahrungsfetten wie Cholesterin, Triglyzeriden sowie Zucker, die mit ihnen auch ausgeschieden werden. So neutralisiert z.B. 1 g Opuntia 21 g Mayonnaise, 11 g Butter oder 9 g Olivenöl.

- **Ein Nahrungsergänzer gegen Streß**

Um Streß und Ermüdung zu bekämpfen – zwei häufige Begleiterscheinungen bei Diäten – verabreiche ich eine Mischung aus Trockenextrakten von Ginseng (70 mg) und Schafgarbe (120 mg) in Form von Gelatin-Kapseln.[8]

Ginseng stammt ursprünglich aus China, wo man es seit etwa 7000 Jahren als Heilpflanze verwendet. Seine heilsamen Wirkstoffe, die Ginsenosiden und Adaptogene, sind in der Wurzel enthalten. Der wissenschaftliche Name von Ginseng ist Panax ginseng; Panax bedeutet im Griechischen »heilt alles«. Das zeigt schon das außergewöhnliche Ansehen, das diese Pflanze genießt. Traditionell wird sie zur allgemeinen Kräftigung, als Gehirnstimulans, zur Bekämpfung von Streß, zur Wiederherstellung des Gleichgewichts im Nervensystem, zur Stärkung des Herzens und gegen Alterserscheinungen verabreicht. Bei der Schafgarbe (*Achillea millefolium*), einer europäischen Heilpflanze, die in den gemäßigten Breiten wild vorkommt, ist Chamazulen der Wirkstoff. Schafgarbe wird üblicherweise als Entkrampfungsmittel, Tonikum, Antiallergikum und zur Hemmung von Entzündungen gegeben. Sie ergänzt die Wirkung von Ginseng.

- **Außerdem verabreiche ich einen sehr reichen Vitamin-Cocktail mit Mineralsalzen, der allein schon den täglichen Bedarf deckt**

Die Mischung, die ich verwende[9], ist reich an Magnesium und Calcium und sichert den Patienten im Laufe der Diät gegen jegliche Mangelerscheinung ab. Das Mittel kann auch bei allen Formen der Ermüdung eingenommen werden, oder vorbeugend, z.B. im Winter. Eine Kapsel enthält folgende Zusammensetzung:

Vitamin C: 30 mg
Vitamin E: 10,7 mg
Vitamin B3: 9,9 mg
Vitamin B5: 5 mg
Vitamin B6: 1 mg
Vitamin B2: 0,8 mg
Vitamin B1: 0,7 mg
Vitamin A: 0,5 mg
Vitamin B9: 0,2 mg
Vitamin H: 50 Mikrogramm (µg)
Vitamin B12: 2 µg
Dicalciumphosphat: 120 mg
Magnesium-Glukonsäure: 100 mg
Eisen-Glukonsäure: 40 mg
Zink-Glukonsäure: 40 mg
Kalium-Glukonsäure: 20 mg
Kupfer-Glukonsäure: 10 mg
Mangan-Glukonsäure: 11 mg
Jod-Kali: 120 µg
Gelatine: 75 µg

- **Ein weiterer Nahrungsergänzer wirkt ausgleichend auf den Stoffwechsel und bekämpft zugleich die Müdigkeit**

Dieser letzte im Rahmen des Spoonlight-Programms empfohlene Nahrungszusatz sind Gelatin-Kapseln mit Spirulin (70 mg), Chromhefe (10 mg) und Lithotam (200 mg)[10].

Das Hawaii-Spirulin (*Spirulina maxima* und *platensis*), eine Blaualge aus den Gewässern um Hawaii, enthält zu über 50% Proteine, zudem zahlreiche Vitamine der B-Gruppe und Spurenelemente in großer Menge. Durch die Einnahme wird das Hungergefühl unterdrückt und der Organismus mit zahlreichen energiespendenden Faktoren versorgt.

Chrom-Hefe ist eine Hefe, die auf einem chromhaltigen Nährboden gezüchtet wird. Chrom ist aber ein Kofaktor von Insulin, dessen Mangel ein Grund für die Verringerung der Glukose-Toleranz, für Gewichtszunahme und die Entstehung von Diabetes ist.

Das Litotham (*Lithothamnium calcareum*, eine kleine rote Kalkalge) schließlich ist sehr reichhaltig an Calciumkarbonat, das vom Organismus gut aufgenommen wird und regulierende Wirkung auf die Stoffwechselfunktionen hat. So erhält es deren Gleichgewicht oder fördert eine Wiederherstellung dieser Balance.

Mein Spoonlight-Programm

Ich glaube, daß ich immer die ganze Palette der pflanzlichen Nahrungsergänzer und Spurenelemente zu mir genommen habe, die Dr. Houdret mir verordnet hat: Ich tue das auch heute noch. Dabei fühle ich mich sehr wohl, ja, ich bin geradezu begeistert davon. Ich verspüre weder Müdigkeit noch Nervosität. Es wird immer dieses oder jenes behauptet, doch ich habe mich nie einer Schönheitsoperation unterzogen. Wenn es so wäre, würde ich es sofort zugeben Ich habe es aber nicht zu machen brauchen. Ich wollte ja keinen Baby- oder Jünglingslook... Nie war ich so gut in Form und so kreativ – bilde ich mir ein.

K.L.

Und die körperliche Bewegung?

Es wäre völliger Unsinn, jemandem, der sich einer Diät unterzieht, auch noch die physische Anstrengung besonderer sportlicher Bewegungen abzuverlangen. Der wichtigste Grund ist, daß es schon mit einer erheblichen Anstrengung verbunden ist, überhaupt Kalorien abzubauen. Außerdem entsteht das Problem, daß man vom Training Hunger bekommt. Allgemein läßt sich sagen, es kann nicht schaden, etwas mehr zu Fuß zu gehen und lieber Treppen zu steigen als den Fahrstuhl zu benutzen, aber es wird Ihnen nicht weiterhelfen, sich zu weiterer Bewegung zu zwingen. Auf dem Gebiet der physischen Betätigung gilt also nur eine Regel: Machen Sie das, wozu Sie Lust haben.

Nebenbei gesagt sind die interessantesten Übungen, um Kalorien zu verbrauchen, nicht immer die, die dafür gehalten werden. So verbrennt eine 70 kg schwere Person in einer Stunde ungefähr 140 Kalorien, wenn sie die Wände ihres Wohnzimmers neu streicht und 130 bei Näharbeiten. Da ist es schon besser, auf dem Markt einzukaufen (260 Kalorien), Klavier zu spielen (280 Kalorien), Treppen zu steigen (600 Kalorien, aber wer steigt schon eine Stunde lang Treppen?)... oder bloß zu schlafen (70 Kalorien)!

Ein paar Übungen im Gymnastikraum...

Ich mache jeden zweiten Tag Gymnastik, denn zu mehr fehlt mir die Zeit. Mit ein paar Übungen im Gymnastikraum, den ich mir zu Hause habe einrichten lassen, arbeite ich daran, den Muskeln des Körpers eine gute, stramme, schmale Definition zu erhalten.

Zwischen 15 und 35 habe ich regelmäßig Gymnastik gemacht, bin geschwommen, gelaufen, Schlittschuh gefahren und geradelt. Sehr gern habe ich ganze Nächte durchtanzt. Ich habe Preise im Wettbewerb mit Cha-cha-cha, Mamba und anderen Tänzen gewonnen. Diesen »Sport« habe ich jetzt wieder aufgenommen.

K.L.

Um die Diät erträglich zu gestalten ...

...und die Mahlzeiten nicht zu einer Form von Selbstkasteiung werden zu lassen, finden Sie wieder dazu zurück, Ihre Einkäufe auf dem Markt selbst zu machen und auch selbst zu kochen. Wenn ich hier schreiben würde, es wäre eine einfache Sache, über mehrere Wochen oder Monate hinweg eine Diät »durchzuhalten«, würde ich lügen. Aber Lebensmittel von hoher Qualität – sie schmecken einfach besser – auszuwählen und sich dabei die Zeit zu nehmen, ihre Farbe, ihren Geruch, ihr Aussehen (wieder) zu entdecken, große Sorgfalt auf die Zubereitung der Speisen zu verwenden, den Gerichten eine persönliche Note zu geben, sie schön anzurichten, all das wird Sie wieder mit einer Lebensart anfreunden, die Sie höchstwahrscheinlich seit einer Ewigkeit zur Nebensache degradiert haben, und daß Sie diese Lebensqualität aufgegeben haben, ist sicher auch ein wenig für Ihr Übergewicht mitverantwortlich.

Vergessen Sie nicht, daß Sie Ihre Zubereitungen mit zahlreichen Gewürzen und aromatischen Beigaben verfeinern können, die absolut keine Kalorien enthalten: Curry, Vanille, Pfeffer, Petersilie, Rosmarin, Zimt... Es heißt ja nicht, daß Kreativität verboten ist, wenn man seine Ernährung nach Diät-Gesichtspunkten überdenkt. Um auf Ideen zu kommen, lesen Sie weiter hinten den Rezeptteil.

Überprüfen Sie Ihr Verhalten

- **Die Einkäufe**

  Gehen Sie mit vollem Magen und einer Einkaufsliste einkaufen, und nehmen Sie nicht mehr Geld mit, als Sie für Ihre Liste benötigen – das wird Ihnen helfen, sich zu mäßigen. Und kaufen Sie so oft wie möglich Frischprodukte. Wenn das auf Schwierigkeiten stößt, wählen Sie allenfalls Tiefgekühltes, aber keine Fertiggerichte.

- **Während der Mahlzeit**

  Lassen Sie sich beim Essen Zeit und tun Sie nicht gleichzeitig etwas anderes (Lesen, Fernsehen).

  Legen Sie nach jedem Happen die Gabel beiseite und kauen Sie sorgfältig, was Sie im Mund haben, bevor Sie es herunterschlucken.

Legen Sie während des Essens eine Pause ein und lassen Sie – im Gegensatz zu dem, was Ihre Eltern Ihnen beigebracht haben – immer etwas auf dem Teller.

Bereiten Sie immer nur eine Portion zu, lassen Sie nie eine Mahlzeit ausfallen und vergessen Sie nicht, den ganzen Tag über reichlich zu trinken: Ideal ist es, täglich 1,5 bis 2 l Flüssigkeit zu sich zu nehmen, und zwar in Form von Wasser, Kräutertee oder leichtem Tee.

- **Die Garmethoden**

Streichen Sie alles in Fett Gebratene.

Sie sollten statt dessen folgende Garmethoden bevorzugen, die den Vorteil haben, ganz ohne oder mit wenig Fett auszukommen. Sie zerstören auch nicht die in den Nahrungsmitteln enthaltenen Vitamine und Spurenelemente und eignen sich für alle im Spoonlight-Programm empfohlenen Speisen: Dämpfen (Garen aller Nahrungsmittel im Wasserdampf, dem bei Bedarf Aromastoffe beigefügt werden können), Zubereitung im Mikrowellenherd, in einer beschichteten Pfanne, Garen in Alufolie im Backofen; außerdem natürlich das Grillen, Schmoren und Braten. Auch das Garen im Tontopf ist interessant. In jedem Fall müssen Sie beschichtete Pfannen oder Woks verwenden, damit Sie ohne Fett garen können.

- **Die Versuchung in den eigenen vier Wänden**

Bewahren Sie alle Lebensmittel an einer Stelle außer Sichtweite auf.

Verwenden Sie kleinere Teller und Bestecke; stellen Sie die Speisen nicht auf den Tisch, sondern tragen Sie angerichtete Teller auf. Sollte das nicht möglich sein, lassen Sie die Schüsseln und Schalen nicht auf dem Tisch stehen.

Bleiben Sie nach dem Essen nicht länger am Tisch sitzen, sondern stehen Sie sofort auf.

Bewahren Sie keine Reste auf, werfen Sie sie weg! So geraten Sie nicht in Versuchung, sie doch noch aufzuessen!

- **Machen Sie sich selbst Mut**

Schließen Sie Verträge mit sich selbst ab: »Ich setze mir das Ziel, einen Monat lang jede Woche zwei Kilo abzunehmen.« – »...in zwei Monaten sieben bis zehn Kilo abgenommen zu haben.« Und setzen Sie besondere Belohnungen aus, die Sie sich gönnen, wenn Sie die Verträge erfüllt haben: ein Vergnügen, ein kleines Geschenk... Tun Sie das auch, wenn Sie eine Schwierigkeit gemeistert oder eine entscheidende Etappe erreicht haben: »Das erste Mal seit zwei Monaten bin ich einer Einladung zu einer Cocktail-Party gefolgt und habe dort mühelos der Versuchung widerstanden und mich nicht mit Petits-fours vollgestopft.« – »Endlich passe ich wieder in diesen Anzug, den ich seit drei Jahren nicht mehr zuknöpfen konnte.«

- **Parties und Empfänge**
  Trinken Sie keine alkoholischen Getränke.
  Planen Sie genau, was Sie vor der Party oder dem Empfang essen, nehmen Sie vorher einen kalorienarmen Imbiß ein. Es fällt einem leichter, der Versuchung zu widerstehen, wenn man keinen Hunger hat!
  Denken Sie sich alle höflichen Mittel und Wege aus, angebotene Speisen abzulehnen... und verlieren Sie nicht den Mut, wenn man Sie deswegen gelegentlich schneidet.

Karl Lagerfelds Sommerdiät

Das ist die Diät, die Karl Lagerfeld befolgt hat, nachdem er die ersten zehn Kilo abgenommen hatte. (Es handelt sich um eine Diät der Stufe 2).

Zu befolgende Grundsätze:

Beim Aufstehen 1 großes Glas Wasser

Zum Frühstück Kaffee, Tee oder Ersatzkaffee, alles ohne Zucker
1 Scheibe Vollkornbrot (30 g) und einen Hauch fettarme Butter
2 Magerjoghurt oder 100 g Magerquark

im Laufe des Vormittags 1 oder 2 große Gläser Wasser oder Kräutertee ohne Zucker

Mittag- oder Abendessen Es besteht aus 2 Tütchen Spoonlight-Proteinen[11], ergänzt mit 200 g rohem oder gekochtem Gemüse. Als Nachtisch einen Magerjoghurt, Obst oder Quark. Trinken Sie am Ende der Mahlzeit so viel Wasser, wie Sie wollen.

Nachmittags Tee oder Kräutertee ohne Zucker.

Die Hauptmahlzeit kann das Mittag- oder das Abendessen sein, je nachdem, wie es Ihnen behagt. Befolgen Sie die nachstehenden Rezepte und trinken Sie am Ende der Mahlzeit wieder reichlich Wasser.

Vorgeschlagene Gerichte Zu manchen Gerichten gibt es Saucen, die gesondert zubereitet werden. Sie werden hier nur mit Nummern bezeichnet; ihre Zubereitung wird im folgenden Abschnitt *Saucenvorschläge* erläutert.

1. Tag Mit Quark bestrichener
Kaninchenrücken aus dem Backofen
1/2 TL Senf, Fenchel, im Zitronendampf
gegart, oder gedünsteter Brokkoli
1 Flocke fettreduzierte Butter
2 Magerjoghurt oder Obst

2. Tag Gemischter Salat (Bataviasalat,
Feldsalat, Chicorée), Vinaigrette Nr. 1
Kalter Kalbsbraten mit
Curry-Sauce Nr. 5 oder 7
2 Magerjoghurt oder Obst

3. Tag Dampfgegarter Kabeljau
Gedünstete Tomaten und Auberginen
2 Magerjoghurt oder Obst

4. Tag gemischter Salat, Vinaigrette Nr. 1
Omelette aus zwei Eiern mit Kräutern
und Pilzen
2 Magerjoghurt oder Obst

5. Tag Mit Zitrone pochiertes
Seezungenfilet
In Wasser gekochte Lauchstangen
mit Vinaigrette Nr. 1
2 Magerjoghurt oder Obst

6. Tag Salat aus Hähnchenbrust,
Eskariol-Salat, Tomaten, gekochten
grünen Bohnen und einem halben
hartgekochten Ei; Senf-Salatsauce Nr. 3
2 Magerjoghurt oder Obst

7. Tag Scheibe Kabeljau aus dem
Backofen mit Zwiebelringen
(1/2 Zwiebel), Knoblauch, garniert mit
Petersilie, Zitrone, 2 schwarzen Oliven
2 mit dem Fisch gegarte Tomaten
2 Magerjoghurt oder Obst

8. Tag 2 gekochte Chicorée, jede mit
1/2 Scheibe Schinken umhüllt, mit 3 TL
geriebenem, fettarmen Greyerzer und
1 Flocke fettreduzierter Butter
im Backofen gegart
Grüner Salat und Stangensellerie
und Salatgurke; Pfefferminzsauce Nr. 4
2 Magerjoghurt oder Obst

9. Tag Grüner Salat und Vinaigrette Nr. 1
Perlhuhn aus dem Backofen mit in Scheiben geschnittenen, mit fettarmer Butter
dampfgegarten weißen Rübchen
2 Magerjoghurt oder Obst

10. Tag Dampfgegarter, gratinierter
Brokkoli in Tofu-Creme (Sauce Nr. 6)
1 Scheibe kalter Kalbsbraten
2 Magerjoghurt oder Obst

11. Tag Geraspelter Weißkohl,
Salatsauce Nr. 2 oder 3
Auf einem Zwiebel-Tomaten-Bett gebackener Thunfisch (Garzeit bei sanfter Hitze
30 Minuten)
2 Magerjoghurt oder Obst

12. Tag Eine Schale heiße Suppe oder
Gaspacho (Tomate und Salatgurke)
Gemüse-Flan (Zucchini oder Lauch, beide
in feine Scheiben geschnitten,

2 geschlagene Eier, 1 Tasse Soja-Milch, Salz, Pfeffer, 3 TL geriebener, fettarmer Greyerzer, 30 Minuten im Backofen bei sanfter Hitze gegart)
2 Magerjoghurt oder Obst

13. Tag Salat aus Sojasprossen, gewürfelter Tomate, Salatgurke, Mais, Stangensellerie und Vinaigrette Nr. 1
Gegrilltes Kalbskotelett (den Fettrand entfernen)
Fenchelcreme (2 geschmorte Fenchelknollen mit fettreduzierter Crème fraîche, 3 Prisen Parmesan und 1 TL Schnittlauch im Mixer pürieren)
2 Magerjoghurt oder Obst

14. Tag
Rohkost (Blumenkohl, Champignons, Stangensellerie, in Stifte geschnittene Salatgurke), mit Sauce Nr. 2 oder 4.
Omelette aus 2 Eiern mit Kräutern
2 Magerjoghurt oder Obst

Saucenvorschläge

Nr. 1: Vinaigrette
1 EL Sonnenblumenöl
1-2 EL Weinessig nach Geschmack
1 TL Bierhefe in Flocken
1 TL Sojasauce
Pfeffer, wahlweise 2 Prisen Sesam- oder Leinsamen

Nr. 2: Joghurt-Sauce
1/2 Joghurt
Saft einer halben Zitrone
Pfeffer und Salz

Nr. 3: Senfsauce
Zur Sauce Nr. 2 einen TL Senf geben und gut verrühren.

Nr. 4: Pfefferminzsauce
Zur Sauce Nr. 2 einen EL fein geschnittene frische Pfefferminzblätter geben

Nr. 5: Curry-Sauce (zum Überbacken)
2 TL Joghurt oder fettreduzierte Crème fraîche
Saft einer halben Zitrone
1 TL Currypulver
Pfeffer, Salz

Nr. 6: Tofu-Crème
50 g ungewürztes Tofu zerbröseln
Hinzufügen:
1 TL Senf
1 TL kaltgepreßtes Olivenöl
Saft einer halben Zitrone
Alles im Mixer glattrühren und gegebenenfalls etwas Wasser hinzufügen, um eine sämige Creme zu erhalten. Mit geriebenem Parmesan überstreuen und gratinieren.

Nr. 7: Diätmayonnaise (1)
Die Mayonnaise rühren mit
1 hartem Ei
1 Soja-Joghurt
1 TL Senf
etwas Wasser
Nach Belieben hinzufügen: gehackte Gürkchen, gehackte grüne Oliven, Kapern.

Nr. 8: Diätmayonnaise (2)
Dieselben Zutaten wie bei Mayonnaise

Nr. 7, bei der Zubereitung
jedoch Eischnee von einem Eiweiß
darunterheben.

Nr. 9: Salat-Dressing (1)

1 Joghurt
1 Zitrone
Aromatisierter Essig
Pfeffer, Salz, Kräuter

Nr. 10: Salat-Dressing (2)

1/2 zerquetschte Avocado
2 TL Joghurt
Petersilie
1/2 kleingehackte Schalotte
Saft einer halben Zitrone

Nr. 11: Salat-Dressing (3)

1 Joghurt
30 g Ziegenkäse oder zerkleinerter Roquefort
1 Messerspitze Curry und körniger Senf

Nr. 12: Leichte Sauce (1)

1/2 TL Senf
Pfeffer, Salz, Kräuter
Einige Tropfen Zitronensaft
1/2 TL Cidre-Essig
2 TL Joghurt
Einige Tropfen Wasser

Nr. 13: Leichte Sauce (2)

1 TL zermahlene geröstete Sesamkörner
1 TL Joghurt
1/2 TL Paprika- oder Currypulver
Pfeffer, Salz

Nr. 14: Leichte Sauce (3)

2 EL Joghurt oder fettreduzierte Crème fraîche
1 EL gehackte Petersilie
1 EL fein geschnittene frische Pfefferminzblätter
Pfeffer, Salz
Einige Tropfen Zitronensaft

Nr. 15: Sauce zu gekochtem Gemüse

1 Tasse frischer Tomatensaft
1 oder 2 Schalotten
1 TL Kartoffelpüree in Flocken
1 EL Rinderkraftbrühe
1 EL Wasser
3 Prisen geriebener Parmesan
Bei sanfter Hitze Tomatensaft, Wasser, Püreeflocken, Schalotten
und Rinderbrühe zum Kochen bringen,
den Käse hinzufügen,
zudecken und 2 Minuten kochen lassen.

Nr. 16: Bechamel-Sauce

1/4 Tasse Sojamilch zum Kochen bringen,
mit dem Schneebesen ein
Eigelb darunterschlagen.
einige in hauchdünne Scheiben
geschnittene Pilze
Pfeffer, Salz, Muskat

Die goldenen Regeln, um das Idealgewicht zu halten

Ihre Diät ist zu Ende. Jetzt kommt es darauf an, die abgelegten Pfunde nicht wieder zuzunehmen...

Ideal wäre es natürlich, daß Sie sich weiterhin so gesund wie eben nur möglich ernähren, indem Sie frische Erzeugnisse zu sich nehmen, die Sie selbst zubereiten, indem Sie den Verzehr von einfachem Zucker und fettreichen Lebensmitteln in engen Grenzen halten. Sollte es vorkommen, daß Sie Fertiggerichte kaufen, lesen Sie sich sorgfältig auf dem Etikett durch, welche Anteile an Kohlenhydraten, Fetten und Proteinen darin enthalten sind. Hüten Sie sich vor sogenannten »Diät«-Produkten oder als *light* angepriesenen Waren. Häufig ist der Fall, daß die angebliche *light*-Version eines Nahrungsmittels – z.B. einer Schokolade – zwar weniger Zucker enthält, aber um so mehr Fette und deswegen mehr Kalorien hat.

Hier sind einige goldene Regeln, die Ihnen helfen sollen, Ihr Gewicht stabil zu halten:

- Nehmen Sie sich Zeit beim Frühstück.
- Essen Sie immer Fisch, nur manchmal Fleisch.
- Überspringen Sie nie eine Mahlzeit.
- Kauen Sie sorgfältig und essen Sie bewußt.
- Verzichten Sie darauf, beim Essen zu lesen oder fernzusehen.
- Verzichten Sie darauf, zwischen den Mahlzeiten etwas zu knabbern.
- Verzichten Sie weitgehend auf Alkohol; trinken Sie höchstens ein Glas Wein pro Mahlzeit.
- Beginnen Sie Ihre Mahlzeiten mit Rohkost.
- Entfernen Sie bei Schinken, Fleisch und Geflügel das Fett.
- Trinken Sie keine gesüßten Erfrischungsgetränke.
- Ersetzen Sie Zucker durch Süßstoff.
- Eignen Sie sich eine diätgerechte Art zu kochen an: Dampfgaren bei Gemüse; Fisch pochieren, grillen, in Alufolie oder in der Mikrowelle garen; Fleisch gegrillt, vom Spieß, dampfgegart oder aus der Mikrowelle.
- Finden Sie zu einer natürlicheren Ernährung zurück.

Und vor allem, wiegen Sie sich jeden Morgen bei nüchternem Magen. Wenn Sie 500 g zugenommen haben, sollten Sie sie gleich wieder abnehmen, indem Sie ein oder zwei Tage Diät nach der Stufe 1 des Spoonlight-Programms einlegen: 6 Tütchen Protein und Gemüse. Nur wenn Sie dazu bereit sind, können Sie hoffen, den Vorteil, den Sie mit den verlorenen Pfunden errungen haben, auch dauerhaft zu behalten.

Vergessen Sie nie, daß Ihre Fettzellen durch die Diät zwar entleert wurden, aber immer noch da sind und gierig darauf lauern, sich erneut mit Fett zu füllen und ihr altes Volumen wiederzuerlangen, wenn nicht noch mehr. Ihre ständige Wachsamkeit ist gefordert: Jederzeit müssen Sie auf der Hut sein, eine Rückkehr der überflüssigen Pfunde zu verhindern.

Statt einer Bilanz

Ich habe mit dem Programm von Dr. Houdret am 1. November 2000 begonnen, und ich bin zu der Auffassung gelangt, daß ich, wenn ich so bleiben will wie ich bin, mein ganzes Leben lang auf mich achten muß. Doch das nehme ich in Kauf, solange ich schlank und in Höchstform bleibe. Ich esse praktisch jeden Tag Fisch, Geflügel oder Fleisch (dreimal die Woche) und verschiedenes Gemüse, alles in Verbindung mit drei Tütchen Proteinen. Außerdem esse ich morgens eine Scheibe Vollkornbrot mit 25 g Salzbutter und zwei Joghurt oder Quark als Nachtisch mittags, sonst nicht. Obst esse ich selten, weil ich es nicht so gern mag (ich liebe nur Birnen, Äpfel, Himbeeren, Erdbeeren und Mangos), aber ich nehme die Vitamine, die Dr. Houdret mir verschrieben hat.

Ich sehe anders aus – mein Charakter hat sich nicht geändert – aber vielleicht etwas verbessert.

Ich habe alles kompromißlos durchgehalten und bin über das Ergebnis glücklich und hoffe, es ist ein endgültiges Resultat.

Dr. Houdret hat mir auch die richtigen Ratschläge gegeben, damit die Haut den Fettverlust gut überwindet und straff bleibt. Das ist bei Leuten in gewissem Alter nämlich ein ernstes Problem.

K.L.

Anmerkungen

1 Bekannte Versuche, die an Strafgefangenen durchgeführt wurden, sprechen eine eindeutige Sprache: unter hohen Kalorien-Gaben – mehr als 10 000 Kalorien täglich – legten einige signifikant an Gewicht zu, andere nicht. Diejenigen, die dicker wurden, hatten in den vorhergehenden Generationen ihrer Familie Fälle von Fettleibigkeit. (Sims, *Endocrine and Metabolic effects of Experimental Obesity in Man*, 1973).

2 Besorgen Sie sich eine Kalorientabelle, die für jedes gängige Nahrungsmittel den Kalorienwert angibt wie auch die darin enthaltenen Fette, Kohlenhydrate und Proteine.

3 Präparat Spoon-Light 1, salzig oder süß. Es gibt alle möglichen Geschmacksrichtungen: »Frühstück«: Kaffee, Cappuccino, Kakao. »Cremige Suppe«: Huhn, Gemüse, Spargel, Champignons, Tomaten, Brokkoli, Zwiebel, Fischsuppe, Bohnensuppe mit Speck. »Brot und Kuchen«: Brot, Schokoladenkuchen, Vanillekuchen. »Omelette«: Kräuter, Schinken/Käse, Champignons. »Süßspeisen«: Vanille, Schokolade, Karamel. »Zwischengerichte«: Vanille, Cappuccino, Erdbeer, Schokolade, Orange, Waldbeeren, Aprikose, Karamel, Himbeer-Joghurt. Bezugsquelle: s.u.

4 Spoon-cut-Kapseln. Die verschriebene Menge sind in der Regel zwei Kapseln, eine mittags und eine abends etwa eine halbe Stunde vor den Mahlzeiten. Bezugsquelle: s.u.

5 » Auf dem Gebiet des Glukose-Stoffwechsels scheinen vergleichende Versuche bei normalen Personen und bei Diabetikern zu beweisen, daß die Beigabe von Guar zur Nahrungsration nach der Mahlzeit die Leerung des Magens verzögert und die Geschwindigkeit, mit der Zucker im Verdauungsbereich absorbiert wird, verlangsamt.« (Jean Bruneton: *Pharmacognosie, Phytochimie, Plantes médicinales*. Éd. Techniques et documentation – Lavoisier, 2. Ausgabe, 1993).

6 Geleekapseln Nofat. Die verschriebene Tagesdosis sollte im allgemeinen bei 3 Kapseln zu je 400 mg liegen, die morgens, mittags und abends während des Essens einzunehmen sind. Bezugsquelle: s.u.

7 Sie stammen überwiegend aus Forschungsarbeiten des Nationalen Ernährungsinstituts in Mexiko und der naturwissenschaftlichen Fakultät der Universität von Mexiko sowie Erprobungen in der Klinik für Übergewichtige und Diabetiker des Nationalen Ernährungsinstituts.

8 Gelee-Kapseln Miltonic; regelmäßige Einnahme von einer Kapsel morgens, mittags, abends. Bezugsquelle: s.u.

9 Gelee-Kapseln Vitaspoon. Die übliche Verabreichungsform sind zwei Kapseln zum Frühstück. Bezugsquelle: s.u.

10 Gelee-Kapseln Oligospon. Üblicherweise in folgender Dosierung: 1 Kapsel morgens, mittags und abends während des Essens. Bezugsquelle: s.u.

11 Zubereitung:

Als Brei: Schütten Sie den Inhalt eines Tütchens in einen Mixer und fügen Sie 150 bis 200 ml Mineralwasser oder fettarme Milch hinzu. Sie können auch noch den Eischnee von einem Eiweiß untermischen, damit der Brei leichter wird. Die Zubereitung mundet noch besser, wenn sie vor dem Verzehr 1 Stunde in den Kühlschrank gestellt wird.

Als Suppe: Geben Sie den Beutelinhalt zusammen mit warmem Mineralwasser oder warmer, fettarmer Milch in einen Mixer; verzehren Sie die Suppe unmittelbar danach. Die Suppen können mit kleingeschnittenem Gemüse verfeinert werden: Spargel, Auberginen, Mangold, Brokkoli, Artischocken, Champignons, Stangensellerie, Weißkohl, Rotkohl, Blumenkohl, Zucchini, Endivien, Spinat, Fenchel, weißen Rüben, Salat, Radieschen. Eindicken können Sie das Gericht mit Soja-Nudeln, die Sie vorher in heißem Wasser gebrüht haben. Abschmecken können Sie je nach Geschmack mit Aromastoffen, verschiedenen Kräutern, Selleriesalz oder Gewürzen. Fügen Sie aber weder Knoblauch noch frische Zwiebeln hinzu; sie enthalten Zucker.

Alle in diesem Kapitel angeführten Produkte sind zu beziehen über:
Laboratoires Sunrex, 18, av. Des Champs-Élysées, 75008 Paris. Tel.: 0033 1 56 28 14 32 –
Fax: 0033 1 47 27 31 08 – Internet: www.sunrexparis.com – E-mail: info@sunrexparis.com

Rezepte

Ob Sie sich gerade mitten in einer strengen Diät befinden, das erreichte Gewicht erhalten oder Ihr Gewicht allgemein unter Kontrolle halten wollen, verzichten Sie nie auf den Genuß, sich leckere kleine Gerichte zuzubereiten: Damit eine Diät von Erfolg gekrönt ist, ist es wünschenswert und notwendig, daß die drei täglichen Mahlzeiten wohlschmeckend sind und in angenehmer Gesellschaft stattfinden.

Hier also eine Reihe von Rezeptvorschlägen, die Ihnen helfen können, überflüssige Pfunde loszuwerden (oder sie nicht wiederzubekommen), ohne dabei das Lächeln zu verlieren. Es handelt sich um einfache Rezepte, die weder ein besonderes Kochtalent erfordern noch spezielle Küchengeräte – bei dem einen oder anderen muß man allenfalls etwas Geduld und Genauigkeit aufbringen.

Dabei können Ihnen folgende Piktogramme vor den Rezepten als Leitfaden für die Auswahl dienen:

Diätrezepte. Diese Rezepte passen ideal in eine Spoonlight-Diät.

Rezepte zum Schlankbleiben. Wenn Sie gerade abnehmen, sind diese Rezepte für Sie noch nicht geeignet, oder allenfalls ausnahmsweise. Dagegen sind sie genau dann das richtige, wenn es Ihnen darauf ankommt, Ihr erreichtes Gewicht zu halten, oder darauf, einfach nur gut und dennoch leicht zu essen, ohne sich dabei um das Kleingedruckte von Diätplänen zu kümmern.

Rezepte für maßvolle kleine Extras (bei denen man auf seine Linie achtet, ohne deswegen seine Familie oder Gäste auf Diät zu setzen).

Eine derartige Umstellung der Ernährung darf in den folgenden Fällen nie ohne ärztliche Kontrolle vorgenommen werden: bei Schwangeren, Personen höheren Alters, Kindern unter 15 Jahren, Menschen mit chronischen Krankheiten (Herzleiden, Diabetes...).

Vergessen Sie nie, daß das Erfolgsgeheimnis einer Diät mindestens ebensosehr in der regelmäßigen Nahrungsaufnahme wie in der Kontrolle der Kalorienzufuhr liegt: Man nimmt mehr ab, wenn man seine tägliche Kalorienration auf mehrere kleine Mahlzeiten verteilt, als wenn man dieselbe Kalorienmenge auf einmal zu sich nimmt, denn das »Anfahren« des Verdauungsprozesses verbrennt dieselbe Anzahl Kalorien, ob es sich nun um einen leichten Imbiß oder eine schwere Mahlzeit handelt. Ideal ist es also, dreimal am Tag zu essen, das Frühstück nicht zu vernachlässigen, viel Wasser zu trinken und Alkohol zu meiden.

Manche Leser werden überrascht sein, daß in den Rezepten dieses Buchs das ein oder andere Mal Paraffinöl vorgesehen ist. Dieses Öl mineralischen Ursprungs ist völlig geschmacksneutral, enthält keine einzige Kalorie und wird vom Körper nicht verdaut; deswegen hat es eine leicht abführende Wirkung. Mit Paraffinöl können Essig-Öl-Saucen ohne zusätzliche Kalorien verlängert werden. Es sollte jedoch nur in Maßen verwendet werden. Wenn Sie zu Verdauungsstörungen neigen, ist Vorsicht geboten.

Erinnert sei zu guter Letzt noch einmal daran, daß es völlig unnütz ist, Ihr Essen vorher abzuwiegen, sofern Sie buchstabengetreu die Diätvorschläge des Spoonlight-Programms befolgen und sich streng an die erlaubten oder empfohlenen Nahrungsmittel halten.

Jetzt ab in die Küche, guten Appetit!

Etwas zu trinken!

Das beste, gesündeste und aus Diätsicht wertvollste Getränk, nach dem der Körper auch ständig verlangt, ist Wasser. Sei es Leitungs- oder Mineralwasser, still oder sprudelnd, jedes Wasser ist geeignet. Trinken Sie das Wasser, das Sie mögen, und zwar viel davon, jedoch ohne sich dazu zu zwingen, das wäre lächerlich. Wenn Sie den Eindruck haben, nicht genug Wasser zu trinken, legen Sie Zeitpunkte in Ihrem Tagesablauf fest, zu denen Sie immer ein großes Glas Wasser trinken, z.B. nach dem Aufwachen und vor jedem Essen.

Alles, was Sie weiterhin trinken, bleibt Ihnen überlassen. Von Hochprozentigem in allen Formen ist jedoch völlig abzuraten; dagegen können Sie in Ihre tägliche Diät durchaus bis zu zwei Glas Rotwein aufnehmen. Ich rate Ihnen aber, um Weißwein wie auch um Sekt und Champagner einen großen Bogen zu machen, denn sie enthalten mehr Kalorien als Rotwein.

Gesüßte kohlensäurehaltige Getränke wie Cola, Orangen- oder Zitronensprudel, Limonade usw. kann man nur in ihrer *light*-Version empfehlen: dann können sie unbegrenzt getrunken werden. Vorsicht allerdings, Koffein oder andere gleichwertige Beimischungen haben eine aufputschende Wirkung.

Empfehlenswert ist ebenfalls fettarme oder halbfette Milch.

Karl Lagerfeld trinkt als Aperitif besonders gern ein Getränk auf Ingwer-Basis nach folgendem Rezept (für 2,5 l):

- 500 g Ingwer
- 4 Limonen
- 10 Minzblätter
- Diätsüße

Den Ingwer schälen, in Scheiben schneiden und mit etwas Wasser zerdrücken. Mit den geviertelten Zitronen und den Minzblättern drei Stunden in etwa 3 l Wasser ziehen lassen. Filtern. Nach Bedarf Süßstoff hinzugeben. Je nach Geschmack Wasser zugeben. Kühl stellen. Einige Minzblätter in eine Glaskaraffe geben, mit dem Getränk auffüllen und servieren.

Frühstück

Das Sommer-Frühstück

Für eine Person (260 Kalorien):

- 1 in Stücke geschnittenen Apfel und 100 g zerteilte Erdbeeren mit einem Magerjoghurt (0,1 %) vermischen, evtl. mit Diätsüße zuckern
- 1 Scheibe Brot mit fettarmer Butter
- 1 Glas Orangensaft
- Tee oder Kaffee – gegebenenfalls mit Diätsüße – mit entrahmter oder ganz ohne Milch.

Das Winter-Frühstück

- 1 Spiegelei, ohne Fett in einer beschichteten Pfanne gebraten
- 1 Scheibe Vollkornbrot mit fettarmer Butter
- 1 Soja-Joghurt Natur, mit Diätsüße, falls erforderlich
- 1 Glas Pampelmusen-Saft
- Tee oder Kaffee, bei Bedarf mit Süßstoff, mit entrahmter oder ganz ohne Milch

Das Frühstück, eine unverzichtbare Mahlzeit

Die erste wichtige Entscheidung, die Sie treffen müssen, wenn Sie schlank werden oder nach einer Diät bleiben wollen, ist, mindestens drei »richtige« Mahlzeiten einzunehmen. Wenn Sie dazu neigen, etwas zwischendurch zu essen, halten Sie sich an Obst oder eine Milchspeise. Geben Sie jedoch dem Frühstück die Wichtigkeit, die es verdient. Es ist unverzichtbar für die Verteilung der Nahrungszufuhr über den Tag. Das Frühstück sollte auch deswegen nicht vernachlässigt werden, weil nur so Phasen von Heißhunger im Laufe des Nachmittags vermieden werden können. Das Abendbrot muß leichter sein: am Ende des Tages legt der Organismus die meisten Reserven an.

Was soll man zum Frühstück essen?

Ideale Nahrungsmittel zum Frühstück sind Getreideprodukte – egal, ob Brot, Baguette, fertig angemischte Müslis, getoastetes Brot oder Zwieback und Milchprodukte: beide stellen die nötige Energie für den Vormittag bereit. Meiden Sie dagegen alles, was Fett enthält, etwa Backwaren wie Croissants, süße Wecken usw., und verwenden Sie möglichst wenig Konfitüre oder Butter. Wenn Sie gern einen Becher Kakao trinken, bereiten Sie ihn aus halbfetter oder fettarmer Milch und höchstens einem Eßlöffel Kakaopulver zu. Trinken Sie lieber Tee, Kaffee oder Warmgetränke auf Zichorien-Basis, die sie mit Diätsüße oder wenig Zucker süßen. Aufgepaßt beim Frühstück mit Salzhaltigem: Ersetzen Sie alle Wurst durch vom Fett befreiten Schinken oder – noch besser – durch Wurstsorten aus Kalbfleisch. Ein Ei können Sie gerne essen, verzehren Sie dazu aber weder Wurst noch Käse.

Suppen und Brühen

Legierte Zitronensuppe

Für 4 Personen (65 Kalorien je Portion):

- 1 Liter Hühnerbrühe
- 30 g gekochter Reis
- 1 Eigelb
- 2 Eiweiß
- Saft einer Zitrone
- Thymian nach Geschmack
- Salz, Pfeffer

Die Brühe erhitzen. Wenn sie sehr heiß ist, den Reis zugeben.
In einer Suppenschüssel das Eigelb und die Eiweiß mit dem Schneebesen schlagen. Darüber den Zitronensaft geben. Mit der kochend heißen Brühe aufgießen und bis zum Servieren ständig rühren. Thymian hinzufügen. Mit Salz und Pfeffer abschmecken.

Frühlingshafte Gemüsesuppe

Für 4 Personen (205 Kalorien je Portion):

- 500 g Karotten
- 300 g weiße Rübchen
- 250 g grüne Bohnen
- 2 Stangen Sellerie
- 1 Zwiebel
- 1/2 Blumenkohl
- 1 l Wasser
- 1 Lorbeerblatt
- Petersilie
- 300 g Erbsen
- Salz, Pfeffer

Das Gemüse in etwa 1 cm große Würfel schneiden und in kochendes Wasser geben; das Lorbeerblatt hinzufügen. Etwa 30 Minuten kochen, bis die Würfel weich sind. Sie aber nicht zerkochen lassen. Mit Salz und Pfeffer abschmecken.
In eine Suppenterrine füllen und mit gehackter Petersilie bestreuen.

Brokkoli-Creme

Für vier Personen (163 Kalorien je Person):

- 1 Brokkoli
- 45 g fettarme Butter
- 1 gehackte kleine Zwiebel
- 30 g Mehl
- 1/2 l heiße Geflügelbrühe
- Basilikum
- 1 EL gehackte Petersilie
- 1 Lorbeerblatt
- Zitronensaft
- Salz, Pfeffer

Die Röschen des Brokkoli 1 Stunde lang in einer Schüssel mit kaltem Wasser und Zitronensaft ziehen lassen, dann abtropfen lassen und kleinhacken. Butter in einen Topf geben; die Zwiebel bei mittlerer Hitze 7 Minuten lang glasig dünsten. Durch ein Sieb das Mehl hinzugeben und eine Mehlschwitze herstellen. Die restlichen Zutaten beigeben und gut durchrühren. Bei leicht geöffnetem Deckel 30 Minuten auf kleiner Flamme kochen lassen. Pürieren, abschmecken und servieren.

Sämige Lauchsuppe

Für 4 Personen (135 Kalorien je Portion):

- 1 l Hühnerbrühe
- 400 g Lauch
- 200 g Kartoffeln
- 1 Zwiebel
- 1 Knoblauchzehe
- 125 ml fettarme Milch
- 125 ml fettreduzierte Sahne
- Salz, weißer Pfeffer

Den Lauch und die Kartoffeln in Würfel schneiden und mit dem gepreßten Knoblauch in einem Liter Wasser ungefähr 10 Minuten kochen, dann alles im Mixer zerkleinern. Erneut erhitzen; Milch und Sahne einrühren; mit Salz und weißem Pfeffer abschmecken. In eine Suppenterrine füllen und mit gehackter Petersilie bestreuen.

Endivien-Creme

Für 4 Personen (172 Kalorien je Portion):

- 1 Liter Wasser
- 500 g Endivien
- 100 g Kartoffeln
- 1 Zwiebel
- 1 Knoblauchzehe
- 125 ml fettarme Milch
- 125 ml fettreduzierte Sahne
- Salz, weißer Pfeffer

Endivien und Kartoffeln kleinschneiden und mit dem gepreßten Knoblauch in einem Liter Wasser ungefähr 10 Minuten kochen, dann alles mit dem Mixer pürieren. Erneut erhitzen; Milch und Sahne hinzufügen; mit Salz und weißem Pfeffer abschmecken. In eine Suppenterrine füllen.

Champignon-Creme

Für 4 Personen (90 Kalorien je Portion):

- 600 g weiße Champignons
- Zitronensaft
- 30 g Butter
- 1 Zwiebel
- 1 l Wasser
- 250 ml Hühnerbrühe
- 15 g Mehl
- 45 ml fettarme Sahne
- gehackte Petersilie
- Salz, Pfeffer

Die Champignons putzen, in Streifen schneiden und mit Zitronensaft beträufeln. Mit der zerkleinerten Zwiebel in 15 g Butter dünsten, bis sie weich sind.
In einem zweiten Topf die Butter zergehen lassen. Das Mehl hinzugeben, gut verrühren und nach und nach unter ständigem Rühren die heiße Hühnerbrühe und das heiße Wasser zugeben. Die Sahne hinzugeben, mit Salz und Pfeffer abschmecken. Die Champignons hinzufügen. 5 Minuten köcheln lassen.
Mit gehackter Petersilie bestreuen.

Gratinierte Zwiebelsuppe

Für 4 Personen (75 Kalorien je Portion):

- 400 g Zwiebeln
- 1/4 l Rinderbrühe
- 2 Scheiben Brot
- 40 g geriebener Greyerzer-Käse
- Salz, Pfeffer
- Basilikum

Die Zwiebeln in feine Scheiben schneiden und in 125 ml Brühe kurz anbräunen. Den Rest der Brühe und das Basilikum dazugeben. Bei geschlossenem Deckel ungefähr 15 Minuten köcheln lassen. Mit Salz und Pfeffer abschmecken.
In der Zwischenzeit das Brot toasten.
Etwas Käse auf den Boden von 4 feuerfesten Suppenschalen geben. Mit dem Sud auffüllen. Das geröstete Brot in Stücke schneiden und darauflegen. Mit Käse überstreuen.
Im Backofen überbacken, bis der Käse zerfließt und braun wird. Heiß servieren.

Gaspacho

Für 6 Personen (105 Kalorien je Portion):

- 3 große Tomaten
- 1 mittelgroße Salatgurke
- 2 Bund Petersilie
- 1 Bund Schnittlauch
- 1 Bund Kerbel
- 1 grüne Paprika
- 1 Zehe Knoblauch
- 12 Gläser Tomatensaft
- 1/2 Glas Weißwein-Essig (nach Geschmack)
- 3 EL Olivenöl
- Saft einer Zitrone
- 1 EL Senf
- Tabasco
- 1 Scheibe Zitrone

Tomaten und Gurke waschen und schälen, die Paprikaschote waschen; alles in Stücke schneiden und in eine Salatschüssel geben. Petersilie, Schnittlauch, Kerbel hacken.
Zerdrückten Knoblauch, Tomatensaft, Essig, Öl, Zitronensaft, Senf und Gewürz hinzufügen. Gut durchmischen.
Mit der Scheibe Zitrone und etwas gehackter Petersilie garnieren.

Fischsuppe ⊙

Für 4 Personen (100 Kalorien je Portion):

- Fischköpfe und -gräten
- Köpfe von Langustinen oder Krabbenschalen
- 1/2 Zwiebel
- 4 Karotten
- 3 Stangen Sellerie
- 3 frische Tomaten
- Pfefferkörner
- 1 Prise Cayenne-Pfeffer
- 1 Bouquet garni (Kräutersträußchen: Petersilie, Thymianzweig, 1 Lorbeerblatt)
- 4 Gewürznelken
- 250 ml trockener Weißwein
- 1,5 l Wasser

In einen großen Topf Fischköpfe und -gräten, Langustinen oder die Krabbenschalen sowie das gewaschene, gewürfelte Gemüse geben. Die Tomaten heiß überbrühen, häuten und ebenfalls in den Topf geben. Das Bouquet garni, etwa zehn Pfefferkörner, Nelken, Cayenne-Pfeffer hinzufügen, mit Weißwein und 1,5 l Wasser aufgießen.
Etwa 30 Minuten kochen, dann durch ein Sieb passieren. Die Flüssigkeit zur Seite stellen. Den Inhalt des Siebes im Mixer mit etwas Kochflüssigkeit zu einer flüssigen Masse zerkleinern. Dieses Püree unter die Suppe rühren, das Ganze erneut passieren, um die Gräten auszusondern. Wenn die Suppe zu dünnflüssig ist, noch einige Minuten kochen lassen.

Gemüsesuppen, Verbündete gegen Völlerei

Falls Sie bei Tisch mal über die Stränge geschlagen haben, entwickeln Sie deswegen keine Schuldgefühle! Es ist keine Katastrophe, aber Sie tun gut daran, die Dinge wieder in die Hand zu nehmen. Sich vernünftig ernähren heißt auch, mit dem Übermaß richtig umzugehen wissen. Hier einige Ratschläge, damit Sie die gefürchteten Feste zum Jahresende besser überstehen: Halten Sie Ihre Einkäufe in Grenzen, damit Sie nicht mehrere Tage lang an den Resten zu essen haben. Planen Sie Ihre Mahlzeiten für die ganze Woche und schreiben Sie danach Ihre Einkaufsliste. Geben Sie sich Mühe, die Liste auch einzuhalten, und sehen Sie zu, daß Sie ihre Einkäufe nach den Mahlzeiten erledigen, damit Sie nicht in Versuchung geraten. Essen Sie weiterhin mindestens drei richtige Mahlzeiten am Tag und legen Sie besonderen Wert auf ein reichliches, ausgewogenes Frühstück. Vor allem das Abendessen muß leicht sein! An den ersten Abenden können Sie sich, um das Übermaß der Festtage schneller zu kompensieren, mit einer legierten Gemüsesuppe oder einem Salat mit etwas Vollkornbrot sowie einem Milchprodukt begnügen.

Vorspeisen und Salate

Gebratene Auberginen mit rosa Pampelmusen ⊙

Für 4 Personen (120 Kalorien je Portion):

- 600 g Auberginen
- 1 rosa Pampelmuse
- 2 EL Olivenöl
- Salz, Pfeffer

Die Auberginen waschen, abtupfen, den Stiel und die Haut um den Stielansatz entfernen, die Frucht in etwa 1 cm dicke Scheiben schneiden. Die Scheiben auf ein schräggestelltes Küchenbrett legen, mit Salz bestreuen und 10 Minuten lang ziehen lassen, um sie zu entwässern; anschließend sorgfältig abtupfen.
Die Pampelmuse schälen; dabei darauf achten, daß die weiße Haut, die bitter schmeckt, vollständig entfernt wird. Die Frucht in Würfel schneiden. In einem Topf Olivenöl heiß werden lassen; Auberginen und Pampelmuse zusammen darin braten, bis alles goldbraun geworden ist. Das dauert etwa 25 Minuten. Mit Pfeffer abschmecken und servieren.

Gebratene Geflügelleber mit roter Paprika ⊙

Für 4 Personen (72 Kalorien je Portion):

- 100 g Hühnerleber
- 1 Tomate (60 g)
- 1 rote Paprika (50 g)
- 2 Zwiebeln (100 g)
- 1 EL gehackter Kerbel
- 1 hartgekochtes Ei
- 1/2 Glas Tomatensaft
- Salz, Pfeffer, Thymian, 1 Lorbeerblatt
- einige Blätter Salat

Die Hühnerleber in einen kleinen Topf geben, darüber Tomatensaft, gehackte Zwiebeln, Thymian, das Lorbeerblatt, Salz und Pfeffer schichten. Das Ganze 15 Minuten bei schwacher Hitze garen, dann mit dem hartgekochten Ei im Mixer zerkleinern. Auf einem Salatblatt einen Ring der Paprika, eine Scheibe Tomate und ein Viertel der Masse garnieren, die Sie mit einem Eisportionierer zu einer Kugel geformt haben. Kühl servieren.

Tomatensoufflé mit Birnen

Für 6 Personen (170 Kalorien je Portion):

- 1 kg Tomaten
- 1 Pfund Birnen (3 Stück)
- 3 Eier
- 1 EL Maisstärke
- 1 EL rosa Pfefferkörner
- 2 Zweige Estragon
- 50 g fettarme Margarine

Die Tomaten in kochendes Wasser tauchen, schnell abschrecken, die Haut abziehen, die Kerne entfernen, das Tomatenfleisch zerkleinern und in eine Schüssel geben.

Die Birnen schälen, in Viertel schneiden und das Kerngehäuse entfernen. 1/2 Liter Wasser zum Kochen bringen und die Birnen darin 7 bis 8 Minuten garen, dann mit einer Gabel zerdrücken und ebenfalls in die Schüssel geben.

Die Maisstärke in 2 EL kaltem Wasser auflösen und beifügen.

Den Backofen vorheizen.

Das Gelb der 3 Eier hinzufügen und die Masse mit der Gabel gut durchmischen.

Das Eiweiß zu Schnee schlagen und vorsichtig mit einem Teigschaber unter die Masse heben. Eine Soufflé-Form mit der Margarine einfetten und die Masse darin verteilen. 40 Minuten im Backofen garen.

Tomaten mit Thunfisch ⊙

Für 4 Personen (110 Kalorien je Portion):

- 4 große Tomaten
- 4 große Salatblätter
- 2 hartgekochte Eier
- 100 g weißer Thunfisch im eigenen Saft
- 50 g gehackter Stangensellerie
- 1 EL Senf
- 1 EL gehackte Kräuter der Provence
- Salz, Pfeffer, 16 Kapern

Mit einem spitzen Messer von den Tomaten eine Kappe abschneiden und vorsichtig das Innere mit einem Teelöffel entfernen. Die Tomaten leicht salzen und 30 Minuten lang umgekehrt auf Küchenkrepp stellen, damit die restliche Flüssigkeit abtropft.

Thunfisch, Sellerie, Eier, Kräuter und Senf mischen und würzen. Die Tomaten damit füllen, mit den Kapern garnieren, auf einem Salatblatt anrichten.

Melone mit Lachs ⊙

Für 4 Personen (90 Kalorien je Portion):

- 1 reife Melone
- 8 kleine Scheiben Räucherlachs (60 g)
- 2 Zitronen

Die Melone achteln, Schale und Kerne entfernen. Auf jedem Achtel eine Scheibe Räucherlachs arrangieren. Das Ganze mit geviertelten Zitronen garnieren.

Wohlausgewogene Gerichte

Achten Sie darauf, daß Ihre Gerichte, wo es eben nur geht, gut ausbalanciert sind: eine Vorspeise aus gekochtem oder rohem Gemüse (oder einem Obst); ein Hauptgericht aus magerem Fleisch oder etwas Gleichwertigem (Fisch, Geflügel ohne Haut, Eier), dazu stärkehaltige Lebensmittel wie Kartoffeln, Nudeln, Reis oder Hülsenfrüchte und gekochtes Frischgemüse; einen kalorienarmen Nachtisch, der reich an Vitaminen und Mineralstoffen ist, wie Obst oder ein fettarmes Milchprodukt.

Tomatensalat mit Krabben

Für 4 Personen (133 Kalorien je Portion):

- 10 kleine Flaschentomaten
- 200 g geschälte rosa Krabben
- 1 Zitrone
- 1 EL Olivenöl
- Salz, Pfeffer

Die Tomaten waschen und trocken tupfen, in Viertel schneiden, die Kerne entfernen und in eine Salatschüssel geben. Das Krabbenfleisch darüber verteilen.
Die Zitrone auspressen, den Saft und das Öl mit Salz und Pfeffer in die Salatschüssel geben und unmittelbar vor dem Servieren mischen.

Roher Blumenkohl-Salat

Für 4 Personen (58 Kalorien je Portion):

- 1 mittelgroßer Blumenkohl
- 1/2 Bund Brunnenkresse
- Zitronensaft
- 1 Joghurt (0,1%)
- Dijon-Senf
- Salz, Pfeffer

Den Blumenkohl waschen, in kleine Röschen teilen und gut abtrocknen lassen.
Die Brunnenkresse waschen und gut abtrocknen lassen.
Joghurt und Senf vermischen, salzen und pfeffern und mit dem Zitronensaft verrühren.
Eine Schale mit der Brunnenkresse auslegen, darauf die Röschen des Blumenkohls legen. Mit der Sauce bedecken.

Nizza-Salat

Für 4 Personen (265 Kalorien je Portion):

- 300 g weißer Thunfisch im eigenen Saft
- 3 mittelgroße Tomaten
- 2 große hartgekochte Eier
- 10 schwarze Oliven
- 16 Blatt grüner Salat
- 250 g grüne Bohnen, al dente gekocht
- 2 EL Olivenöl
- 2 EL Paraffinöl
- Essig
- Dijon-Senf
- Salz, Pfeffer

In einer großen Salatschüssel Thunfisch, grüne Bohnen, zerrupfte Salatblätter, gewürfelte Tomaten und Oliven mischen.
Die geviertelten Eier gesondert auf der Mischung arrangieren.
In einer Schale Olivenöl, Paraffinöl, 2 EL Wasser, Essig, Senf, Salz, Pfeffer miteinander verrühren, dann im Mixer zu einer homogenen Flüssigkeit glätten.
Den Salat mit dieser Vinaigrette übergießen und sofort servieren.

Lachssalat

Für 4 Personen (125 Kalorien je Portion):

- 1 Eskariol-Salat (Sommer-Endiviensalat)
- 1 kleine Sellerie-Knolle
- 2 Tomaten
- 2 hartgekochte Eier
- 200 g Räucherlachs
- 2 EL Olivenöl
- 2 EL Paraffinöl
- Weißweinessig
- Dijon-Senf
- Petersilie
- Salz, Pfeffer

Den Lachs in Streifen schneiden.
Die Salatblätter waschen und grob zerschneiden.
Die Sellerieknolle schälen und raspeln.
Im Mixer Olivenöl, Paraffinöl, Essig, Senf, Salz, Pfeffer und 2 EL Wasser gut durchmixen.
Das Gemüse in eine Salatschüssel geben, den Lachs darüber verteilen und das Ganze mit der Vinaigrette begießen. Darauf das fein zerkleinerte hartgekochte Ei und gehackte Petersilie streuen. Sofort servieren.

Gurkensalat mit Kartoffeln

Für 4 Personen (117 Kalorien je Portion):

- 800 g Salatgurken
- 400 g Kartoffeln
- frische Petersilie
- 1 Joghurt (0,1 %)
- 2 EL Olivenöl
- 2 EL Paraffinöl
- Zitronensaft
- Salz, Pfeffer

Die Kartoffeln in Salzwasser kochen, kalt werden lassen und in Scheiben schneiden.
Die Gurken schälen und in dünne Scheiben schneiden. Joghurt, Olivenöl, Paraffinöl, 2 EL Wasser, den Zitronensaft, Salz, Pfeffer zusammen in den Mixer geben und durchmixen. Eine Schale mit einer Schicht Kartoffeln auslegen, darüber die Gurken schichten und das Ganze mit der Salat-Sauce übergießen. Mindestens 30 Minuten durchziehen lassen.

Hähnchenbrustsalat mit Champignons ⊙

Für 4 Personen (60 Kalorien je Portion):

- 200 g Hähnchenbrustfilet
- 200 g Champignons
- 1 Tomate
- Zitronensaft
- Frische Petersilie
- Salatblätter
- Estragon-Vinaigrette (Rezept für Vinaigrette S. 95, statt des normalen Essigs Estragon-Essig verwenden und mit einigen frischen Estragonblättern verfeinern)
- Salz, Pfeffer

Das Hähnchenbrustfilet in Streifen schneiden und in einer Pfanne ohne Fett anbraten. Salzen und pfeffern.
Den Salat waschen. Aus der Tomate die Kerne entfernen und würfeln. Die Champignons putzen, in Scheiben schneiden und mit Zitronensaft übergießen.
Auf den Tellern den Salat, Tomate, Champignons und Hähnchenbrust anrichten.
Mit der Estragon-Vinaigrette übergießen und darauf gehackte frische Petersilie streuen.
Sofort servieren, die Hähnchenbrust sollte noch warm sein.

Antipasti aus rohem Gemüse ⊙

Wählen Sie Gemüse nach Belieben und richten Sie es in kleinen Schalen an.
Hier ein Vorschlag:

- Champignons, in feine Streifen geschnitten
- Tomaten
- Zucchini
- Brokkoli-Röschen
- Blumenkohl-Röschen
- Radieschen
- zu Stäbchen geschnittene Karotten
- zu Stäbchen geschnittener Stangensellerie
- grüne oder gelbe Bohnen
- grüne, rote Paprika
- Gurkenscheiben

Mit einer Gurken-Sauce (Rezept s.S. 156) als Dip servieren.

Champignon-Salat ⊙

Für 2 Personen (87 Kalorien je Portion):

- 6 frische große weiße Champignons
- 15 ml Olivenöl
- 15 ml Weißweinessig
- 1 TL Dijon-Senf
- frische Petersilie
- 2 Salatblätter
- Salz, Pfeffer

Die Champignons putzen, in feine Scheiben schneiden und in eine mit einem Salatblatt ausgelegte Schale geben.
Olivenöl, Essig und Senf vermischen und über die Champignons gießen.
Mit gehackter frischer Petersilie bestreuen.

Gefüllte Salatblätter

Für 4 Personen (108 Kalorien je Portion):

- 1 Kopfsalat
- 4 Karotten
- 200 g weiße Champignons
- 2 Selleriestangen
- 300 g Ricotta-Käse
- einige Blätter frische Minze
- frische Petersilie
- Salz, Pfeffer

Die Karotten und den Sellerie würfeln. Champignons säubern und zerschneiden. Die Champignons mit Zitronensaft beträufeln, damit sie nicht anlaufen.
Minze und Petersilie kleinschneiden.
Alle Zutaten – außer dem Salat – mit dem Käse in den Mixer geben und eine nicht zu feine Paste herstellen.
Den Salat waschen und abtrocknen lassen. Schöne Blätter auswählen und auf jedem Blatt einen Löffel von der Füllung anrichten.
Das Blatt zusammenrollen, auf dem Vorlegeteller anrichten.

Kohlsalat

Für 4 Personen (80 Kalorien je Portion):

- 1/2 Rotkohl
- 1/2 Weißkohl
- 4 Karotten
- 1 Zwiebel
- frischer Kerbel
- 125 g Joghurt (0,1%)
- 1 gestr. TL Koriander
- 1 geh. TL Meaux-Senf
  (mittelscharfer, aromatischer Senf aus grob gemahlenen Senfkörnern)
- Salz, Pfeffer

Die Kohlblätter in feine Streifen schneiden, 2 Minuten in kochendem Salzwasser blanchieren und dann mit kaltem Wasser abschrecken.
Die Karotten schälen und grob raspeln.
Die Zwiebel in feine Scheiben schneiden.
Für die Sauce Senf, Koriander, Salz und Pfeffer in den Joghurt rühren.
Alles in einer Salatschüssel mischen und mit frischen Kerbelblättern bestreuen.

Taboulé

Für 4 Personen (205 Kalorien je Portion):

- 125 g Bulgur oder Hartweizengrieß
- 4 Tomaten
- 2 Schalotten
- 1 grüne Paprika
- 1 Romagna-Salat
- 1 Strauß Petersilie
- Zitronensaft
- Olivenöl
- Salz, Pfeffer

Den Bulgur oder Hartweizengrieß 1 Stunde in etwas warmem Wasser einweichen.
Die Tomaten würfeln. Schalotten und Petersilie fein hacken.
Den Hartweizengrieß abtropfen lassen, alles mit Zitronensaft, Salz, Pfeffer und einem Schuß Olivenöl mischen. Eine Vorlegeschale mit den Salatblättern auskleiden und den Taboulé darauf arrangieren. Mit einer Scheibe Zitrone garnieren.

Fischsalat mit Avocados

Für 6 Personen (171 Kalorien je Portion):

- 200 g Lachs
- 200 g Seezunge
- 1/2 Avocado
- 1 Tomate
- 2 Zitronen
- Salatblätter
- Estragon
- 15 ml Olivenöl
- Salz, Pfeffer

Den Fisch kochen und in feine Scheiben schneiden. Den Salat waschen und abtrocknen.
Die Avocado schälen und in 1/2 cm starke Stäbchen schneiden. Die Tomaten würfeln.
Aus Zitronensaft, gehacktem Estragon, Olivenöl, Salz und Pfeffer eine Sauce herstellen.
Die Teller mit Salatblättern auslegen. Darauf abwechselnd Lachs- und Seezungenscheiben arrangieren, mit den Avocado-Stäbchen und den Tomatenwürfeln garnieren. Mit der Salat-Sauce beträufeln und vor dem Servieren 15 Minuten in den Kühlschrank stellen.

Salate als Vorspeise

Hier einige klassische Salate, die als Vorspeise aufgetragen werden können: geraspelte Karotten (mit Orangensaft aromatisiert), das Weiße von Lauchstangen in Vinaigrette, Feldsalat, Eskariol oder Endivien, gemischt mit Äpfeln, das Ganze mit Walnußöl – höchstens ein Eßlöffel pro Person – angemacht. Etwas originellere Rezepte sind: Weißkohl mit gewürfelten Pampelmusen, geraspelte rote Beete oder weiße Rübchen als Rohkost, Champignons in einer Joghurt-Kräuter-Sauce. Meiden Sie dagegen Avocados: Eine halbe Avocado entspricht einem Eßlöffel Öl.

Geflügelpastete

Für 8 Personen (180 Kalorien je Portion):

- 500 g entbeintes Hühnerfleisch
- 200 g mageres Schweinefleisch
- 100 g Schinken
- 2 Eier
- 1 Zwiebel
- 5 Schalotten
- 1 Glas Cognac
- Lorbeerblatt, Thymian, Petersilie

Hühnerfleisch, Schinken und Schweinefleisch würfeln, mit einem Lorbeerblatt leicht anbraten und abkühlen lassen. Zwiebel, Schalotten, Petersilie und Thymian fein hacken. Alles gut miteinander vermischen, das Glas Cognac und die mit einer Gabel schaumig geschlagenen Eier dazugeben. Mit Salz und Pfeffer abschmecken. Alle Zutaten mischen, in eine Terrinenform geben und abdecken. Im vorgewärmten Backofen 2 Stunden lang im Wasserbad garen, abkühlen lassen und aus der Form stürzen. In dünne Scheiben schneiden und auf einer Servierplatte anrichten.

Argentinische Empanadas

Für 4 Personen (170 Kalorien je Portion):

Für den Teig:

- 50 g Butter
- 200 g Mehl
- 15 g Trockenhefe
- 125 ml Wasser

Die Hefe in etwas warmem Wasser auflösen, Butter und Salz hinzufügen und in die Mitte des Mehls geben.
Den Teig kneten und ca. 40 Minuten ruhen lassen, bis er sein Volumen verdoppelt hat. Dann ausrollen und 8 runde Böden von 12 cm Durchmesser ausstechen.

Für die Füllung:

- 100 g Zwiebeln
- 200 g Kartoffeln
- 300 g Kalbsgehacktes
- 45 ml konzentrierte Rinderbrühe
- 1 Ei
- 1 grüne Paprika
- Salz, Pfeffer

Zwiebeln und Paprika fein würfeln, mit dem Fleisch, dem Ei, der Brühe und den ebenfalls gewürfelten Kartoffeln vermischen. Mit Salz und Pfeffer abschmecken. 4 Böden mit dieser Farce belegen und mit den anderen 4 abdecken. Den Teig mit Eigelb bestreichen. Im Backofen ungefähr 1 Stunde bei sanfter Hitze backen.

Eierspeisen

Versteckte Eier

Für 4 Personen (120 Kalorien je Portion):

- 8 Eier
- 8 große Tomaten
- Salz, Pfeffer
- 2 Knoblauchzehen
- Estragon

Von jeder Tomate einen Deckel abschneiden, um mit einem Teelöffel das Fleisch entfernen zu können. Vorsichtig zu Werke gehen, um das Äußere der Tomaten nicht zu beschädigen. Das Innere salzen und eine Stunde lang umgedreht auf Küchenkrepp stehenlassen, damit ihre Feuchtigkeit abtropft.

Pfeffern. In jede Tomate den Inhalt eines Eis geben. Mit gehacktem Knoblauch und Estragon würzen. Jede Tomate in Alufolie wickeln und bei sanfter Hitze 20 Minuten im Backofen garen. Von der Alufolie befreien und sehr heiß servieren.

Leichte Piperade

Für 4 Personen (205 Kalorien je Portion):

- 6 Eier
- 5 grüne Paprika
- 1 kg Tomaten
- 1 Pimentschote
- 2 Knoblauchzehen
- 100 g magerer Schinken
- Salz, Pfeffer, Thymian, Lorbeerblatt

Tomaten, Paprika und Piment in Würfel schneiden.

Mit dem Knoblauch, Schinken, Salz und Pfeffer, Thymian und Lorbeerblatt 20 Minuten auf kleiner Flamme kochen; den Deckel dabei geschlossen halten.

Unmittelbar vor dem Servieren die ohne Fett in einem Wasserbad verquirlten, gestockten Eier hineingeben. Gut verrühren.

Auberginen-Omelette

Für 4 Personen (133 Kalorien je Portion):

- 6 Eier
- 800 g Auberginen
- 2 Schalotten
- Kräuter
- Salz, Pfeffer

Die Schalotten fein hacken. Die Auberginen schälen und in Würfel schneiden. In einer beschichteten Pfanne mit etwas Wasser angehen lassen. Nach 5 Minuten salzen, pfeffern und die Schalotten hinzugeben.
Garen, bis sämtliches Wasser verkocht ist. Die Eier mit der Gabel aufschlagen, die gehackten Kräuter hinzufügen, mit Salz und Pfeffer abschmecken.
Diese Masse über die Auberginen gießen und stocken lassen. Heiß servieren.

Omelette mit Pfifferlingen

Für 4 Personen (69 Kalorien je Portion):

- 6 Eier
- 250 g Pfifferlinge
- 15 g Butter
- Majoran
- Salz, Pfeffer

Die Pfifferlinge säubern, halbieren und in einer Pfanne mit Butter braten. Mit Salz und Pfeffer abschmecken.
Die Eier mit der Gabel aufschlagen, Majoran hinzugeben, über die Pfifferlinge gießen und wie ein normales Omelette in der Pfanne braten. Sofort servieren.

Eier im Backofen

Für 4 Personen (214 Kalorien je Portion):

- 4 Eier
- 250 ml Tomatensauce
- 400 g grüne Bohnen
- 100 g Schinken
- 12 Spargelspitzen
- Croûtons
- Petersilie

Die Tomatensauce auf 4 Förmchen verteilen. Die Bohnen blanchieren. Bohnen und Schinken in Würfel schneiden und zu der Tomatensauce geben.
Im Backofen zum Kochen bringen. Auf die heiße Sauce ein Ei geben, mit dem Spargel garnieren und erneut einen Augenblick in den Backofen stellen.
Unmittelbar vor dem Servieren mit Petersilie bestreuen und mit den Croûtons garnieren.

Eier, enge Verbündete unserer Diät.
Eier enthalten extrem wenig Kalorien: 1 Eiweiß liefert 20 Kalorien und 0 g Fett, 1 Eigelb 55 Kalorien und 5 g Fett. Zudem haben Eier den Vorteil, den Magen zu füllen und Hunger zu stillen. Sie sind ausgezeichnete Verbündete bei einer Diät, solange sie in Maßen verzehrt werden.

Gebackene Eier auf Brunnenkresse

Für 4 Personen (120 Kalorien je Portion):

- 4 Eier
- 150 g Magerquark
- 1 Bund Brunnenkresse
- Tomaten-Coulis (Rezept s.S. 155)
- 1 Knoblauchzehe
- Salz, Pfeffer

3/4 der Brunnenkresse zusammen mit dem durchgedrückten Knoblauch 5 Minuten blanchieren. In einem Sieb gut abtropfen lassen, kleinhacken und unter den Quark mischen. Salzen und pfeffern.

Etwas Kresse auf 4 Förmchen verteilen, diese mit der Quarkmasse füllen und je ein rohes Ei daraufgeben. Im vorgeheizten Backofen im Wasserbad garen.

Unmittelbar vor dem Auftragen die Eier mit dem Tomaten-Coulis übergießen.

Flan aus Brunnenkresse und Jakobsmuscheln

Für 6 Personen (120 Kalorien je Portion):

- 1 Bund Brunnenkresse
- 4 Eier
- 500 ml Milch
- 600 g Jakobsmuscheln
- 250 ml Weißwein
- 3 Schalotten
- 1 große Knoblauchzehe
- 50 g Fischfilet
- 1 Eigelb
- 1 Lorbeerblatt
- Safran, Salz, Pfeffer

Die Brunnenkresse waschen, 1 Minute in kochendem Wasser blanchieren und im Mixer zerkleinern. Mit den verquirlten Eiern und der Milch verrühren. Mit Salz und Pfeffer abschmecken.

In 6 Förmchen geben und 30 Minuten im Wasserbad garen.

Die Jakobsmuscheln salzen, pfeffern und in einer beschichteten Pfanne ohne Fett bei großer Hitze braten.

Die Hälfte des Weines mit den Schalotten zum Kochen bringen und schnell reduzieren, den Rest Wein, das Lorbeerblatt und die Fischfilets dazugeben. Auf kleiner Flamme köcheln lassen, bis die Flüssigkeit um die Hälfte reduziert ist.

Alles im Mixer zerkleinern, dann das Eigelb und den Safran dazugeben. Durch ein Sieb passieren und warmstellen. Vorsichtig: diese Sauce darf nicht kochen, weil sonst das Ei gerinnt.

Die Flans auf die Teller stürzen, mit dem Muschelfleisch belegen und mit der Fischsauce übergießen.

Fischsoufflé

Für 4 Personen (220 Kalorien je Portion):

- 600 g Fisch
- 4 Eier
- 250 ml fettarme Milch (1,5%)
- Majoran
- Zitronensaft
- Salz, Pfeffer

Die Fischstücke 6 bis 8 Minuten im Wasserdampf garen.
Fisch abkühlen lassen und zerdrücken. Die warme Milch, Zitronensaft und Majoran dazugeben, mit Salz und Pfeffer abschmecken.
Das Eiweiß zu festem Schnee schlagen und vorsichtig unter die Sauce heben.
Eine Soufflé-Form dünn ausbuttern, die Masse hineingießen und bei mittlerer Hitze etwa 30 Minuten im Backofen garen, bis das Soufflé aufgegangen ist und eine leicht goldene Kruste bekommen hat. Sofort servieren.

Spargelsoufflé

Für 4 Personen (240 Kalorien je Portion):

- 200 g Hühnerleber
- 1 kg frischer Spargel
- 4 Eier
- 150 g Magerquark
- 15 g Mehl
- frische Petersilie
- Salz, Pfeffer

Die Hühnerleber in einer beschichteten Pfanne anbraten, salzen, pfeffern und in Würfel schneiden.
Den Spargel ungefähr 8 Minuten lang in sprudelndem Wasser kochen, abtropfen lassen, die Spitzen abschneiden und den Rest im Mixer zerkleinern.
Das Eigelb in einer Schüssel schlagen, salzen und pfeffern, dann das Mehl dazugeben.
In diese Mischung das Spargelpüree, die Leber, die Spargelköpfe, die gehackte Petersilie und den Quark einrühren.
Das Eiweiß zu Eischnee schlagen und vorsichtig unter die Masse heben. Abschmecken.
In eine Soufflé-Form geben und 20 Minuten im Backofen garen.
Sofort servieren.

Wie viele Eier kann man pro Woche essen?

Auch wenn Ihre Cholesterinwerte nicht erhöht sind, sollten Sie nicht mehr als sechs Eier in der Woche essen; alle Zubereitungen mit Eiern sind darin eingerechnet. Andernfalls ist der Verzehr Ihrem Cholesterinspiegel anzupassen. Achten Sie unter allen Umständen darauf, daß die Eier frisch sind, und denken Sie daran, daß das Eigelb zwar ein großer

Cholesterin-Lieferant ist, das Eiweiß aber unbedenklich verzehrt werden kann. Zu Schnee geschlagen, dient es der Herstellung von Soufflés (zusammen mit Spoonlight-Protein-Portionen lassen sich wohlschmeckende Spargel- oder Champignonsoufflés zubereiten) und Baisers, und Eischnee macht Pürees locker.

Krustentiere und Fische

Thunfischmousse mit Brombeeren

Für 4 Personen (400 Kalorien je Portion):

- 600 g frischer Thunfisch
- 1 EL Öl
- Salz
- Eiweiß von 3 Eiern
- 150 g Brombeeren
- 1 TL fettarme Margarine

Die Brombeeren vorsichtig waschen und gut abtropfen lassen.
In einer Pfanne Öl erhitzen und den Thunfisch von allen Seiten goldgelb braten. Salzen und in der Küchenmaschine zerkleinern.
Den Backofen auf 180° vorheizen.
Die Eiweiß zu festem Eischnee schlagen und vorsichtig unter die Thunfischmasse ziehen. Eine feuerfeste Schale mit hohem Rand ausbuttern. Mit einem Drittel des Thunfischs den Boden bedecken, darauf die halbe Menge der Brombeeren schichten, darauf eine zweite Schicht Thunfisch, den Rest der Brombeeren und abschließend wieder Thunfisch. Die Oberfläche mit einem Löffel gut glattstreichen. 40 Minuten im Backofen garen.
Nach dem Erkalten für einige Stunden in den Kühlschrank stellen.
Stürzen und in etwa 1 cm dicke Scheiben schneiden und servieren.

Kabeljau mit schwarzen Johannisbeeren

Für 4 Personen (180 Kalorien je Portion):

- 4 Scheiben Kabeljau von je etwa 150 g
- 200 g schwarze Johannisbeeren
- 1 EL Olivenöl
- 1 Zwiebel
- Salz

Den Kabeljau sorgfältig trockentupfen. Die schwarzen Johannisbeeren waschen, abtropfen lassen und von den Stielen abstreifen.
Das Öl in einem Schmortopf erhitzen und darin die gewürfelte Zwiebel bräunen. Den Kabeljau darauflegen, 5 Minuten von einer Seite goldgelb braten und salzen. Die Kabeljauscheiben umdrehen und ebenfalls salzen, die schwarzen Johannisbeeren dazugeben; das Ganze weitere 5 Minuten braten.
Auf vorgewärmten Tellern servieren.

Stockfisch mit Gemüsepaprika

Für 4 Personen (140 Kalorien je Portion):

- 400 g Stockfisch-Filet
- 250 ml Tomaten-Coulis (Rezept s.S. 155)
- 2 grüne Paprika
- 2 rote Paprika
- 1 Karotte
- 1 Zwiebel
- 1 Gewürznelke
- 1 Lorbeerblatt
- Rosmarin

Den Stockfisch in Stücke schneiden, in einen Topf legen und in kaltem Wasser einweichen. Dazu kommen die in Scheiben geschnittene Zwiebel, die grob gestückelte Karotte, Lorbeerblatt und Nelke.

Die in Streifen geschnittenen Paprika mit etwas Wasser in einer beschichteten Pfanne andünsten.

Eine feuerfeste Form fetten, das Tomaten-Coulis hineingeben, dann einen Teil der Paprika, die Fischstücke und Rosmarin dazugeben und alles mit dem Rest der Sauce und der Paprika bedecken.

Einige Minuten im Backofen garen und heiß servieren.

Miesmuscheln nach Seemannsart (Moules marinières)

Für 4 Personen (75 Kalorien je Portion):

- 2 Kilo Miesmuscheln
- 3 Schalotten
- 1 Zwiebel
- 4 Knoblauchzehen
- 1 Prise Thymian
- 1 Lorbeerblatt
- 250 ml Weißwein
- frische Petersilie
- Salz, Pfeffer

Die Miesmuscheln gut abbürsten und waschen.

Zwiebel, Schalotten, Knoblauch und Petersilie fein hacken.

Die Muscheln in einen großen Topf geben, Gewürze und fein gehackte Zutaten hinzufügen und mit dem Weißwein übergießen.

Topf schließen und den Inhalt einige Augenblicke auf starker Flamme kochen. Zwei- oder dreimal die Muscheln durcheinanderschütteln. Sobald sie sich geöffnet haben, sind sie gar, und sie werden in einer Schüssel serviert.

Den Fond einige Minuten einkochen und abschmecken, dann über die Muscheln gießen und sofort servieren.

Flußkrebse in Weißwein

Für 4 Personen (120 Kalorien je Portion):

- 2 Dutzend Flußkrebse
- 300 ml Weißwein
- 3 Karotten
- 5 Schalotten
- 1 Zwiebel
- Estragon
- Thymian
- 1 Lorbeerblatt
- Salz, Pfefferkörner

Karotten, Schalotten und Zwiebel zerkleinern und einige Minuten in geschlossenem Kochtopf im Dampf garen.
Das Gemüse dünsten und mit Weißwein ablöschen; Estragon, Thymian, Lorbeerblatt und Pfefferkörner zugeben.
Die Brühe um die Hälfte einkochen, dann im offenen Kochtopf die von ihrer Schale befreiten, gesäuberten Flußkrebse darin 12 Minuten garen.

Seeteufel mit Tomaten-Coulis

Für 4 Personen (145 Kalorien je Portion):

- 600 g Seeteufel
- Salz, Pfeffer
- Einige Fenchelblätter
- Tomaten-Coulis (Rezept s.S. 155)

Aus einem Seeteufel 8 Medaillons schneiden, salzen, pfeffern und 8 Minuten mit den Fenchelblättern im Dampf garen.
Mit dem Tomaten-Coulis übergießen und heiß servieren.

Heilbutt-Filets in Senfsauce

Für 4 Personen (175 Kalorien je Portion):

- 4 Heilbutt-Filets von je 150 g
- 250 ml Fischfond
- 3 EL Meaux-Senf
  (mittelscharfer, aromatischer Senf aus grob gemahlenen Senfkörnern)
- 45 ml Crème fraîche
- 15 g Mehl
- Petersilie
- Salz, Pfeffer

Die gesalzenen und gepfefferten Heilbutt-Filets 8 bis 10 Minuten im Dampf garen.
Währenddessen das Mehl im Fischfond auflösen, einige Minuten bei schwacher Hitze kochen und den Senf darin verrühren. Salzen und pfeffern, dann die Crème fraîche unterziehen. Den Boden der Teller mit der Sauce bedecken und die Fischfilets hineinlegen. Darüber Petersilie streuen.

Meeres-Pfanne

Für 4 Personen (280 Kalorien je Portion):

- 300 g Stockfisch
- 300 g Steinbutt
- 300 g Seeteufel
- 200 g Karotten
- 2 Stangen Lauch
- 3 Stangen Sellerie
- 1 Zwiebel
- 1 Bouquet garni (Kräutersträußchen: Petersilie, Thymianzweig, 1 Lorbeerblatt)
- Petersilie
- Nelken
- Salz, Pfeffer

Lauch, Karotten und Sellerie in Stücke schneiden.
Aus 2 l Wasser, Meersalz, einer mit Nelken gespickten Zwiebel und dem Bouquet garni einen Sud ansetzen. Kurz vor dem Sieden Lauch, Karotten und Sellerie hinzugeben; 25 Minuten kochen.
Den Fisch hinzufügen und 15 Minuten auf kleiner Flamme garen.
Den Fisch und das Gemüse aus dem Sud nehmen, auf einem Teller arrangieren und mit Petersilie bestreuen.

Krabben in Knoblauchsauce

Für 4 Personen (220 Kalorien je Portion):

- 8 Kirschtomaten
- 1/2 grüne Paprika
- 1 kleine Zwiebel
- 900 g mittelgroße Krabben, ungeschält
- 45 ml Pflanzenöl
- frische Petersilie
- 15 ml italienische Tomatensauce
- frischer Dill
- 1 Knoblauchzehe
- Salz, Pfeffer

Die Tomaten kurz in heißes Wasser legen, dann abschrecken, die Haut abziehen und das Fleisch in Würfel schneiden. Paprika in Streifen, Zwiebel in Scheiben schneiden.
Die Krabben schälen, dann abspülen.
Tomaten, Paprika, Zwiebel, Petersilie, Tomatensauce, Dill und gepreßten Knoblauch in eine große Pfanne geben und mit etwas Olivenöl 2 Minuten auf kleiner Flamme glasig dünsten. Mit Salz und Pfeffer abschmecken.
Die Krabben hinzufügen und noch einmal etwa 8 Minuten erwärmen. Dabei oft durchschwenken.
Sofort servieren.

Gebratene Kalamari

Für 4 Personen (200 Kalorien je Portion):

- 800 g kleine Kalamari
- 225 g Tomaten
- 1 Zwiebel
- Olivenöl
- 2 Knoblauchzehen
- Petersilie
- Salz, Pfeffer

Die Kalamari auslösen und in Streifen schneiden.

Tomaten in Stücke, Zwiebel in Streifen schneiden. Die Zwiebeln, den gepreßten Knoblauch mit etwas Olivenöl glasig braten, die Hälfte der Petersilie dazugeben.

Die Tomaten und die übrigen Zutaten beigeben. Ungefähr 8 Minuten köcheln lassen.

Hinweis: zu lange gekochte Kalamari werden gummiartig; regelmäßig den Garzustand überprüfen.

Seezungenröllchen mit Spinatfüllung

Für 4 Personen (155 Kalorien je Portion):

- 4 Seezungen-Filets von je 150 g
- 125 g Ricotta-Käse
- 1 kleine Zwiebel
- 1 Knoblauchzehe
- 250 g frischer Spinat
- frische Petersilie
- 125 ml trockener Weißwein
- Saft einer halben Zitrone
- Salz, Pfeffer

Spinat, in Scheiben geschnittene Zwiebel und gepreßten Knoblauch gemeinsam kochen. Das Gemüse dann mit Käse mischen.

Die Filets mit der Farce bestreichen, aufrollen und mit einem Zahnstocher fixieren.

Im heißen Backofen ungefähr 10 Minuten garen; dabei die Filets regelmäßig mit der Kochflüssigkeit übergießen.

Fische: welche sind vorzuziehen, welche zu meiden?

Vorzuziehen: Aal, frische oder eingelegte Anchovis im eigenen Saft, Heilbutt, roher oder geräucherter Hering, eingelegter Rollmops, Makrele frisch, geräuchert oder in Weißwein, Katzenhai, frische Sardinen, roher oder geräucherter Lachs, frischer Thunfisch oder Dosenthunfisch im eigenen Saft, Forelle, Fischrogen.

Zu meiden: Anchovis-Konserven in Öl, Rollmops in Sahne, Ölsardinen, Dosen-Thunfisch in Öl, panierter Fisch, Bratfisch, Fischstäbchen.

Miesmuscheln mit Paprika

Für 4 Personen (345 Kalorien je Portion):

- 1 kg große spanische Miesmuscheln
- 300 g rote und gelbe Paprika
- 3 kleine weiße Zwiebeln
- 1 frische kleine Peperoni
- 2 EL Olivenöl
- 1 EL geschnittene Petersilie
- Salz, Pfeffer

Die Muscheln abbürsten und waschen, dann sorgfältig die Bärte entfernen. In einem geschlossenen Topf bei großer Hitze garen, damit sie sich öffnen; von Zeit zu Zeit wenden. Wenn die Muscheln geöffnet sind, den Topf vom Feuer nehmen und warmstellen.
Die Paprika in sehr kleine Würfel schneiden. In einem Bräter die fein gehackten Zwiebeln in etwas Öl unter Umrühren glasig garen. Die Peperoni aufschneiden, Kerne entfernen, fein schneiden und dazugeben, ebenso die Petersilie, alles gut mischen.
Die leere Schale der Miesmuscheln abbrechen, die Hälften mit dem Muschelfleisch in einer Auflaufform anordnen, so daß sie alle waagerecht liegen. Auf jede Muschelhälfte einen Teelöffel der Paprika-Masse geben.
Die Muscheln im Backofen 5 Minuten gratinieren. Heiß servieren.

Goldbrasse mit Fenchel

Für 4 Personen (250 Kalorien je Portion):

- 1,5 kg Goldbrasse
- 4 Fenchel
- 1 Zwiebel
- 1 Knoblauchzehe
- 125 ml Weißwein
- 3 Lorbeerblätter
- Pfeffer

Die Zwiebeln und die Fenchelknollen in Scheiben schneiden. Den Knoblauch fein zerhacken. Alles in eine feuerfeste Form geben und mit dem Weißwein sowie 250 ml Wasser übergießen. Pfeffern und die Lorbeerblätter hinzufügen. Abdecken und 20 Minuten im vorgeheizten Backofen garen. Die ganzen Fische auf das Gemüse legen und weitere 15 Minuten im Backofen fertig garen; von Zeit zu Zeit übergießen.
Vor dem Servieren den Fisch filetieren und mit Gemüse umlegen.

Meerbarbe mit Sommerorangen

Für 6 Personen (366 Kalorien je Portion):

- 1 Meerbarbe
- 3 Sommerorangen
- 1/2 TL Sesamsamen
- 2 EL Olivenöl
- Salz

Die ausgenommene, nicht geschuppte Meerbarbe abtupfen und von innen salzen.

Den Backofen auf 200° vorheizen. Die Orangen waschen und abtrocknen. Von einer Orange die Schale abreiben, alle drei auspressen. Den Sesam-Samen und die Orangenschale in der Meerbarbe verteilen, den Fisch dann in eine feuerfeste Schale legen und mit dem Öl bestreichen. 10 Minuten backen, dann mit dem Orangensaft übergießen und weitere 5 Minuten garen.

Pochierter Seeteufel in Wein

Für 6 Personen (170 Kalorien je Portion):

- 1 kg Seeteufel
- 50 g Zwiebeln
- 50 g Karotten
- 250 ml trockener Rotwein
- 125 ml Wasser
- 1 Zitronensaft
- 1 Knoblauchzehe
- Dillsamen
- Petersilie
- Salz, Pfeffer

Gemüse, Gewürze, Wein und Wasser in einem großen Kochtopf aufkochen.

Die Hitze verringern. Den Fisch auf das Gemüse legen, den Deckel schließen und ungefähr 15 Minuten pochieren. Die Sauce durch ein Sieb passieren und den Fisch damit übergießen. Sofort servieren.

Tierische Proteine: einige Vergleichswerte.

125 g magerer Fisch, Krusten- oder Schalentiere (im Schnitt 18 Austern oder 24 Miesmuscheln) = 100 g mageres Fleisch: Kalb, mageres Rindfleisch, Wild, mageres Schweinefilet, Pferd, Kaninchen, Kutteln, Geflügel ohne Haut, allerdings nicht Ente, Gans = 2 Scheiben gekochter Schinken (100g), bei dem der Fettrand abgeschnitten wurde = 2 Eier = 70 g magerer Käse (25%) = 300 g Magerjoghurt oder -quark = 150 g Quark (20%).

Fleisch und Geflügel

Kalbsragout mit Zwetschen

Für 6 Personen (360 Kalorien je Portion):

- 800 g Kalbsschulter
- 4 Schalotten
- 1 walnußgroßes Stück fettarme Margarine
- 1 dl trockener Weißwein
- Salz, Pfeffer
- 400 g Zwetschen

Die Schalotten schälen und in feine Scheiben schneiden.

Margarine in einem Kochtopf zergehen lassen und die Schalotten darin leicht anbräunen. Das in Stücke geschnittene Kalbfleisch dazugeben und unter häufigem Umrühren anbräunen. Darauf achten, daß die Schalotten nicht zu dunkel werden.

Den Wein hinzufügen, salzen, pfeffern und gut durchrühren. Den Deckel schließen und 50 Minuten auf kleiner Flamme garen.

Die Zwetschen waschen, abtrocknen, dazugeben und bei geschlossenem Deckel noch einmal 10 Minuten köcheln lassen, dann servieren.

Jungputer mit Weinberg-Pfirsichen

Für 6 Personen (366 Kalorien je Portion):

- 1 junger Puter von etwa 3 kg
- 8 Weinberg-Pfirsiche (oder Pfirsiche)
- 100 g magerer geräucherter Speck
- 2 walnußgroße Stücke fettarme Margarine
- 4 Schalotten
- 2 dl trockener Weißwein
- Salz, Pfeffer

Die Pfirsiche in eine Schüssel legen, mit kochendem Wasser überbrühen und abschrecken. Die Haut abziehen, die Früchte halbieren und den Kern entfernen.

Die Schalotten schälen und in feine Scheiben schneiden.

Den Backofen auf 240° vorheizen.

Pfirsiche und Schalotten mit dem Weißwein pürieren und den Puter mit der Farce füllen.

Den Speck in sehr kleine Stücke schneiden, in einen Bräter geben, darauf den Puter legen und übergießen.

Ca. 1 Stunde 50 im Backofen braten, dabei regelmäßig den Puter wenden und mit dem Bratensaft übergießen.

Wachteln mit Blaubeeren

Für 4 Personen (225 Kalorien je Portion):

- 4 Wachteln
- 200 g Blaubeeren
- 4 Scheiben luftgetrockneter, magerer Schinken (ca. 40 g)
- 4 Salbeiblätter
- Salz
- 2 walnußgroße Stücke fettarme Margarine
- 1 dl trockener Weißwein
- Küchengarn

Die Blaubeeren waschen, entstielen und abtropfen. Die Wachteln mit den Beeren füllen und salzen. Um jede Wachtel einen Streifen Schinken legen, darunter ein Salbeiblatt schieben und mit Garn umwickeln.

Margarine in einem Topf schmelzen lassen, die Wachteln darin von allen Seiten anbraten. Mit dem Weißwein ablöschen und bei geschlossenem Deckel 15 Minuten köcheln lassen.

Schinkenmousse mit Himbeeren

Für 4 Personen (415 Kalorien je Portion):

- 400 g gekochter Schinken
- 150 g Himbeeren
- 3 Eier
- 1 EL fettarme Crème fraîche
- Salz, Pfeffer
- 1 walnußgroßes Stück Butter

Den Schinken kleinhacken oder in der Küchenmaschine zerkleinern. Die Eier aufschlagen, salzen und mit der fettarmen Crème fraîche zum Schinken geben.

Den Backofen auf 180° vorheizen.

Eine Gratinform ausbuttern, die Hälfte der Schinken-Mischung hineingeben, darauf die Himbeeren schichten und den Rest des Schinkens darüberlegen. Die Oberfläche glattstreichen. In eine größere, feuerfeste Schale ein Blatt Backpapier legen und etwa 2 cm hoch mit Wasser aufgießen. Die Form mit der Schinkenmousse in dieses Wasserbad setzen und 35 Minuten im Backofen garen. Kann warm oder kalt gegessen werden.

»Versteckte Fette« im Fleisch erkennen

Das Wichtigste, um sein Gewicht zu halten, ist die Wahl des Fleisches, denn sein Gehalt an »verstecktem Fett« kann je nach Stück zwischen 5% und 25% liegen. So kann man sehr gut ein *Chili con carne* aus Rinderhack mit einem Fettanteil von 5% herstellen, obwohl das üblicherweise für dieses Gericht verwendete Fleisch 15 bis 20% Fett enthält. Es kommt darauf an, die Aromaträger (Tomaten, Tabasco, Zwiebeln, Kräuter ...) richtig einzusetzen, damit das Gericht seinen vollen Geschmack entfaltet. In jedem Fall sollte sichtbares Fett von gebratenem Fleisch entfernt werden.

Kalbsbraten mit Kirschen

Für 4 Personen (473 Kalorien je Portion):

- Kalbsbraten von 800 g
- 2 große Schalotten
- 1 walnußgroßes Stück fettarme Margarine
- Salz, Pfeffer
- 2 dl trockener Weißwein
- 400 g möglichst feste Kirschen

Die Kirschen waschen und gut abtropfen lassen; erst danach die Stiele entfernen und entsteinen. Die Schalotten schälen und in feine Scheiben schneiden.
Die Margarine in einem Topf zum Schmelzen bringen, darin die Schalotten goldgelb werden lassen, das Fleisch hinzugeben und von allen Seiten anbraten.
Den Braten von allen Seiten salzen und pfeffern, den Wein darübergießen.
Bei geschlossenem Deckel auf kleiner Flamme 50 Minuten köcheln lassen.
Dann die Kirschen hinzufügen und bei geschlossenem Deckel weitere 10 Minuten köcheln lassen.

Perlhuhn mit Kirschen

Für 4 Personen (445 Kalorien je Portion):

- 1 Perlhuhn von ungefähr 1,2 kg
- 16 Süßkirschen
- 3 walnußgroße Stücke fettarme Margarine
- Salz, Pfeffer
- 100 g frische Champignons
- 8 Schalotten

Die Kirschen waschen und trockentupfen, danach die Stiele entfernen und entsteinen.
Das Perlhuhn salzen und pfeffern. Die Margarine in einem Topf schmelzen lassen, darin das Perlhuhn von allen Seiten goldgelb anbraten.
Die Kirschen zum Perlhuhn geben und bei geschlossenem Deckel weitere 15 Minuten garen. Unterdessen die Schalotten schälen, die Pilze putzen und alles kleinhacken. In den Topf geben und den Deckel wieder schließen.
50 Minuten weiter kochen lassen; dabei zwei- oder dreimal das Perlhuhn wenden. Mit Salz und Pfeffer abschmecken.

Kalbsschnitzel mit Rosmarin

Für 2 Personen (270 Kalorien je Portion):

- 300 g Kalbsschnitzel
- getrockneter Rosmarin
- Salz, Pfeffer

Die Schnitzel nach Geschmack mit Rosmarin bestreuen. Bei starker Hitze auf beiden Seiten grillen. Salzen und pfeffern.

Kaninchen mit Tomaten

Für 4 Personen (308 Kalorien je Portion):

- Ein küchenfertiges junges Kaninchen (ungefähr 800 g)
- 4 Knoblauchzehen
- 4 Schalotten
- 100 g Karotten
- 200 g Champignons
- 300 g Tomaten
- 1 EL gehackte Petersilie
- Thymian und Lorbeerblatt
- 10 g Mehl
- Salz, Pfeffer, ein Glas Wasser

Knoblauch und Schalotten fein hacken, die Karotten reiben. Alles mit Petersilie und Pfeffer mischen. In einen Kochtopf geben, mit dem Wein auffüllen und zum Kochen bringen. Bei geschlossenem Deckel 10 Minuten köcheln lassen.
Die Kaninchenstücke, Thymian, Lorbeerblatt und Wasser dazugeben und 40 Minuten köcheln lassen. Unterdessen die Tomaten mit heißem Wasser überbrühen, dann abschrecken und die Haut abziehen, von den Kernen befreien und in Würfel schneiden.
10 Minuten vor Ende der Kochzeit die in feine Scheiben geschnittenen Champignons und die Tomaten hinzugeben und garen. Die Kaninchenstücke aus dem Sud nehmen und den Sud mit in etwas kaltem Wasser aufgelöstem Mehl binden.
Abschmecken und servieren.

Šiš kebab

Für 2 Personen (300 Kalorien je Portion):

- 250 g mageres Hammelfleisch
- 200 g Kirschtomaten
- 1 Zwiebel
- Zitrone
- 1 TL Thymian

Das Fleisch würfeln und die Zwiebel in Stücke schneiden.
Auf Spieße abwechselnd Zitronenscheiben, Zwiebelstücke, Tomaten und Fleischwürfel stecken. Mit Thymian bestreuen.
Ca. 8 Minuten grillen.

Welches sind die magersten Sorten Fleisch?

Alle Arten von Geflügel: Huhn, Perlhuhn, Truthahn – unter der Voraussetzung, daß sie ohne Haut verzehrt werden. Außerdem Schinken ohne Fett. Auch Innereien sind sehr mager, außer Hirn und Zunge. Fleisch kann durch 4 bis 6 Eier pro Woche vollständig ersetzt werden, doch Vorsicht: In zahlreichen Produkten ist schon Ei enthalten. Mager sind außerdem alle Fische mit weißem Fleisch, ebenso Schalen- und Krustentiere.

Hähnchenbrust mit Oliven

Für 4 Personen (280 Kalorien je Portion):

- 600 g Hähnchenbrustfilets
- 300 g Zwiebeln
- 300 g Karotten
- 24 grüne, entkernte Oliven
- 50 ml Weißwein
- 50 ml Gemüsebrühe
- Olivenöl
- Petersilie
- Salz, Pfeffer

Die Hähnchenbrustfilets in Stücke schneiden, salzen und pfeffern und von beiden Seiten in etwas Öl goldgelb anbraten. Aus der Pfanne nehmen und auf Küchenkrepp abtropfen lassen. Die in dünne Scheiben geschnittenen Karotten und Zwiebeln in Salzwasser blanchieren und abtropfen lassen. Hühnerfleisch, Gemüse, Oliven, Wein und Brühe in einen Kochtopf geben und einige Minuten reduzieren.
Auf einer Platte anrichten und mit Petersilie bestreuen.

Hähnchenbrustfilets im Krautwickel

Für 4 Personen (250 Kalorien je Portion):

- 5 Hähnchenbrustfilets
- 1 Weißkohl
- 1 Eiweiß
- 200 g Champignons
- 250 ml trockener Weißwein
- 100 g Magerquark (20%)
- 3 Karotten
- 45 ml fettarme Sahne
- 250 ml Hühnerbrühe
- 2 Schalotten
- Salz, Pfeffer

Ein Hähnchenbrustfilet, Quark und Eiweiß im Mixer pürieren, salzen und pfeffern.
Die Hälfte der Champignons kleinhacken und untermischen. Die Kohlblätter etwa 3 Minuten in kochendem Salzwasser blanchieren. Auf 2 Kohlblätter ein Hähnchenbrustfilet legen, darauf etwas von der Quarkmasse geben und die Blätter einrollen. Vier solcher Wickel herstellen und 20 Minuten im Wasserdampf garen. Währenddessen die Sauce zubereiten. Die kleingeschnittenen Karotten und die Schalotten in Wein und Hühnerbrühe kochen; die Flüssigkeit auf die Hälfte reduzieren. Alles im Mixer pürieren, die Sahne hinzugeben und auf kleiner Flamme 3 Minuten köcheln lassen.
Die Krautwickel in eine Schale geben und mit der Sauce übergießen.

Ja zu den Schmortöpfen ... aber Vorsicht bei der Zubereitung

Seine Ernährung umzustellen, heißt keinesfalls, auf jegliche Leckerbissen zu verzichten, das gilt auch für die lange vor sich hinköchelnden Schmortöpfe, im Winter eine besondere Gaumenfreude. Aber damit sich das nicht gleich in Ihrem Gewicht niederschlägt, passen Sie diese traditionellen Gerichte der heutigen Zeit mit modernen Mitteln an. Spielraum haben Sie bei den sichtbaren Fetten. Die Saucen können im Fettgehalt reduziert werden. Auch die Art des Garens spielt eine Rolle. Um das beim Braten benötigte Fett zu verringern oder ganz zu vermeiden, setzen Sie den Backofen zum Braten, Grillen oder Garen in Folie ein.

Flambierte Wachteln

Für 4 Personen (255 Kalorien je Portion):

- 8 Wachteln
- 4 große Orangen
- 1 Zitrone
- 1 Glas Grand Marnier
- 500 ml trockener Weißwein
- 1 TL Thymian
- 1 TL Rosmarin
- Salz, Pfeffer

Die Wachteln ausnehmen, gut säubern und 24 Stunden in Wein und Kräutern marinieren. Dann abtropfen lassen und 10 Minuten lang im heißen Backofen vorgaren. Dabei häufig mit der Marinade begießen. Die Orangen und die Zitrone halbieren und auspressen. Den Saft über die Wachteln gießen, weitere 5 bis 10 Minuten garen, dabei mit dem Bratensaft übergießen. Jede Wachtel in die Schale einer Orangenhälfte legen. Den Grand Marnier erwärmen, über die Wachteln gießen und anzünden. Den Bratensaft in einer Saucière servieren.

Enten-Tranche in Champignon-Sauce

Für 4 Personen (290 Kalorien je Portion):

- 1 Ente
- 200 g Champignons
- 1 Zitrone
- 100 ml Rotwein
- 1 Zwiebel
- 1 Lorbeerblatt
- Basilikum
- Salz, Pfeffer

Die Entenbrust-Filets herauslösen. Die Enten-Karkasse in Stücke zerteilen, in einem Kochtopf mit der Zwiebel anbraten und mit dem Wein ablöschen. Reduzieren, bis die Flüssigkeit fast vollständig verkocht ist. 500 ml Wasser und das Lorbeerblatt hineingeben und ungefähr 1 Stunde kochen. Danach erkalten lassen und das Fett von dem Saucenansatz abschöpfen. Die Champignons unzerteilt in einen Kochtopf geben, mit Zitronensaft beträufeln, Basilikum hinzugeben und 5 Minuten anschwenken. Dann im Mixer zerkleinern. Den Saucenansatz durch ein Sieb geben und reduzieren.

Das Champignon-Püree dazugeben und mit Salz und Pfeffer abschmecken.

Die Enten-Filets in einer beschichteten Pfanne kurz von jeder Seite anbraten und zu Tranchen aufschneiden. Mit der Sauce begießen und servieren.

Gegrillte Lammkoteletts mit Minze

Für 4 Personen (350 Kalorien je Portion):

- 8 Lammkoteletts
- Olivenöl
- Frische Minze

Die Koteletts mit etwas Öl bestreichen und 20 Minuten ziehen lassen. Die Minze bis auf einige Blätter fein zerhacken. Die Lammkoteletts in der Minze wenden und grillen. Mit Minzblättern garniert servieren.

Kalbsleber mit Walderdbeeren

Für 4 Personen (216 Kalorien je Portion):

- 4 Scheiben Kalbsleber à 120 g
- 1 walnußgroßes Stück Margarine
- 1 Zitrone
- 400 g Walderdbeeren
- Salz, Pfeffer aus der Mühle

Die Margarine in einer Pfanne zerlassen, darin die Leber von beiden Seiten braten. Dabei die Leber mit einem Bratenwender wenden, nicht mit einer Gabel einstechen; der Fleischsaft würde sonst auslaufen. Die gesamte Garzeit sollte 10 Minuten nicht überschreiten. Anschließend salzen und pfeffern. Zitronensaft auspressen. Die Leber auf eine vorgewärmte Servierplatte legen. Den Zitronensaft und die Erdbeeren in eine Pfanne geben und anschwenken. Zu der Leber geben und sofort servieren.

Hähnchenbrust mit Champignons und Weißwein

Für 8 Personen (255 Kalorien je Portion):

- 100 g Champignons
- 8 Hähnchenbrustfilets
- 1 Zwiebel
- 500 g Tomaten
- 15 ml Olivenöl
- 150 ml trockener Weißwein
- 50 ml Hühnerbrühe
- 1 EL frische Petersilie
- 1 EL frisches Basilikum

Das Öl in einer Pfanne erhitzen und die kleingeschnittene Zwiebel dazugeben. Die Hähnchenbrüste darin anbraten. Den Weißwein, die gehackte Petersilie, Basilikum und die gewürfelten Tomaten hinzufügen. Die in feine Streifen geschnittenen Champignons hinzugeben und alles bei geschlossenem Deckel auf kleiner Flamme 10 Minuten köcheln lassen.

Geschmortes Lamm in Weinsauce

Für 6 Personen (350 Kalorien je Portion):

- 1 Lammkeule ca. 900 g
- Olivenöl
- 1 Zwiebel
- 2 Knoblauchzehen
- 1 TL Rosmarin
- 125 ml trockener Rotwein
- 125 ml italienische Tomatensauce

Das Fleisch würfeln und in einer Pfanne mit dem gepreßten Knoblauch anbraten. Wein, Rosmarin und Tomatensauce zugeben und alles zum Kochen bringen. Die Hitze verringern und etwa 10 Minuten köcheln lassen. Wenn nötig, etwas Tomatensauce nachgießen.

Flambiertes Steak

Für 4 Personen (325 Kalorien je Portion):

- 4 Rindersteaks
- 15 g Butter
- 15 ml Olivenöl
- 125 ml trockener Rotwein
- 45 ml Cognac
- Pfeffer aus der Mühle

Öl und Butter in einer Pfanne erhitzen. Das Fleisch darin anbraten.
Mit dem Wein ablöschen, die Hitze verringern und das Fleisch pfeffern.
Den Cognac erwärmen, über das gebratene Fleisch gießen und anzünden.
Die Steaks sofort auf Teller geben und mit der Sauce übergießen.

Gebratenes Perlhuhn mit Estragon

Für 4 Personen (350 Kalorien je Portion):

- 1 Perlhuhn
- 100 g Geflügelleber
- 1 TL kleingehackter Estragon
- 100 g Cheddar-Käse
- 1 Stück altbackenes Weißbrot
- 100 ml Milch
- 125 ml Weinessig
- Salz, Pfeffer

Das Brot in der warmen Milch einweichen.
Im Mixer Käse, Estragon, Salz, Pfeffer und Geflügelleber pürieren, das eingeweichte Brot dazugeben.
Das Perlhuhn mit der Farce füllen.
Im Backofen bei mittlerer Hitze ca. 40 Minuten garen.
Mehrmals mit etwas Essigwasser übergießen.
Das Perlhuhn tranchieren und servieren.

Carpaccio

Für 4 Personen (275 Kalorien je Portion):

- 500 g Rinderfilet
- Saft von zwei Zitronen
- 30 ml Olivenöl
- 1 Prise schwarzer Pfeffer
- Petersilie

Das Filet 2 Stunden in die Tiefkühltruhe legen, um es leichter schneiden zu können. In hauchdünne, fast durchsichtige Scheiben schneiden. Die Scheiben auf 4 Tellern anrichten. Zitronensaft, Öl, Petersilie und Pfeffer gut mischen und über das Fleisch geben.

Kalbskotelett aus dem Backofen

Für 4 Personen (260 Kalorien je Portion):

- 4 etwa 2 cm dicke Kalbskoteletts
- 125 g Zwiebeln
- 125 g Stangensellerie
- 125 ml trockener Weißwein
- 125 ml Hühnerbrühe
- 15 g Mehl
- 1 Knoblauchzehe
- 1 TL Thymian
- Salz, Pfeffer

Die Koteletts mit Thymian, Salz und Pfeffer würzen. Die Zwiebeln und den Stangensellerie in feine Scheiben schneiden, den Knoblauch pressen und alles mit dem Fleisch in eine feuerfeste Form geben. Mit dem Wein und der Brühe übergießen und ohne Deckel etwa 1 Stunde im Backofen garen. Dann das Fleisch herausnehmen, die Sauce passieren, mit etwas Mehl binden und über die Koteletts gießen.

Läßt sich der Verzehr von Wild mit einer Diät vereinbaren?

Wild – Fasan, Wachteln, Reh, Hase, Taube, Wildschwein – hat einen geringen Fettgehalt von etwa 3 bis 5 g auf 100 g. Wild hat jedoch häufig einen hohen Harnsäureanteil und sollte daher von Personen, die unter Gicht leiden, gemieden werden.

Braten Sie das Fleisch mit möglichst wenig Fett an. Verwenden Sie Saucenfond in Pulverform, dem sie mit Wein oder Bier zu Aroma verhelfen: der Alkohol verdunstet beim Kochen. Vergessen Sie auch nicht, daß alle Wildgerichte sehr gut mit Obst (Heidelbeeren, Äpfel, Weintrauben, Birnen) und Pilzen (Steinpilze, Pfifferlinge ...) harmonieren. Stellen Sie aus Rotwein, Zwiebeln, Karotten, Lorbeerblatt, Thymian, Pfeffer, Wacholderbeeren, Gewürznelken schmackhafte Marinaden her: Sie lassen Fleisch zart werden und geben ihm ein angenehmes Aroma. Und noch ein Tip: Füllen Sie Wild mit einer Farce auf der Grundlage von Frischkäse mit 20% Fettgehalt; dadurch wird das Fleisch zarter, ohne daß der Fettgehalt wesentlich steigt.

Beim Essen

In meinem Leben hatte ich Gelegenheit, die Gerichte aller Herren Länder zu probieren. Nachdem ich praktisch von allem gekostet habe, möchte ich mich heute geschmackvoll, zweckmäßig und diätgerecht ernähren, damit ich mir meine wiedererlangte schlanke Figur erhalte. Meine Gerichte sind nach den Angaben des Arztes zusammengestellt, und ich esse mit Appetit, was mein Küchenchef mir zubereitet. Ich finde, daß es ziemlich gut schmeckt, und ich schätze seine besonderen Kniffe wie z.B. den Zusatz der Proteingaben zu den Saucen, Suppen oder Soufflés.

Ich habe noch nie so viel Fisch, Geflügel oder Kalbfleisch gegessen wie jetzt, und ich fühle mich dabei pudelwohl. Ich frage mich, ob ich heute ein blutiges Entrecôte überhaupt noch hinunterbekommen könnte. Wenn ich zum Abendessen einlade, was häufig der Fall ist, erstellt mein Küchenchef das Menü für alle in Übereinstimmung mit den Ratschlägen meines Arztes. Sollte das Hauptgericht kein Fisch sein, bereitet er mir etwas Besonderes zu, und dazu trinke ich meine übliche Pepsi Max, und keiner merkt etwas.

K.L.

Nudeln und Pizza

Spaghetti mit Lachs

Für 4 Personen (380 Kalorien je Portion):

- 1 Zucchini
- 16 grüne Bohnen
- 12 Mini-Tomaten
- 250 g Spaghetti
- 4 dünne Scheiben geräucherter Lachs
- 1 EL Olivenöl
- 1/2 TL Basilikum
- 2 EL gehackte Petersilie
- Salz, Pfeffer
- 4 EL geriebener Parmesan

Die Spaghetti al dente kochen. Unterdessen die Zucchini in Scheiben schneiden, die grünen Bohnen putzen und beides in Salzwasser garen. Tomaten blanchieren, abschrecken und häuten. Den Lachs in Streifen schneiden, mit dem Gemüse, dem Olivenöl, der gehackten Petersilie und dem gezupften Basilikum zu den Nudeln geben.
Eine Minute bei offenem Deckel ruhen lassen, mit Salz und Pfeffer abschmecken.
Mit dem Käse bestreuen und servieren.

Nudeln mit Pesto-Sauce

Für 4 Personen (315 Kalorien je Portion):

- 250 g Nudeln
- ein Bund frisches Basilikum
- 2 Zweige Majoran
- Olivenöl
- 60 g Parmesan
- Salz, Pfeffer

Die Nudeln al dente kochen.
Unterdessen Basilikum und Majoran im Mixer zerkleinern.
Einen Löffel Öl beigeben und erneut vermischen, bis eine homogene Konsistenz erreicht ist, jedoch nicht mehr als 3 EL Öl verwenden.
Dann den Parmesan zugeben und ein weiteres Mal vermischen. Sollte die Sauce zu fest sein, einen EL warmes Wasser hinzugeben.
Etwas Sauce in eine große Schüssel geben und mit den abgetropften Nudeln gut vermischen. Unmittelbar vor dem Servieren den Rest der Sauce dazugießen.

Getreideprodukte und Hülsenfrüchte: einige Vergleichswerte

150 g Kartoffeln = 150 g gekochter Hartweizengrieß = 147 g gekochte Nudeln = 146 g gekochter weißer Reis = 170 g gekochte weiße Bohnen = 195 g gekochte Linsen = 64 g Weißbrot = 174 Kalorien.

Nudeln in einer Meeresfrüchte-Sauce

Für 4 Personen (105 Kalorien je Portion):

- 250 g Nudeln Ihrer Wahl
- 30 ml Olivenöl
- 3 Schalotten
- 2 Knoblauchzehen
- 1 frische Tomate
- 1 EL italienische Tomatensauce
- 250 g Meeresfrüchte (Krabben, Miesmuscheln, Kammuscheln)
- 1 EL gehackte Petersilie

Knoblauch und Schalotten kleinschneiden und im heißen Öl einige Minuten anschwitzen. Die gehackte Petersilie und die Tomatensauce dazugeben.
Die Meeresfrüchte und die in kleine Stücke geschnittene Tomate hinzufügen. 3 Minuten köcheln. Alles über die Nudeln gießen und sofort servieren.

Pizza

Für 6 Personen (200 Kalorien je Portion):

- 8 Eiweiß
- 125 g Weizen-Vollkornmehl
- 100 g frischer Parmesan
- 20 g Magerquark
- Knoblauchpulver
- Tomatensauce
- Mozzarella-Käse
- Champignons
- Zwiebeln
- grüne Paprika

In einer großen Schüssel Eiweiß, Mehl, geriebenen Parmesan, Frischkäse und Knoblauchpulver gut vermischen. Eine Pizzaform (30 cm Durchmesser) mit dem Teig auslegen. Ungefähr 12 Minuten backen. Dann 4 Minuten abkühlen lassen. Die Champignons, die Zwiebeln und die grüne Paprika in dünne Scheiben schneiden. Die Tomatensauce auf die Teigkruste streichen, darüber einige dünne Scheiben Mozzarella verteilen, dann das Gemüse und schließlich wieder dünne Scheiben Mozzarella. Im vorgeheizten Backofen 10 bis 15 Minuten garen, bis der Käse geschmolzen und leicht gebräunt ist.

Nudeln in einer Diät

Grundsätzlich sind Nudeln bei der Spoonlight-Diät nicht erwünscht, schon gar nicht in der Phase der Gewichtsreduktion. Dasselbe gilt für Reis und Hartweizengrieß. Diese stärkehaltigen Nahrungsmittel haben nämlich die Besonderheit, in kompakter Form ein Maximum von Kalorien (langsame Zucker) zuzuführen, und dieses entspricht nicht dem angestrebten Ergebnis. So liefern 250 g Eiernudeln ca. 310 Kalorien, und 250 g Naturreis ca. 330 Kalorien; dabei sind die Fettanteile des kompletten Gerichts noch nicht einmal mitgerechnet.

Allerdings rate ich schon während der Spoonlight-Diät zu in Wasser gekochten oder dampfgegarten Kartoffeln.

Anders verhält es sich, wenn die Stabilisierungsphase erreicht ist. Nudeln und Reis können wieder in den Speiseplan aufgenommen werden, allerdings in Maßen. Ein Sonderfall ist es, wenn große physische Anstrengungen geleistet werden: in diesem Fall ist es empfehlenswert, Stärkehaltiges zu sich zu nehmen. Aber auch hier gilt: in Maßen!

Gemüse

Gefüllte Endivienblätter

Für 4 Personen (80 Kalorien je Portion):

- 8 Endivienblätter pro Person
- 100 g Magerquark (0,1%)
- 20 g Roquefort
- 10 ml fettarme Milch
- Paprikagewürz edelsüß
- Salz, Pfeffer

In einer Schüssel Quark, Roquefort und Milch zu einer homogenen Masse verrühren. Mit Salz und Pfeffer abschmecken.
Jedes Endivienblatt mit der Mischung füllen. Mit Paprika bestreuen.

Zucchini auf Provenzalisch

Für 3 Personen (65 Kalorien je Portion):

- 500 g Zucchini
- 30 ml Olivenöl
- 1 kleine Zwiebel
- 2 Knoblauchzehen
- 1 frische Tomate
- 1 Prise Thymian
- Salz, Pfeffer

Das Öl erhitzen. Den gepreßten Knoblauch und die gehackte Zwiebel darin anbraten. Die Zucchini in Scheiben schneiden und in dem Topf etwa 10 Minuten goldbraun braten. Die gewürfelte Tomate und den Thymian dazugeben. Salzen und pfeffern. Bei geschlossenem Deckel ungefähr 35 Minuten köcheln lassen.

Gratinierte Artischockenböden

Für 4 Personen (206 Kalorien je Portion):

- 4 gekochte Artischockenböden
- 3 Scheiben magerer Schinken
- 150 g Magerquark (0,1%)
- 50 g Greyerzer-Käse
- 1 Ei
- Petersilie
- Salz, Pfeffer

Den Schinken fein würfeln. Den Quark mit dem Schneebesen cremig schlagen. Schinken, Ei, Petersilie und 2/3 des geriebenen Greyerzer dazugeben. Salzen und pfeffern. Die Artischockenböden in eine feuerfeste Form legen. Jeden mit einem Häufchen der Masse bedecken. 1/3 Glas Wasser auf den Boden der Form gießen.
Die Artischockenböden mit dem Rest des Käses bestreuen.
Ungefähr 20 Minuten im Backofen gratinieren.

Brokkoli mit Tomaten

Für 4 Personen (98 Kalorien je Portion):

- 1 kg Brokkoli
- 500 g frische Tomaten
- 1 Knoblauchzehe
- 20 g Parmesan
- 1 TL Petersilie
- Salz, Pfeffer

Die Brokkoliröschen in Salzwasser kochen und abtropfen lassen, anschließend in eine feuerfeste Form verteilen. Die Tomaten in Scheiben schneiden und auf die Brokkoliröschen legen. Salzen und pfeffern. Mit geriebenem Parmesan bestreuen und kurz im Backofen gratinieren. Vor dem Auftragen mit gehackter Petersilie bestreuen.

Endivien »à la royale«

Für 4 Personen (106 Kalorien je Portion):

- 1 kg Endivien
- 2-3 Eier
- 100 ml fettarme Milch
- Salz, Pfeffer

Die Endivien waschen und in kochendem Salzwasser 5 Minuten blanchieren. Die Eier mit der Milch aufschlagen, salzen und pfeffern. Die Endivien in eine feuerfeste Form legen und mit der Royalmasse übergießen. Im Backofen garen, bis die Masse stockt.

Karotten in Sahne

Für 4 Personen (187 Kalorien je Portion):

- 600 g Karotten
- 500 ml Geflügelbrühe
- 100 ml fettarme Sahne
- 1 Eigelb
- Petersilie
- Salz, Pfeffer

Die Karotten in Scheiben schneiden und in der Hühnerbrühe garkochen. In eine feuerfeste Form schichten. Die Brühe anschließend reduzieren; Topf vom Feuer nehmen, Sahne, Eigelb und gehackte Petersilie hinzugeben, salzen und pfeffern. Die Sauce über die Karotten gießen.

Gemüse, soviel das Herz begehrt

Seien Sie sich bei Ihrer Proteindiät immer bewußt, daß Sie von den folgenden Gemüsesorten – naturbelassen zubereitet – so viel verzehren können, wie Sie wollen: Mangoldstengel, Brokkoli, Stangensellerie, Champignons, Weißkohl, Salatgurken, Zucchini, Brunnenkresse, Spinat, Fenchel, Sojasprossen, Feldsalat, Gemüsepaprika, Radieschen, grüner Salat.Dagegen dürfen von den folgenden Gemüsen höchstens 200 g täglich verzehrt werden: Spargel, Auberginen, Blumenkohl, Endivien, grüne Bohnen, Sauerampfer, Tomaten.

Spinat mit Krabben und Reis

Für 4 Personen (220 Kalorien je Portion):

- 1 kg Spinat
- 80 g Reis
- 20 mittelgroße gegarte Krabben (Kaisergranat)
- 4 Knoblauchzehen
- 3 EL Olivenöl
- Salz

Den Spinat waschen, in einer Pfanne mit etwas Olivenöl garen und fein zerhacken.
Das Krabbenfleisch auslösen. Aus den Schalen und 3 Glas Wasser eine Brühe zubereiten. Den Reis mit dem zerkleinerten Knoblauch in etwas Öl anschwitzen. Den Spinat hineingeben und mit 160 ml Brühe übergießen.
Sprudelnd aufkochen lassen, ungefähr 7 Minuten kochen und das Krabbenfleisch hinzugeben. Salzen. Falls erforderlich, am Ende noch etwas Brühe zugeben.

Salatgurken in Sahne

Für 4 Personen (85 Kalorien je Portion):

- 1 kg Salatgurken
- 1 kleine Zwiebel
- 1 EL frische Petersilie
- 50 ml fettreduzierte Sahne
- Salz, Pfeffer

Die Gurken schälen, der Länge nach teilen, mit einem Eßlöffel entkernen und zu Stiften schneiden. Die Gurkenstifte etwa 8 Minuten im Wasserdampf garen, dann gut abtropfen lassen. Die gehackte Zwiebel anschwitzen, Sahne dazugeben, salzen und pfeffern.
Die Gurken hinzufügen und 5 Minuten köcheln lassen.
Mit Petersilie bestreuen und sofort servieren.

Pastete aus dreierlei Gemüse

Für 8 Personen (95 Kalorien je Portion):

- 1 kg Karotten
- 800 g Blumenkohl
- 500 g grüne Bohnen
- 3 Eiweiß
- Tomaten-Coulis (Rezept s. S. 155)
- Salz, Pfeffer

Vom Blumenkohl die Röschen ablösen, die Karotten in Stücke schneiden.
Karotten, Blumenkohl und Bohnen getrennt im Dampf garen, dann – ebenfalls getrennt – pürieren; jeweils ein Eiweiß hinzufügen. Salzen und pfeffern.
In eine Kastenform Karottenpüree, Blumenkohlpüree und Bohnenpüree schichten.
Im Backofen bei mittlerer Hitze 45 Minuten im Wasserbad garen.
Mit Tomaten-Coulis servieren.

Lauchgratin

Für 4 Personen (90 Kalorien je Portion):

- 8 Stangen Lauch
- 350 ml entrahmte Milch (1,5%)
- 4 Eier
- 15 g Greyerzer-Käse
- 1 EL frische Petersilie
- Salz, Pfeffer

Den Lauch waschen, in Wasserdampf garen, dann abtropfen lassen. Eier und Milch aufschlagen. Die gehackte Petersilie dazugeben. Die Lauchstengel in eine feuerfeste Form legen, mit der Ei-Mischung übergießen und im Backofen 4 bis 5 Minuten bei niedriger Hitze garen, mit dem Käse bestreuen und gratinieren.

Gemüse in weißer Sauce

Für 4 Personen (80 Kalorien je Portion):

- 500 g Blumenkohl
- 180 g Karotten
- 250 g Brokkoli
- 1 Prise Thymian
- Salz, Pfeffer
- 250 ml weiße Sauce (Rezept s.S. 154)
- 30 g Butter
- 50 g geriebener Käse
- 250 g frische weiße Champignons
- 1 kleine Zwiebel
- Paprikagewürz, edelsüß

Vom Blumenkohl und Brokkoli die Röschen heraustrennen und getrennt im Wasserdampf garen. Die Karotten in feine Scheiben schneiden und ebenfalls im Dampf dünsten. Die Gewürze zu dem gekochten Blumenkohl geben, pürieren und mit der weißen Sauce eine geschmeidige Masse herstellen. In einem großen Topf die Butter schmelzen, die in Scheiben geschnittenen Champignons und die gehackte Zwiebel darin anschwitzen. Karotten, Brokkoli und Sauce hinzufügen.

In eine feuerfeste Form geben, mit dem geriebenen Käse und Paprika bestreuen und gratinieren.

Tiefgefrorenes Gemüse und Gemüsekonserven

Tiefgefrorenes Gemüse hat einen Frischgemüse vergleichbaren Nährwert und Vitamingehalt. Es zu verwenden ist praktisch und spart Zeit. Gemüsekonserven hingegen haben zwar einen ähnlichen Nährwert, aber einen geringen Vitamingehalt. Gewarnt sei vor fertig zubereiteten Gemüsegerichten: Bratlinge, Pfannengerichte, mit Sahne verfeinertes Gemüse. Vergewissern Sie sich, daß der Fettanteil 5% nicht übersteigt.

Gebratene Champignons

Für 4 Personen (50 Kalorien je Portion):

- 500 g Champignons
- 2 Knoblauchzehen
- 1 Zitrone
- 1 TL Kerbel
- 1 TL gemahlener Koriander
- 1 TL Olivenöl
- Salz, Pfeffer

Die Zitrone auspressen. Die Champignons putzen, in feine Scheiben schneiden und mit etwas Zitronensaft beträufeln.

Den Knoblauch kleinhacken und im Olivenöl anschwitzen. Die Champignons dazugeben. Kurz durchschwenken. Den Rest des Zitronensafts, Kräuter und Gewürze hinzufügen. Bei geschlossenem Deckel ungefähr 10 Minuten garen. Kann warm oder kalt serviert werden.

Gemüse ist Trumpf

Gemüse ist ein nur schwacher Energieträger, enthält aber viele Mineralstoffe und Vitamine, insbesondere Karotten, Lauch, Schwarzwurzeln, Sellerie, Fenchel, Endivien, Champignons oder weiße Rübchen. Aufgepaßt allerdings bei der Menge Fett, die beim Garen verwendet wird. Und nehmen Sie Kohl in Ihren Speiseplan auf! Er eignet sich hervorragend für Eintöpfe und ist reich an Vitaminen.

Gemüse-Aspik

Für 4 Personen (60 Kalorien je Portion):

- 4 Karotten
- 200 g grüne Bohnen
- 200 g Erbsen
- 100 g Sellerie
- Salz, Pfeffer
- 6 Blätter geschmacksneutrale weiße Gelatine

Die Karotten der Länge nach halbieren.

Bei den Bohnen Stengelansatz und Spitze abschneiden und Fäden entfernen; die Erbsen pahlen, den Sellerie würfeln.

Das Gemüse in Wasserdampf nacheinander dünsten, zunächst die Karotten, dann die Bohnen, dann die Erbsen und den Sellerie.

300 ml von der Kochflüssigkeit abnehmen, die Gelatine darin einweichen und unter leichtem Erwärmen auflösen. Salzen und pfeffern.

Das Gemüse gleichmäßig in eine Kastenform schichten und mit der Gelatine übergießen. 5 Stunden in den Kühlschrank stellen, bis das Gelee fest geworden ist.

Stürzen und servieren.

Saucen

Roquefort-Sauce

Für 4 Personen (100 Kalorien je Portion):

- 150 g Magerquark (20%)
- 60 g Roquefort
- 2 hartgekochte Eigelb
- Olivenöl
- 1 EL Dijon-Senf
- Salz, Pfeffer

Das Eigelb mit dem Roquefort und dem Senf zerdrücken. Den Quark glattschlagen und untermischen. Wenn die Sauce zu steif ist, mit etwas Öl geschmeidiger rühren.
Nach Geschmack salzen und pfeffern.

Joghurt-Sauce

Für 4 Personen (100 Kalorien je Portion):

- 1 Magerjoghurt (0,1%)
- 4 EL Olivenöl
- 1 Zitrone
- 1 kleine Knoblauchzehe
- Salz, Pfeffer

Alle Zutaten im Mixer pürieren. Abschmecken. Frisch servieren.

Weiße Grund-Sauce

Für 8 Personen (30 Kalorien je Portion):

- 180 ml entrahmte Milch (1,5%)
- 15 g Maisstärke
- 30 ml kaltes Wasser
- Salz, Pfeffer

Die Maisstärke in kaltem Wasser auflösen. Die aufgelöste Stärke in die Milch geben und unter ständigem Rühren aufkochen lassen, bis die Sauce dickflüssig wird. Von der Flamme nehmen. Mit Salz und Pfeffer abschmecken.

Saucen-Gerichte, eine Frage der Balance

Um die Menge Fett in einem Gericht in Grenzen zu halten, muß es als Ganzes abgestimmt werden. Zu einem fetteren Stück Fleisch gehört eine leichte Sauce, während ein mageres Stück Fleisch eine etwas reichhaltigere Sauce verträgt. Ein von einer Sauce begleitetes Stück Fleisch kann unter Umständen leichter sein als ein gegrilltes. So haben 100 g gegrilltes Steakfleisch 14 g Fettanteil, ein geschmortes Stück Rinderschulter, die zu längerem Kochen sehr gut geeignet ist, dagegen nur 9 g.

Estragon-Sauce

Für 5 Personen (55 Kalorien je Portion):

- 3 Schalotten
- 50 ml Essig
- 100 ml Weißwein
- 2 Eigelb
- 30 ml fettreduzierte Sahne
- 1 TL frischer Estragon
- 2 Prisen Paprikagewürz edelsüß
- Salz, Pfeffer

Die Schalotten fein würfeln und in einem Topf anschwitzen. Den Essig und Weißwein hinzugeben. Um die Hälfte reduzieren. Von der Flamme nehmen und Eigelb, Sahne, grob gehackten Estragon, Paprikagewürz, Salz und Pfeffer dazugeben. Zu einer sämigen Sauce verrühren.

Rotwein-Sauce

Für 4 Personen (60 Kalorien je Portion):

- 500 ml trockener Rotwein
- 1 Zwiebel
- 2 Karotten
- 20 g Butter
- Salz, Pfeffer

Zwiebel und Karotten fein hacken. Das Gemüse im Rotwein kochen und um die Hälfte reduzieren. Während des Kochens den Schaum entfernen.
Das Gemüse im Mixer pürieren. Unter die Sauce mischen und das Ganze mit der kalten Butter montieren (aufschlagen). Mit Salz und Pfeffer abschmecken. Zu Fleisch servieren.

Tomaten-Coulis

Für 4 Personen (60 Kalorien je Portion):

- 500 g frische Tomaten
- 1 Zwiebel
- 2 Knoblauchzehen
- 20 g kalte Butter
- 1 TL Oregano
- 1 TL Thymian
- 2 EL Basilikum
- Tabasco nach Geschmack
- Salz, Pfeffer

Die Tomaten mit kochendem Wasser überbrühen, mit kaltem Wasser abschrecken und die Haut abziehen. Halbieren, entkernen und in Würfel schneiden. Die gehackte Zwiebel in einem beschichteten Topf mit etwas Wasser andünsten. Die Tomaten mit den Zwiebeln, den Gewürzen und dem feingehackten Knoblauch ca. 10 Minuten auf mittlerer Flamme kochen lassen. Vor dem Verzehr durch ein Sieb passieren.
Mit der kalten Butter montieren (aufschlagen).

Gurken-Sauce ⊙

Für 8 bis 10 Personen (45 Kalorien je Portion):

- 1 große Salatgurke
- 60 ml entrahmte Milch (1,5%)
- 125 g Ricotta-Käse
- 1 EL frischer Dill
- 2 EL Dijon-Senf
- Salz, Pfeffer

Die Gurke schälen, halbieren, entkernen und in Stücke schneiden. Alle Zutaten bis auf den Ricotta-Käse und den Dill in den Mixer geben, zunächst ein paar Sekunden langsam, dann etwa 3 Sekunden bei hoher Geschwindigkeit vermixen. Den Käse dazugeben und alles zu einer homogenen Masse verrühren. Den Dill hinzugeben. Kaltstellen und die Sauce durchziehen lassen.

Quark-Senf-Sauce ⊙

Für 8 Personen (30 Kalorien je Portion):

- 200 g Magerquark (20%)
- 3 EL Meaux-Senf (mittelscharfer, aromatischer Senf aus grob gemahlenen Senfkörnern)
- Petersilie
- 1 Prise Paprikagewürz edelsüß
- Salz, Pfeffer

Den Quark zu einer Creme schlagen, die anderen Zutaten hineingeben und zu einer homogenen Masse verrühren. Mit Salz und Pfeffer abschmecken. Paßt zu Salat und Fisch.

Rosa Sauce ⊙

Für 8 Personen (20 Kalorien je Portion):

- 200 g Magerquark (20%)
- Paprikagewürz edelsüß
- 1 TL Weinessig
- Salz, Pfeffer

Den Quark zu einer Creme schlagen und mit den anderen Zutaten verrühren.
Paßt zu Krustentieren und Fisch.

Die Zubereitung von Saucen

Achten Sie immer darauf, fettreduzierten Produkten den Vorzug zu geben: 15%ige Crème fraîche (Crème légère), Halbfett-Butter oder -Margarine. Verwenden Sie unbedingt Kalbs- oder Geflügelfond oder Fleischbrühe als Trockenpulver zum Einstreuen und geben Sie pro Person nicht mehr als 5 g Fett hinzu. Ungesüßte Kondensmilch (1,5%) kann ohne weiteres Crème fraîche ersetzen; sie hat nur ein Drittel des Fettgehalts und ist damit ideal, um besonders leichte Saucen herzustellen .

Bereiten Sie Ihre Bechamel zu, indem Sie Maisstärke direkt in etwas lauwarmer, entrahmter Milch auflösen. Schmecken Sie sie mit Muskatnuß, Salz und Pfeffer ab. Senf paßt hervorragend zu Fleisch, und Würze in Würfelform (Petersilie, Knoblauch, Zwiebel, Dill, Basilikum...) verleiht einem Fleisch- oder Fischgericht oder aber Gemüse Geschmack. Zaubern Sie leckere Coulis aus Tomaten, Paprika, Auberginen...

Leichte Mayonnaise ⊙

Für 8 Personen (45 Kalorien je Portion):

- 2 Eier
- 1 EL Olivenöl
- 1 Magerjoghurt (0,1%)
- 1 EL Dijon-Senf
- Salz, Pfeffer

Das Eigelb eines hartgekochten Eis zerdrücken und mit dem rohen Eigelb mischen.
Den Senf hinzugeben und unter ständigem Rühren das Öl tropfenweise unterarbeiten.
Weiterrühren und den Joghurt hinzugeben. Mit Salz und Pfeffer abschmecken.
Zu Fleisch und kaltem Fisch servieren.

Schlanke Sauce béarnaise ⊙

Für 8 Personen (25 Kalorien je Portion):

- 2 Eigelb
- 1 EL Schnittlauch
- 1 TL frischer Estragon
- 125 ml Weinessig
- 180 ml entrahmte Milch
- 1 EL frische Petersilie
- 1 Prise Cayenne-Pfeffer
- Salz, Pfeffer

Schnittlauch, Petersilie und Estragon hacken, in einem Topf mit dem Essig einkochen lassen, bis die Flüssigkeit fast verdunstet ist.
Das Ei mit dem Cayenne-Pfeffer aufschlagen und die Kräuter in Essig dazugeben. Unter ständigem Rühren die heiße (nicht kochende!) Milch dazugießen.
Auf kleiner Flamme aufschlagen, bis die Sauce anfängt, dickflüssig zu werden.
Zu Gegrilltem servieren.

Desserts

Granatapfel-Sorbet

Für 4 Personen (116 Kalorien je Portion):

- 600 g Granatäpfel
- 1 Zitrone
- 100 g Diätsüße in Pulverform (z.B. Canderel)
- 2 Eiweiß

Granatäpfel und Zitrone auspressen. Den Saft in einen Topf gießen. Den Süßstoff – bis auf 2 EL – hinzugeben. 2 Minuten sprudelnd aufkochen, dann kaltstellen.
Die Eiweiß zu Eischnee schlagen, dabei nach und nach den Rest des Süßstoffes unterrühren. Vorsichtig den Eischnee unter die Masse heben. In eine Sorbetform gießen und tiefkühlen.

Erdbeer-Rhabarber-Kompott

Für 4 Personen (66 Kalorien je Portion):

- 800 g Rhabarber
- 200 g Erdbeeren
- 4 EL Diätsüße in Pulverform

Die Rhabarberstangen waschen, in Stücke schneiden und in 2 EL Wasser auf kleiner Flamme kochen, dabei häufig umrühren. Die Erdbeeren waschen und vom Stielansatz befreien. Die Erdbeeren als ganze Früchte zum Rhabarber geben. Nur einige Sekunden erwärmen, damit die Erdbeeren nicht zu weich werden. Mit der Diätsüße zuckern.
Abkühlen lassen. Sehr kalt servieren.

Erdbeerschaum

Für 6 Personen (200 Kalorien je Portion):

- 500 g frische Erdbeeren
- 150 g Diätsüße in Pulverform
- 4 Eiweiß
- Saft einer Zitrone

3 schöne Erdbeeren zur Seite legen. Die restlichen Erdbeeren waschen und vierteln. In dem Zitronensaft und in 50 g vom Süßstoff marinieren. Das Eiweiß zu festem Eischnee schlagen, dabei in kleinen Portionen den Rest des Süßstoffs hineingeben. Die Erdbeeren pürieren und den Eischnee vorsichtig unterheben. 15 Minuten in den Kühlschrank stellen. Mit den in Scheiben geschnittenen frischen Erdbeeren garnieren und sofort servieren.

Crêpes mit Früchten

Für 4 Personen (180 Kalorien je Portion):

Teig:

- 60 g Mehl
- 2 Eier
- 100 ml entrahmte Milch (1,5%)
- Butter
- Salz

Füllung:

- 200 g Erdbeeren
- 1 Banane
- 50 g Diätsüße in Pulverform
- Zitronensaft

Unter ständigem Rühren der Milch nach und nach das Mehl zugeben, die aufgeschlagenen Eier einrühren. In einer beschichteten Pfanne hauchfeine Crêpes ausbacken. Erdbeeren und Banane in kleine Stücke schneiden, in Zitronensaft und Diätsüße marinieren. Die Crêpes damit füllen und servieren.

Himbeer-Coulis

Für 4 Personen (20 Kalorien je Portion):

- 250 g frische Himbeeren
- Saft einer halben Zitrone
- Diätsüße nach Geschmack

Die Himbeeren im Mixer pürieren und mit dem Zitronensaft mischen. Nach Geschmack die Diätsüße in kleinen Mengen dazugeben. Die Masse durch ein Sieb streichen. Kühl servieren.

Frucht-Bällchen

Für 3 Dutzend Frucht-Bällchen (25 Kalorien pro Stück):

- 125 g entkernte Backpflaumen
- 125 g Rosinen
- 125 g Datteln ohne Kern
- 60 g geraspelte Kokosnuß

In einer Schüssel Backpflaumen, Rosinen, Datteln und die Hälfte der Kokosnußraspeln vermischen. Ungefähr 10 Minuten im Wasserdampf garen. Alles im Mixer zerkleinern. Kleine Kugeln von etwa 2 cm Durchmesser formen. Ungefähr 2 Stunden in den Kühlschrank stellen, in Kokosraspeln wälzen, dann servieren.

Obst in allen möglichen Varianten

Früchte gibt es das ganze Jahr hindurch, sogar im Winter. Dann sind es neben Äpfeln und Birnen vor allem die vitaminreichen Südfrüchte – Orangen, Pampelmusen, Clementinen:

eine große Orange deckt den täglichen Vitamin-C-Bedarf. Und berücksichtigen Sie exotische Früchte wie Kiwi, Ananas, Litschi, Mango, Papaya. Wenn Sie gerne Kompott mögen, verzehren Sie es ungesüßt oder allenfalls mit einem Teelöffel Puderzucker oder mit Diätsüße verfeinert. Bei Obstkonserven entscheiden Sie sich für Früchte im eigenen Saft und meiden Sie Früchte in Zuckerlösung.

Konditor-Crème

Für 6 Personen (95 Kalorien je Portion):

- 40 g Maisstärke
- 60 g Vanillezucker
- 2 EL Cointreau
- 500 ml entrahmte Milch (1,5%)

Die Maisstärke in etwas warmem Wasser auflösen. Die Milch mit dem Zucker unter ständigem Rühren zum Kochen bringen. Die aufgelöste Maisstärke hineingeben und noch einmal unter ständigem Rühren aufkochen lassen. Mit dem Likör abschmecken.
1 Stunde tiefkühlen, dann servieren oder für Tortenböden verwenden.

Mandelkranz

Für 6 Personen (195 Kalorien je Portion):

- 100 g Mehl
- 125 g fein gemahlene Mandeln
- 100 g Zucker
- 10 Eiweiß
- 1 Prise Salz
- einige Tropfen Mandarinen-Essenz

Den Backofen auf 175° C vorheizen.
Das Mehl in zwei Portionen getrennt durchsieben. Eine Portion mit der Hälfte des Zukkers mischen, die andere mit den gemahlenen Mandeln. Das Eiweiß mit einer Prise Salz zu festem Eischnee schlagen. Den Rest des Zuckers nach und nach in den Eischnee geben, dann in kleinen Mengen die Mehl-Zucker- bzw. Mehl-Mandel-Mischung einarbeiten. Alles in eine ungefettete, beschichtete Kranzform streichen. Ungefähr 30 Minuten backen, bis der Kuchen goldgelb ist. Stürzen und erkalten lassen.

Desserts und Kuchen: einige Grundregeln

Selbst bei einer Diät sollte das Dessert erhalten bleiben. Streichen Sie also nicht derartige Vergnügen, die im Leben dazugehören, sondern konzentrieren Sie sich darauf, die Menge des Verzehrten in Grenzen zu halten. Ein einfaches Stück Kuchen birgt z.B. ebenso viel Fett wie 3 Eßlöffel Öl. Geben Sie deswegen im normalen Alltag Obst und Milchprodukten den Vorzug. Wenn Sie absehen können, daß Sie sich von einem kalorienreichen Dessert in Versuchung führen lassen wollen, sorgen Sie dafür, daß der Rest des Essens besonders wenig Fett enthält.

Mokka-Törtchen (Petits fours)

Für 24 Petits fours (37 Kalorien pro Stück):

- 2 Eigelb (wenn möglich von Enteneiern)
- 50 g Halbfett-Margarine
- 50 g Kristallzucker
- 25 g brauner Zucker
- 100 g feingesiebtes Mehl
- 30 g Kakaopulver
- 10 g Pulverkaffee
- 5 g Trockenhefe
- 1 Prise Salz

Den Backofen auf 150° C vorheizen. Im Mixer bei hoher Drehzahl Margarine, braunen und Kristallzucker aufschlagen, bis eine cremige Masse entsteht.

Gesiebtes Mehl, Kakao- und Kaffeepulver, die Eigelbe, Hefe und Salz einarbeiten. Gut durchmischen. Den Teig in kleinen Häufchen in eine beschichtete Form setzen. Ungefähr 15 Minuten backen.

Schokoladen-Minarette

Für 4 Personen (186 Kalorien je Portion):

für den Teig:

- 50 ml Wasser
- 30 g Halbfett-Margarine
- 100 g feingesiebtes Mehl
- 1 Prise Backpulver
- 2 Eier

für die Füllung:

- 30 ml entrahmte Milch
- 30 g Kakaopulver
- 50 g Magerquark
- 30 g Zucker

Den Backofen auf 175-190° C vorheizen. Das Wasser aufkochen, die Margarine darin schmelzen und gut vermischen. Das Mehl dazugeben, den Teig durchkneten, bis er nicht mehr am Rand haftet. Dann den Teig noch ca. 30 Sekunden auf dem Feuer lassen.

Vom Herd nehmen und leicht abkühlen lassen. Die Eier nacheinander einzeln hinzugeben und mit dem Teig gut verkneten, jetzt erst das Backpulver hinzugeben und nochmals verkneten. Mit 2 Eßlöffeln aus der Masse 4 Häufchen abstechen und auf ein gefettetes Backblech setzen. 20 Minuten backen, dann erkalten lassen.

Währenddessen die Creme zubereiten. In einem Topf die Milch mit dem Kakaopulver unter ständigem Rühren erhitzen, vom Feuer nehmen. Quark und den Zucker einrühren. Erkalten lassen und kühlstellen. Die Häufchen in der Mitte mit einem scharfen Messer aufschneiden, die untere Hälfte mit der Creme füllen, den oberen Teil wieder auf die Creme setzen.

Himbeersorbet

Für 4 Personen (96 Kalorien je Portion):

- 500 g Himbeeren
- 100 g Diätsüße in Pulverform
- 1 Zitrone
- 5 cl Himbeergeist

12 schöne Himbeeren aussortieren. Die übrigen im Mixer pürieren und die Masse durch ein Sieb streichen. Die Zitrone auspressen. Himbeermasse, Zitronensaft, Diätsüße und den Himbeergeist gut vermischen. In eine Sorbetform gießen und tieffrieren. Vor dem Servieren jede Portion mit 3 ganzen Himbeeren verzieren.

Eischaum-Becher

Für 4 Personen (45 Kalorien je Portion):

- 2 Eiweiß
- 1 Prise Salz
- 30 g Puderzucker
- 200 g pürierte saure Äpfel
- Zitronenschale

Das Eiweiß mit dem Salz zu Eischnee schlagen. Vorsichtig mit einem Teigschaber Puderzucker, pürierte Äpfel und geriebene Zitronenschale unterheben. In 4 Dessertschalen verteilen. 5 Stunden in den Kühlschrank stellen.

Frucht-Köstlichkeiten

Für 4 Personen (138 Kalorien je Portion):

- 2 Eiweiß
- 10 g Salz
- 30 g Puderzucker
- 100 g Erdbeeren
- 500 g Pfirsich aus der Dose

Eiweiß, die Hälfte des Puderzuckers und Salz zu Eischnee schlagen. In einem Topf Wasser zum Kochen bringen, den Rest des Zuckers darin auflösen, dann die Hitze verringern. Mit einem Spritzbeutel kleine Baisers aus dem Eischaum in die heiße Zuckerlösung spritzen, 4 Minuten ziehen, dann abtropfen lassen. Erdbeeren und Pfirsiche sowie den Pfirsichsaft im Mixer pürieren. Das Fruchtpüree in 4 Dessertschalen geben, jede mit 4 Baisers verzieren. In den Kühlschrank stellen, servieren.

Vorsicht mit Trockenobst

Trockenfrüchte – Datteln, Feigen, Aprikosen, Backpflaumen... – und Ölfrüchte wie Walnüsse, Haselnüsse, Mandeln... sind eine Quelle für Mineralstoffe, aber der Verzehr muß sich in Grenzen halten. Denn sie enthalten viel Zucker, und Ölfrüchte sind fettreich.

Frucht-Gelee

Für 4 Personen (110 Kalorien je Person):

- 200 g Wassermelone
- 1 Papaya
- 1 Zitrone
- 200 g Brombeeren
- 200 g Himbeeren
- 50 g Diätsüße in Pulverform
- 4 Blätter Gelatine

Die Gelatine in einer großen Schüssel mit kaltem Wasser einweichen. Von der Wassermelone die Schale und die Kerne entfernen, das Fruchtfleisch in kleine Würfel schneiden. Die Papaya schälen, in 2 Hälften teilen, mit einem Löffel die Kerne entfernen und das Fruchtfleisch fein würfeln. Die Zitrone auspressen. 10 Brombeeren zur Seite legen, die anderen im Mixer zerkleinern und durch ein Sieb streichen. Mit den Himbeeren ebenso verfahren. Zitronensaft, die passierten Beeren und Diätsüße in einen Topf geben und zum Kochen bringen. Die Gelatine ausdrücken, zu der Fruchtmasse geben und mit einem Holzlöffel solange verrühren, bis sie sich vollständig aufgelöst hat. Eine Kompottschüssel kalt ausspülen, die Hälfte der Saft-Gelatine-Masse hineingießen und leicht abkühlen lassen. Auf das Gelee die Würfel der Wassermelone und der Papaya sowie die unzerkleinerten Brombeeren und Himbeeren geben. Ganz langsam den Rest des Saft-Gelatine-Gemisches darübergießen. Vollständig erkalten lassen, dann für einige Stunden in den Kühlschrank stellen.

Die richtige Anwendung von Diätsüße und verschiedenen Arten Zucker

Ich rate Ihnen, bei der Zubereitung von Desserts grundsätzlich einen Süßstoff auf Aspartam-Basis zu verwenden. Das beste Ergebnis erzielen Sie, wenn Sie vor allem nach dem Kochen mit Aspartam süßen, denn die Süßkraft verringert sich durch Hitzeeinwirkung erheblich. Sie können auch Fruchtzucker verwenden: Er hat den Vorteil, ein Naturprodukt zu sein, aber die Süßkraft ist nicht größer als beim Aspartam; Fruchtzucker enthält jedoch mehr Kalorien. Außerhalb der Phase der Gewichtsreduktion können Sie Speisen mit Puderzucker garnieren. Er enthält zwar auch Kalorien, ist aber besonders leicht, und schon eine kleine Menge reicht zum Überstreuen eines Nachtischs.

Fruchtsalat aus Beerenobst

Für 4 Personen (70 Kalorien je Portion):

- 200 g frische Erdbeeren
- 200 g Himbeeren
- 200 g Brombeeren
- 200 g rote Johannisbeeren
- 125 ml Orangensaft

Alle Beeren waschen, in eine Schale geben und mit dem Orangensaft begießen. Für 2 Stunden in den Kühlschrank stellen.

Zitronenschaum

Für 6 Personen (230 Kalorien je Portion):

- 6 Eier
- 250 g Zucker
- Saft von 3 Zitronen
- 200 ml Wasser
- Zitronenschale

Eier, Zucker, Zitronensaft und Wasser in einen Topf geben und mit dem Schneebesen schaumig schlagen.

Sobald die Mischung zu Schaum geworden ist, den Topf in ein Wasserbad setzen; unter weiterem Schlagen den Inhalt erhitzen, bis die Masse bindet.

Den Schaum zum Servieren in eine Schüssel geben, weitere 5 Minuten aufschlagen, dann abkühlen lassen.

Seinen Schokoladenkonsum beherrschen

Wenn Sie süchtig nach Schokolade sind, streichen Sie sie nicht völlig aus Ihrem Leben. Lernen Sie lieber, den Konsum zu beherrschen. Nicht mehr als einen mittelgroßen Riegel am Tag, und essen Sie frisches oder geröstetes Brot dazu, dann fällt es Ihnen leichter, sich zurückzuhalten. Achten Sie darauf, daß Schokolade nicht zu einer kompletten Zwischenmahlzeit wird! Meiden Sie Schokolade mit ölhaltigen Früchten – Mandeln, Walnüsse, Haselnüsse – sowie Trüffel- und gefüllte Schokolade. Je dunkler eine Schokolade ist, d.h. je mehr Kakao sie enthält, desto höher ist ihr Fettgehalt. Zartbitterschokoladen enthalten dennoch weniger Kalorien (497 Kalorien) als Vollmilchschokolade (537 Kalorien). Bei den Diät- oder *light*-Schokoladen auf den Fettanteil achten.

Bei Milchprodukten das richtige Maß finden

Um den Körper ausreichend mit Calcium zu versorgen, ist es empfehlenswert, bei jeder Mahlzeit ein Milchprodukt zu sich zu nehmen. Geben Sie dabei Magermilch-Erzeugnissen den Vorzug. Schränken Sie Ihren Käsekonsum ein: in der Phase der Gewichtsreduktion nur Quark mit nicht mehr als 20% Fettanteil; danach sollten Sie nur einmal am Tag eine kleine Portion Käse verspeisen. Bereiten Sie sich Desserts zu, die Früchte und Milch miteinander verbinden, wie z.B. eine Schale Magerquark (0,1% oder 20%), die mit einer Birne oder Kiwi garniert ist.

Die süßen Dinge

Obwohl während meiner Kindheit Krieg war, bereitete uns unsere Köchin zu Hause die guten dicken deutschen Torten zu, mit Buttercreme und reichlich Zucker. Denn in Norddeutschland sind Milch, Butter und Sahne im Überfluß vorhanden. Aber schon damals hatte ich nicht allzu viel für diese Art von Kuchen übrig; ich fand sie zwar angenehm, aber zu mächtig und ein bißchen ekelhaft. Ich mochte lieber trockenes Gebäck in der Art von Crêpes, Waffeln, Sandkuchen. Heutzutage habe ich auf all das keinen Appetit mehr. Statt eines Desserts esse ich auf Empfehlung des Arztes regelmäßig frisches Obst oder Kompott, obwohl ich beides nicht besonders mag.

K.L.

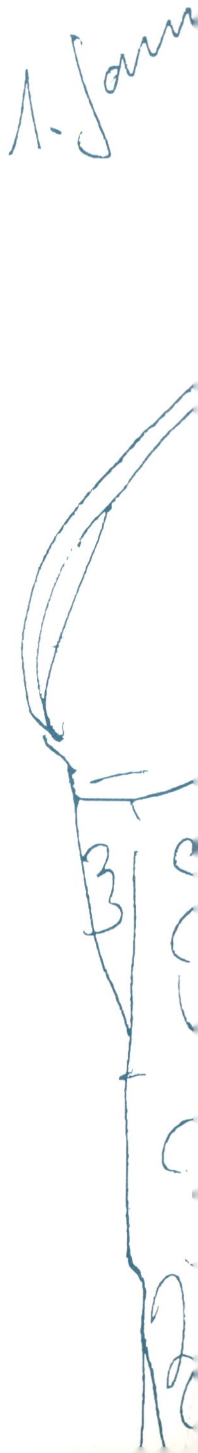

Schlank, schön und in Form

Schlank werden und schlank bleiben: das ist für sich genommen schon ein äußerst verlockendes Programm... Aber nicht immer stellt es meine Patienten voll zufrieden, ihre Figur wieder zu erlangen. Viele wünschen sich bei der Gelegenheit auch einen frischen Teint, und ein in allen Bereichen aktiveres Leben: Sport, Arbeit, Sexualität... Kurz gesagt, sie wollen alle Möglichkeiten und Voraussetzungen haben, um ein neues Leben zu beginnen. Bedauerlicherweise sind aber die biologische Uhr und die äußeren Zeichen des Alters unübersehbar; sie erinnern denjenigen daran, daß er – wie schlank er auch wieder geworden sein mag – keine zwanzig mehr ist. Das ist eine Feststellung, die sich einzugestehen um so schwerer fällt, als wir in einer Gesellschaft leben, die sich darauf versteift, das Altern genauso wie das Dickwerden zu leugnen.

Mit welcher Geisteshaltung auch immer der Patient die Diät aufnimmt, und welche Wünsche nach einem jugendlichen Erscheinungsbild er auch haben mag, durch das Abnehmen können die Gesichtszüge und die gesamte Haut des Körpers leicht erschlaffen, besonders auf dem Bauch, an den Armen, dem Gesäß und den Oberschenkeln.

Ob es nun darum geht, diese möglichen Folgen einer Diät zu korrigieren oder generell ein jugendlicheres Aussehen zu erlangen, es gibt Lösungen dafür. Sie sind sogar zahlreich, und manche bedienen sich modernster wissenschaftlicher Erkenntnisse und ihrer jüngsten Erfolge auf den Gebieten der Arzneimittelforschung oder der Chirurgie. Wir wollen einen großen Teil dieser Behandlungen und Techniken mit ihren Vor- und Nachteilen durchgehen.

Als erstes sind die Schönheitsbehandlungen zu nennen. Dazu gehören kosmetische Verfahren, die darauf zielen, die Haut zu pflegen, sie mit Nährstoffen zu versorgen oder in ihrem Zustand zu verbessern sowie Falten vorzubeugen, und medizinische Schönheitsbehandlungen. Letztere stellen je nach Fall darauf ab, wieder einen frischen Teint zu erlangen und Hautunebenheiten (wie Falten und Fältchen) wieder auszugleichen, etwa durch Injektion von Vitaminen und Spurenelementen oder durch Peeling mit Produkten, die je nach erwünschtem Ergebnis von Phenol bis zu Fruchtsäuren reichen. Oder aber es sollen auf medizinischem Wege Falten und Fältchen verringert werden; das kann durch die Injektion von Füllprodukten, durch die Gabe von Botulismustoxinen oder durch Elektropunktur der Falten geschehen.

Weiterhin ist die Schönheitschirurgie anzuführen; sie kann dem Gesicht gelten – totale oder partielle Hautstraffung, Fettabsaugung beim Doppelkinn, Wiederherstellung einer ovalen Gesichtsform, Echthaar-Implantation, aber auch dem ganzen Körper: Verminderung von Fettansammlungen durch Fettabsaugung oder Liposuktion, Rückbildung von Hauterschlaffungen des Bauches, der Innenseiten von Oberschenkeln und -armen. Die Schönheitschirurgie ermöglicht Verkleinerungen der Brüste, wenn nach einer Diät die Proportionen nicht mehr stimmen, oder die Korrektur von Hängebrüsten, eventuell auch durch Einsetzen eines Implantats, um dem Busen wieder Form und Volumen zu geben.

Schließlich sei vor allem auf die allgemeinen Behandlungen hingewiesen, wie die Verabreichung von Vitaminen, Spurenelementen, Antioxydantien, die Anwendung von Molekülen wie DHEA oder Sildenafil oder ausgleichende Hormongaben.

Dieses Kapitel wäre nicht vollständig, würde es die Umstellungen verschweigen, die jeder in seinem alltäglichen Leben vollziehen muß, der mit einer Diät wieder zu seiner Form finden und diese danach auch behalten will. Daher erscheint es mir unvermeidbar, hier Fragen einer gesunden Lebensweise, des Umgangs mit Streß sowie der Entwöhnung vom Rauchen anzusprechen. Für alle, die sich um den Preis eines Viertelstündchens täglicher Anstrengung wieder mit ihrem Körper versöhnen wollen, schlage ich außerdem einige einfache, aber sehr wirksame Gymnastikübungen vor.

Denn um eine höhere Wertschätzung seiner selbst wiederzuerlangen, um sich wieder seines Lebens zu freuen, um den neuen Menschen, als der man sich fühlt, mit der äußeren Erscheinung in Einklang zu bringen, dazu ist die Wissenschaft gewiß eine Hilfe, aber kein Allheilmittel. Schlüsselfunktionen für In-Form-Sein und Wohlgefühl sind das eigene Streben nach Ausgeglichenheit und der eigene Wille, seinen Körper und seine Seele zu pflegen.

Kosmetische Schönheitsbehandlungen

Seit Jahren werde ich mit den Auswirkungen von Altern und Gewichtsabnahme auf die Haut konfrontiert. Von vielen Seiten wird Abhilfe vorgeschlagen. Aber keine dieser verfügbaren Lösungen stellte mich voll zufrieden, so daß ich beschlossen habe, eine Produktreihe zu entwickeln, die auf essentiellen Ölen, Pflanzenextrakten und Wirkstoffen des Meeres beruht. Diese Pflegeserie wird direkt an der Küste in kleinen Mengen hergestellt, die Präparate sind daher immer frisch und können so ihre optimale Wirkung entfalten.[1]

Die Wirkstoffe

Die wichtigsten Wirkstoffe, die in dieser Pflegeserie Verwendung finden, sind folgende:

Arbutin – Arbutin ist eine Substanz, die aus der Bärentraube (*Arbutus uva ursi*) gewonnen wird. Diese Substanz enthält einen natürlichen Vorläufer des Hydrochinon, das seit langer Zeit wegen seiner Wirksamkeit gegen Pigmentflecke bekannt ist.

Azulen – Dieser natürliche Balsam wird aus einer tropischen Pflanze extrahiert, dem Gurjun, das reich an Harzölen ist. Es wird in der Kosmetik wegen seiner die Haut beruhigenden und glättenden Eigenschaften eingesetzt.

Beinwell – Der gemeine Beinwell (*Symphytum officinale*) genießt seit der Antike wegen seiner Heilwirkung sowohl bei Knochenbrüchen als auch bei Verletzungen der Haut hohes Ansehen. Diese Heilpflanze enthält in großen Mengen Allantoin, einen Wirkstoff, der die Wundheilung beschleunigt, und entzündungshemmende Phenole. Beinwellöl wird erfolgreich gegen Akne und gegen Feuchtigkeitsverluste der Haut eingesetzt; die Verwendung in der Kosmetik empfiehlt sich also ganz besonders.

Brunnenkresse und Rauke – Brunnenkresse (*Nasturtium officinale*) und Rauke (*Eruca sativa*) haben einen besonders hohen Anteil an den Vitaminen A, B1, B2 und an Mineralsalzen (*Jod, Eisen, Phosphat*), doch ihre außergewöhnliche Wirksamkeit als Antioxydans verdanken beide ihrem extrem hohen Vitamin C- und E-Gehalt. In der Kosmetik sind sie ein ganz wichtiges Mittel, um Alterserscheinungen zu bekämpfen.

Efeu – Der Efeu (*Hedera helix*) ist seit sehr langer Zeit als entwässerndes Mittel für das Unterhautfettgewebe bekannt. Mit Erfolg wird er gegen Zellulitis, Fettpolster und Fettablagerungen im Unterhautfettgewebe eingesetzt. Außerdem wirkt er straffend und belebend für die Haut.

***Fucus vesiculosus* und *Laminaria digitata* –** Wie alle Algen haben diese beiden die reichen Wirkstoffe des Atlantiks, in dem sie wachsen, gespeichert. So enthalten sie einen hochkonzentrierten Cocktail der Spurenelemente Kupfer, Chrom, Zink, Selen, Eisen, Mangan und Jod, der von der Haut gut aufgenommen wird. Diese Algen liefern zudem zahlreiche natürliche Vitamine wie Folsäure, Vitamin C und Vitamine der Gruppe B (B1, B2, B6, B12).

Guarana – Diese Kletterpflanze aus den Wäldern des Amazonas enthält reichlich Gerbstoffe, Saponine und vor allem Koffein mit seinen Verwandten, dem Theophyllin und dem Theobromin, die direkt auf die Hautzellen wirken. Sie erhöhen die Verbrennung der Fettreserven und stimulieren die Mikrozirkulation und den Zellstoffwechsel. Damit leistet diese Pflanze bei der kosmetischen Anti-Zellulitis-Behandlung gute Dienste.

Hagebutte – Der hohe Vitamin C-Gehalt der Hagebutte und das Vorkommen von Anthocyanen, die als Radikalfänger wirken, machen sie zu einer ganz wesentlichen Komponente in kosmetischen Produkten gegen das Altern.

Haifisch-Lebertran – Er wird in der Kosmetik wegen seines außergewöhnlich hohen Gehalts an Fettsäuren der Gruppe Omega 3 sowie an Vitaminen A und E verwendet. Damit ist er ein wichtiger Bestandteil aller Produkte gegen das Altern.

Ispaghul – Der Samen von Ispaghul (*Plantago ovata*) enthält einen hohen Anteil Schleim, der sich mit Wasser zu einem natürlichen Gel verbindet. Die Kosmetik nutzt diese Eigenschaft zur Herstellung von natürlichen Gels, denen verschiedene Pflanzenextrakte als Wirkstoff beigegeben werden.

Johanniskraut – Das Johanniskraut (*Hypericum perforatum*) ist ein bewährtes Antidepressivum, das zur Behandlung von seelischen Störungen eingesetzt wird. In der Kosmetik wird es in Form von rotem Johanniskraut-Öl wegen seiner antiseptischen und anregenden Wirkung für die Haut verwendet.

***Lithothamnium calcareum* –** Diese kleine Alge sammelt und verdichtet die Mineralstoffe des Meereswassers. Sie speichert große Mengen Calcium, Magnesium, Eisen und Spurenelemente. Was sie für die Kosmetik besonders interessant macht, ist ihre Eigenschaft, Säure zu neutralisieren, so daß sie zum Schutz der Haut verwendet wird. Zugleich beugt diese säurebindende Wirkung der Bildung von Hefepilzen der Gattung *Candida* vor, die oft die Ursache von Mykosen sind.

Meeres-Kollagen – Kollagen ist der Hauptbestandteil des Bindegewebes und erfüllt in der Haut eine wichtige Funktion. Wenn der Kollagenanteil der Haut sich verringert, nehmen auch ihre Widerstandskraft, ihre Stärke, ihre Spannung und Elastizität ab, und es kommt zu Faltenbildung. Meereswasser ist ähnlich zusammengesetzt wie Blutplasma und wirkt daher isotonisch. Entsprechend ist das aus der Meeresflora extrahierte Kollagen dem menschlichen sehr ähnlich. Deswegen ist es zur Vorbeugung gegen Falten besonders wirksam.

Muskat-Rosenöl (*Rosa moscata*) und Kukui-Öl (*Aleurites mollucana*) – Kukui ist eine exotische Pflanze, die von den Molukken stammt. Beide genannten Öle enthalten zahlreiche ungesättigte Fettsäuren. Das Besondere an ihnen ist, daß sie gut von der Haut aufgenommen werden. In der Kosmetik werden sie verbreitet für Präparate gegen trockene Haut genutzt.

Ölige Essenzen von Lavendel, Pfefferminz, Rosmarin, Thymian und Oregano – Bei der Herstellung von Kosmetika werden die öligen Essenzen dieser aromatischen Pflanzen in kleinster Dosis beigemischt. Sie wirken stark antiseptisch, antibakteriell, fungizid; außerdem beruhigen und revitalisieren sie die Haut.

Ölige Essenzen von Orangen, Melisse, Eukalyptus – Auch diese öligen Essenzen finden in der Kosmetik Verwendung; schon in ganz kleinen Dosen wirken sie entkrampfend und entspannend.

Olivenkerne, fein zermahlen – Dieser Feinpuder aus Olivenkernen wird als Schmirgelpulver für die Haut benutzt. Er wird Cremes oder Lotionen mit »Peeling«-Wirkung beigefügt.

Propolis – Die Bienen sammeln diese harzartige Substanz auf Baumrinde und verwenden sie im Bienenstock als Zement, um ihr Wabengerüst zu bauen. Propolis schützt den Bienenstock gegen Mikroben, Bakterien und Pilzinfektionen und wird wegen dieser Eigenschaften auch in der Kosmetik verwendet.

Roßkastanie – Die Roßkastanie (*Aesculus hippocastanum*) wird wegen ihrer Fähigkeit, die Wandungen der Venen anzuregen, allgemein zur Bekämpfung von Hämorrhoiden eingesetzt. Wir nutzen diese Pflanze in der Kosmetik wegen ihrer tonisierenden Wirkung auf die kleinen Blutgefäße der Haut.

Rotweinblätter – Blätter der Rotwein-Rebe (*Vitis vinifera*) enthalten für die Haut wertvolle Substanzen:

- Anthocyane, die reich an Vitamin B 3 sind und die Durchblutung der Haut verbessern
- Gerbstoffe, die die Spannkraft der kleinen Blutgefäße in der Haut anregen
- Proanthocyanidole, die als freie Antiradikale das Kollagen der kleinen Blutgefäße schützen.

In der Kosmetik ist Weinlaub der Rotwein-Rebe eines der Mittel erster Wahl, um angegriffene Mikrogefäße in der Haut zu behandeln und Erkrankungen vorzubeugen.

Sheabutter, auch Karitéfett – Das aus den Samen eines afrikanischen Baumes gewonnene Fett besitzt eine besondere Fähigkeit, in die Haut einzudringen, und ist wegen seiner wundheilenden Wirkung weit verbreitet. Es ernährt die Haut mit vielen Fettsäuren, deren besondere Wirksamkeit das Erfolgsgeheimnis dieser Substanz ausmacht.

Tepescohuite – Dieser Extrakt aus der *Mimosa tenuiflora* verfügt über eine sehr stark ausgeprägte Eigenschaft, Wunden zu verschließen und die Haut zu regenerieren. In der Kosmetik wird er in Cremes verwendet, die die Haut schützen oder heilen.

Weihrauch – Weihrauch hat eine regulierende Wirkung auf die Talg-Absonderung durch die Talgdrüsen. Die Kosmetik setzt ihn breitflächig bei der Herstellung aller Zubereitungen für fettige Haut ein.

Weizenkeimöl – Das aus Keimen des Weizens (*Triticum sativum*) gewonnene Öl enthält Fette und darin fettlösliche Vitamine. Die Fette bestehen überwiegend aus ungesättigten Fettsäuren, die im Organismus erhöhte Cholesterinwerte und Ablagerungen an den Innenwänden der Arterien bekämpfen. In der Kosmetik wird Weizenkeimöl wegen seines hohen Vitamin-E-Gehalts und der Eigenschaft, von der Haut besonders gut aufgenommen zu werden, verwendet. Vitamin E ist eine stark gegen freie Radikale wirksame Substanz und damit eine wertvoller Bestandteil in allen Arzneimitteln gegen Alterserscheinungen.

Das Pflegeprogramm der »Basiques du Manoir«

Wir haben eine Pflegeserie mit feuchtigkeitsspendenden Produkten entwickelt, die für alle Hauttypen geeignet sind. Daneben gibt es spezifische Produkte für farbige Haut. Bei Anwendung dieser Naturkosmetika, der »Basiques du Manoir«, werden Spuren der Alterung und Erschlaffung der Haut abgemildert oder behoben. Das Programm ist in seiner Vielfalt sehr vollständig und umfaßt:

Feuchtigskeits-Präparate für das Gesicht

- **Sanfter Tiefenreiniger** Er reinigt die Haut bis in tiefere Schichten, entfernt abgestorbene Hautzellen und hellt den Teint auf. Die pflegende Wirkung liegt darin, daß Hautpartikel abgehoben und nicht abgescheuert werden. Verunreinigungen bleiben am Kosmetiktuch haften; daher ist das Produkt auch für extrem empfindliche Haut geeignet (Zusammensetzung: Lithothamnium, Stärke).

- **Hautstraffendes Serum** Dieses Konzentrat aus verschiedenen Wirkstoffen ist ein wahrer Jung-brunnen für die Haut (Zusammensetzung: Meeres-Kollagen, Tepescohuite, feuchtigkeitsspendende Pflanzenextrakte, Proteine)

- **Regenerationscreme** Manche Haut, die besonders empfindlich und anfällig ist, benötigt gelegentlich eine besonders reichhaltige Pflege. Diese

Creme enthält Extrakte der *Mimosa tenuiflora* und der Propolis. Die abheilende und regenerierende Wirkung beider Komponenten ist hinreichend bewiesen (Zusammensetzung: Bindemittel, Weizenkeimöl, Sheabutter, Rosenöl, Kukui-Öl, Propolis, Mimosa tenuiflora, Zinkoxyd, Allantoin).

• **Zartpflegende Gesichtsmaske** Die Haut benötigt einmal wöchentlich eine besondere Pflege. Diese Gesichtsmaske versorgt die Haut mit unbedingt notwendigen zusätzlichen Nährstoffen (Zusammensetzung: Weizenkeimöl, Sheabutter, Rosenöl, Kukui-Öl, Haifisch-Lebertran, Meeres-Kollagen, feuchtigkeitsspendende Pflanzenextrakte, Allantoin, Zinkoxyd).

• **Reinigungsmilch** Diese Reinigungsmilch hat die Aufgabe, die Haut von allen Verunreinigungen, Resten von Schminke, Talgabsonderungen, Staub und abgestorbenen Hautzellen zu reinigen. Die Anwendung erfolgt zweimal täglich, morgens und abends. Die Reinigungsmilch ist besonders schonend; sie führt auf sanftem Weg zu einer makellos reinen Haut. (Zusammensetzung: Bindemittel, Weizenkeimöl, ein Konzentrat von Proteinen pflanzlicher Herkunft, Algen- und Efeuextrakt).

• **Sanfte Pflegelotion** Diese belebende Lotion ist die unverzichtbare Ergänzung der Reinigungsmilch; sie entfernt sämtliche Rückstände auf der Haut (Zusammensetzung: Extrakte von Algen, Efeu, Mimose, ein Konzentrat von Proteinen pflanzlicher Herkunft).

• **Nachtcreme** Sie ist reichhaltiger und enthält mehr Nährstoffe als Tagescremes, ergänzt und verstärkt deren Wirkung (Zusammensetzung: Weizenkeimöl, Sheabutter, Rosenöl, Kukui-Öl, Haifisch-Lebertran, Meeres-Kollagen, feuchtigkeitsspendende Pflanzenextrakte, Allantoin).

• **Reichhaltige Tagescreme** Manche Arten von Haut verlangen tagtäglich eine besonders reichhaltige Pflege; für solche Fälle wirkt sich diese spezielle Creme besonders günstig aus. Sie ist reich an hochwertigen Ölen, enthält einen Lichtschutzfaktor und bietet der Haut maximalen Schutz. Die Creme ist besonders auf Menschen abgestimmt, die sich oft im Freien aufhalten; sie sollte aber regelmäßig von allen benutzt werden, deren Haut besonders empfindlich ist (Zusammensetzung: Weizenkeimöl, Sheabutter, Rosenöl, Kukui-Öl, Mimosa tenuiflora, aus der Meeresflora gewonnene, feuchtigkeitsspendende Extrakte, Allantoin, Sonnenfilter, Karotin).

• **Reinigungsserum für fleckige Haut** Es handelt sich um ein Konzentrat von Nährstoffen für die Haut, das die Wirkung der Cremes und der Maske verstärkt (Zusammensetzung: Bindemittel, Algenextrakt, Arbusom).

• **Straffende Augencreme** Die Haut des Augenumfelds ist sehr zart und anfällig; sie erfordert eine besondere, regelmäßige Pflege. Die Anwendung dieser straffenden Augencreme bewahrt die Epidermis vor vorzeitigem Altern. (Zusammensetzung: Weizenkeimöl, Sheabutter, Rosenöl, Kukui-Öl, Mimosa tenuiflora, feuchtigkeitssspendende Extrakte aus dem Meer, feuchtigkeitspendende Pflanzenextrakte, Efeuextrakt, Hyaluronsäure).

Präparate zur besonderen Gesichtspflege

• **Pflegeserie für fettige Haut** Sie umfaßt: Ein Peeling, das auch über absorbierende Eigenschaften verfügt (Zusammensetzung: Weizenkeimöl, Extrakte von Propolis, Rosmarin, Algen, Lavendel, Weihrauchextrakt, natürlicher Exfolians zur Entfernung abgestorbener Hautpartikel).
Ein Serum, das mehrere Wirkstoffe bündelt und den Effekt der Cremes und der Maske verstärkt (Zusammensetzung: Extrakte von Propolis, Thymian, Rosmarin, Lavendel, Kampfer, Menthol, Weihrauchextrakt, Algenextrakt).

• **Pflegeserie für gerötete Haut** Eine Haut, deren Kapillargefäße anfällig sind, erfordert einen besonderen Schutz gegen Sonneneinstrahlung und eine tägliche Gabe von Nährstoffen. Diese Produktreihe umfaßt:
Eine Creme (Zusammensetzung: Weizenkeimöl, Rosenöl, Kukui-Öl, Algenextrakt, Allantoin, Sonnenfilter).
Eine Nährstoff-Gesichtsmaske, die wöchentlich angewendet werden sollte.

Pflegeprodukte für den Körper und die Hände

• **Zartpflegende Körpermilch** Diese Körpermilch enthält hochwertige Öle und Sheabutter. Sie ist mit Extrakten von Propolis und Mimosa tenuiflora angereichert, deren heilenden und schützenden Eigenschaften allgemein anerkannt sind (Zusammensetzung: Weizenkeimöl, Rosenöl, Kukui-Öl, Sheabutter, Propolis, Mimosa tenuiflora, Algenextrakte, Allantoin, Parfum).

• **Hautstraffende Creme** Diese Creme enthält einen Extrakt der tropischen Liane Guarana, die reich an bekannten Diuretika, den Xanthin-Derivaten Koffein und Theobromin, ist. Außerdem ist eine Verbindung von Efeu, Roßkastanie und Algen Bestandteil der Creme (Zusammensetzung: Weizenkeimöl, Sheabutter, Guaranin, Efeu, Rosskastanie, Algen).

• **Algenschaumbad** Die regelmäßige Verwendung dieses an Spurenelementen reichen Algenschaumbades sichert allgemein Vitalität und Ausgeglichenheit des Befindens (Zusammensetzung: waschaktive anionische und basische Stoffe pflanzlicher Herkunft, Algenextrakt, Parfum).

• **Kreislaufanregendes Schaumbad** Dieser Badezusatz enthält anionische und basische waschaktive Substanzen pflanzlichen Ursprungs. Das Schaumbad ist mit essentiellen Ölen und Pflanzenextrakten angereichert, deren kreislaufanregenden Eigenschaften anerkannt sind. (Zusammensetzung: waschaktive anionische und basische Stoffe pflanzlicher Herkunft, Extrakte aus Algen, Menthol, Zypresse, Lavendel, Laub von Rotwein-Reben, Roßkastanie).

• **Handcreme Nr. 1** Diese Creme enthält nicht nur reichlich Fette, sondern auch Wirkstoffe wie Allantoin, Propolis, Mimosa tenuiflora, die beanspruchte Hände pflegen und schützen. (Zusammensetzung: Pflanzen-Ester, Paraffine, Sheabutter, Rosenöl, Kukui-Öl, Propolis, Mimosa tenuiflora, Allantoin, feuchtigkeitsspendende Extrakte maritimer Herkunft).

• **Erfrischungsspray gegen müde Beine** Dieses Erfrischungsspray wirkt entspannend auf schwere und/oder müde Beine. Die feinneblige Emulsion wird von der Haut gut aufgenommen, so daß die Pflanzenextrakte ihre volle Wirkung entfalten. (Zusammensetzung: Apfel, Roßkastanie, Blätter von Rotweinreben, Kampfer, Menthol, Eukalyptus, Myrtenheide).

• **Körper- und Haarshampoo** Dieses Shampoo wirkt durch anionische und basische waschaktive Substanzen, die aus Pflanzen gewonnen werden. Es enthält in konzentrierter Form Proteine und Algenextrakte.

• **Dologel** Ein muskelentspannendes Gel, dessen Zusammensetzung eine besondere Tiefenwirkung gewährleistet. Es enthält zu 3% eine Kombination öliger Essenzen von Menthol, Lavendel, Kajeput, Eukalyptus, Rosmarin, die allesamt dafür bekannt sind, in wohltuender Weise die Entspannung der Muskeln zu fördern.

• **Teufelskrallen-Gel** Die Teufelskralle (*Harpagophytum procumbens*), ein Kraut aus der namibischen Wüste, ist weitverbreitet bekannt für ihre entzündungshemmende und schmerzstillende Wirkung bei Gelenkschmerzen. Das Gel ist zudem mit Kampfer angereichert, der als Mittel mit abschwellender Wirkung geschätzt ist. (Zusammensetzung: Kampfer, Harpagophytum).

• **Entspannendes Massageöl** Es besteht aus einer Mischung pflanzlicher und mineralischer Öle, die reich an Esterverbindungen sind. Das Präparat wird durch einen Komplex öliger Essenzen ergänzt, die wegen ihrer beruhigenden Wirkung bekannt sind. (Zusammensetzung: Weizenkeimöl, Paraffine, pflanzliche Ester, ölige Essenzen).

• **Wärmendes Gel** Eine sehr leichte Emulsion mit großer Tiefenwirkung, die vor einer größeren Muskelanstrengung einmassiert wird. Sie regt den peripheren Kreislauf an und erzeugt eine Wärmegefühl. (Zusammensetzung: ölige Essenzen von Thymian und Majoran, Methyl-Salizilat, Methyl-Nicotinat, Algenextrakte, Teufelskrallen-Extrakt).

• **Kampferhaltige Massage-Creme** Sie enthält eine Verbindung pflanzlicher Aromastoffe, die ihr eine besondere kreislaufanregende und beruhigende Wirkung verleiht (Zusammensetzung: Wasser, Emulgator, Weizenkeimöl, pflanzliche Ester, Paraffine, Extrakte von Algen, Efeu, Roßkastanie, Blättern der Rotweinrebe, Menthol und Kampfer).

• **Anregendes Duschgel mit öligen Essenzen** Dieses Duschgel besteht aus anionischen und basischen waschaktiven Substanzen pflanzlicher Herkunft, außerdem aus konzentrierten Proteinen und einem wasserlöslichen Öl. Sämtliche Ingredienzien sind auf das Wasser-Fett-Gleichgewicht der Oberhaut abgestimmt. Das Gel ist mit einer Zusammenstellung öliger Essenzen abgerundet, die auf die Muskeln belebend und kräftigend wirken (Zusammensetzung: Extrakte von Kajeput, Pfefferminze, Lavendel, Rosmarin, Eukalyptus).

• **Algen-Massagecreme** Diese mit einem Hauch von Zitrone und Eisenkraut parfümierte Creme enthält Extrakte von Meeresalgen, die reich an

Spurenelementen sind. (Zusammensetzung: Emulgator, Weizenkeimöl, pflanzliche Ester, Paraffine, Extrakte von Algen, Parfum).

• **Schlankheits-Massagecreme** Sie enthält Pflanzenextrakte, die für ihre Eigenschaft bekannt sind, lokale Fettablagerungen aufzulösen. (Zusammensetzung: Wasser, Emulgator, Weizenkeimöl, Ester pflanzlichen Ursprungs, Paraffine, Extrakte von Algen, Efeu, Roßkastanie).

Präparate für dunkle und farbige Haut (Serie »Black is Wonderful«)

• **Serie aufhellender Präparate** Sie umfaßt ein Serum (morgens nach der Reinigung), eine Creme (abends nach der Reinigung) und eine Peeling-Milch (dreimal wöchentlich).

Diese Serie garantiert einen farblich makellos harmonischen Teint und beseitigt fleckige Stellen im Gesicht. Sie enthält Arbusom, eine Substanz, die aus einem in Europa vorkommenden Wildstrauch gewonnen wird, der Bärentraube (*Arbutus uva-ursi*). Die Blätter enthalten natürliches Hydrochinon, das seit langen Jahren wegen seiner aufhellenden Wirkung auf dunkle Haut und braune Flecken bekannt ist. Doch hat sich herausgestellt, daß chemisch hergestelltes Hydrochinon gefährlich ist: die Verwendung wurde verboten. Dagegen wirkt Arbusom auf natürlichem Wege aus der Tiefe heraus und verursacht keine Hautreizungen, denn das Hydrochinon, das es enthält, ist pflanzlichen Ursprungs (Zusammensetzung: Arbusom, Symphytum, Plantago, Sheabutter, Weizenkeime, ölige Essenzen, Süßmandelöl).

• **Körpermilch mit Sheabutter** Die besonderen Eigenschaften der Sheabutter machen diese Lotion zu einem hervorragenden Pflegeelixier für trockene Haut. Die Lotion ist mit Propolis und Mimose angereichert. (Zusammensetzung: Sheabutter, Paraffine, Extrakte aus Getreidekeimen, Propolis, Mimose, Muskatrosen und Algen).

• **Reinigungsgel für fettige Haut** Die Pflanzen und ölige Essenzen, aus denen dieses Gel zusammengestellt ist, haben eine absorbierende und entzündungshemmende Wirkung und verleihen der Haut ein reines, gepflegtes Aussehen. Es beseitigt Hautunreinheiten. (Zusammensetzung: Hydroxyäthyl-Zellulose, Propolis, Efeu, Brunnenkresse, Rauke, Rosmarin, Zitrone, Lavendel).

• **Reinigungsmilch mit Weizenkeimen** Die Zusammensetzung dieser für dunkle Haut entwickelten Lotion ist zur täglichen Anwendung bestimmt. Die Milch entfernt gründlich und schonend alle Unreinheiten der Haut und bietet eine umfassende Pflege (Zusammensetzung: Wasser, Paraffine, Kollagen, Efeu, Getreide, Algen, Parfum).

Medizinische Schönheitsbehandlungen

Schönheitsbehandlungen

Ich finde das toll – für andere. Ich bin ein Anhänger der Naturkosmetik und der kosmetischen Behandlung von Alterserscheinungen. Alles, was die Haut, ihr Aussehen, ihre Elastizität und ihre Straffheit verbessert, interessiert mich. Ich glaube auch an die guten Eigenschaften der Präparate, die der Doktor zur Faltenbehandlung injiziert, praktiziere diesen Glauben aber nicht. Ich schwöre jedoch seit Jahrzehnten auf Spurenelemente, Vitamine und ergänzende Nahrungsbeigaben.

K.L.

Falten, Fältchen und Unregelmäßigkeiten im Gesicht wie Hautflecken oder Narben glätten und /oder einen strahlenderen Teint erreichen, das sind die Ziele der medizinischen Schönheitsbehandlung. Sie haben den nicht zu unterschätzenden Vorteil, daß keine Vollnarkose nötig ist und so alle damit verbundenen Probleme vermieden werden können. Der Nachteil aber ist, daß sie nicht zu bleibenden Ergebnissen führen.

Die Mesotherapie des Gesichts

Sie besteht darin, mit einer dünnen Nadel entlang der Gesichtsfalten eine nährende und belebende Lösung zu injizieren, die je nach Patient Vitamine, Spurenelemente oder DNS-Extrakte enthalten kann. Eine derartige Behandlung ist vor allem für dünne, trockene oder schlaffe Haut und die welke Haut von Rauchern angezeigt. Sie führt zu bemerkenswerten Ergebnissen: Wiederkehr einer gesunden Gesichtsfarbe und eines leuchtenden Teint, Rückbildung von Falten. Allerdings zeigt die Behandlung ihre beste Wirkung, wenn sie regelmäßig wiederholt wird (ungefähr einmal im Monat).

Die Faltenunterspritzung

Diese Behandlung besteht darin, mit einer extrem dünnen Nadel ein Präparat in die Bahn einer Falte zu injizieren, um den Bruch in der Haut auszugleichen. Lange wurde dazu Rinder-Kollagen verwendet; seit dem Auftreten von BSE wird davon jedoch zunehmend Abstand genommen. Heute wird eine Injektion von Derivaten der Hyaluronsäure bevorzugt, eines natürlichen Polysaccharids, das in der Haut eine große Rolle spielt und vor allem ein Grundbestandteil des Bindegewebes der Unterhaut ist. Die Ergebnisse dieses Eingriffs sind ausgezeichnet, wenn auch von relativ kurzer Dauer: drei bis neun Monate je nach injizierter Dosis, genauer Lage der Falte und ihrer Tiefe. Wie lange das Ergebnis vorhält, d.h. wie schnell oder langsam die injizierte Substanz abgebaut wird, hängt auch davon ab, welcher Stoff verwendet und wie er hergestellt wird. Auf dem Weltmarkt gibt es zahlreiche Injektionslösungen zur Unterspritzung von Falten. Manche sind gefahrlos, andere unter allen Umständen zu meiden. Sie sollten sorgfältig prüfen, welches Präparat Sie sich einspritzen lassen!!

Die Elektropunktur von Falten

Sie besteht darin, in den Verlauf einer Falte ein oder mehrere sehr dünne Nadeln einzustechen und schwache pulsierende Stromstöße hindurchzuleiten. Dadurch wird die Bildung von Kollagen-Fasern stimuliert und so die Haut der Falte angehoben und unterfüttert. Im Schnitt sind 10 Behandlungen im Abstand von ein oder zwei Wochen erforderlich, und einmal monatlich eine Nachbehandlung zur Auffrischung, um ein dauerhaftes Ergebnis sicherzustellen. Erfolge sind vor allem bei der Straffung der Haut und der Wiederherstellung der ovalen Form des Gesichts sowie bei der Behebung von Fältchen zu verzeichnen. Dagegen richtet diese Behandlung gegen tiefe Falten wenig aus.

Injektion von Botulismustoxinen

Früher gab es nur eine Lösung, um tiefe Mimikfalten in der oberen Gesichtshälfte zu beseitigen: Durchtrennung des Frontalmuskels, damit er sich nicht mehr zusammenziehen kann. Dieser verhältnismäßig schwere Eingriff hinterließ eine Narbe von einem Ohr zum anderen, die kaum zu verstecken war. Bei Kahlköpfigen ließ sich das Verfahren sowieso nicht anwenden. Außerdem führte es zu einer Veränderung des Gesichtsausdrucks.

Der Eingriff kann heute durch die Injektion von Botulismustoxinen ersetzt werden: Diese Substanz läßt den Muskel, der die Falten verursacht, gleichsam erstarren. Die nahezu schmerzlose Injektion erfolgt direkt in die Muskeln, die die tiefen Furchen verursacht haben, und läßt die störenden Falten verschwinden. Sie muß alle 18 Monate wiederholt werden, um eine perfekte Wirkung zu erzielen. Der Eingriff muß von einem speziell dafür ausgebildeten Arzt vorgenommen werden, denn in unerfahrenen Händen kann das Präparat schwere Schäden anrichten. Die Injektion selbst dauert nur wenige Minuten und nach kurzem Ausruhen kann der Patient wieder nach Hause gehen.

Das Peeling

Beim Peeling wird auf die Haut eine chemische Substanz aufgetragen, die die oberste Hautschicht, die Epidermis, und die oberen Schichten der darunterliegenden Lederhaut zerstört. Diese Art von Behandlung hellt einen gelben Teint auf und läßt Flecken, kleine Narben – besonders Akne-Narben – Falten und Fältchen verschwinden.

Es gibt verschiedene Arten von Peeling, je nachdem, in welcher Tiefe sie wirken sollen. Welche gewählt wird, hängt von den Hautschäden ab, die zum Verschwinden gebracht werden sollen, und von dem erwünschten Ergebnis: Oberflächen-Peeling durch Kohlenwasserstoff-Schaum, flüssigen Stickstoff oder Fruchtsäuren; Peeling mittlerer Tiefe durch Trichloressigsäure, Retinsäure oder Kojisäure sowie Tiefen-Peeling durch Phenol; letzteres ist für tiefe Falten im Gesicht und zusammengefallenes Gewebe bestimmt. Ein Lifting-Effekt wird dadurch erreicht, daß das Tiefen-Peeling ein Zusammenziehen des Gewebes wie bei einer Vernarbung bewirkt.

Ein Peeling auf der Basis von Fruchtsäuren hat den Vorzug, weniger tief in die Haut einzudringen. Die Haut wird zunächst drei Wochen lang durch eine besondere Creme präpariert, danach wird eine Flüssigkeit aufgetragen, die kontrolliert Schuppen etwa in der Art eines Sonnenbrandes erzeugt. Diese Methode ist vorzüglich geeignet, um Akne-Narben, fettige Haut und manche Arten von braunen Flecken und Fältchen zu behandeln.

Das Peeling mit Trichloressigsäure greift die Haut etwas mehr an; während der ersten Woche kann Hautjucken auftreten und die Haut sich rosa färben. Dafür ist es aber leistungsfähiger und kann zu Vorbeugung gegen Alterserscheinungen der Haut ebenso eingesetzt werden wie zur Beseitigung auffälliger Pigmentstörungen, beginnender Fältchen und Hautschäden aller Art.

Die Verminderung lokaler Fettpolster

Es kommt nicht selten vor, daß sich trotz einer erfolgreichen Diät unschöne Fettpolster am Körper halten, besonders am Bauch und an den Gliedmaßen. Die medizinische Schönheitsbehandlung bietet mehrere Verfahren, um damit fertig zu werden.

Die Liposuktion (Fettabsaugung)

Sie besteht darin, meist unter örtlicher Betäubung überflüssiges Fettgewebe durch eine Kanüle abzusaugen, die durch einen winzigen Einschnitt in einer Körperfalte eingeführt wird. Durch diese Methode wird ein örtlich begrenztes Ergebnis erreicht, wo an einem bestimmten Punkt Fettpolster besonders hartnäckig sind oder sich nach einer Diät nicht aufgelöst haben, z.B. in den Kniekehlen, bei einem Doppelkinn oder einem vorspringenden Bäuchlein. Das Ergebnis ist endgültig.

Die Fettabsaugung durch Punktierung

Sie beruht auf demselben Prinzip wie die Liposuktion, wird jedoch nur bei sehr kleinflächigen Fettpolstern angewandt.

Schönheitschirurgische Behandlungen

Schönheitschirurgie

Schönheitschirurgie finde ich prima ... für andere, denn dank der Pflege des Doktors und meiner Präparate komme ich ganz gut ohne sie zurecht.

Ich bemitleide jedoch manche meiner Bekannten, die von Lifting zu Lifting immer mehr den Schrumpfköpfen der Navajo-Indianer ähneln.

K.L.

Hier betreten wir das Gebiet der Chirurgie, das – wie wir schon bei den am Magen vorgenommenen Eingriffen gesehen haben – niemals ungefährlich ist: Auch die leichteste Vollnarkose birgt für jede Person Risiken. Das bedeutet nicht, daß ich Ihnen davon abrate. Aber Sie sollten sich – und das ist in diesem Bereich wichtiger als bei anderen – die Zeit nehmen, sich gründlich zu informieren und mit Ihrem Arzt vorbereitende Gespräche zu führen. Es ist nämlich sehr wichtig, daß der Patient klar definiert, was er erreichen will, und daß der Chirurg offen sagt, wie und ob das Ziel zu realisieren ist und den Patienten über die Grenzen, Risiken und eventuelle Folgen des Eingriffs informiert.

Ist das erst einmal gewährleistet, kann die Schönheitschirurgie wahre kleine Wunder vollbringen und manchmal sogar durch einen lokal äußerst begrenzten Eingriff den Alltag eines Menschen völlig umkrempeln, indem sie bewirkt, daß er mit seinem Äußeren wieder Frieden schließt.

Schönheitschirurgische Maßnahmen im Gesicht

Das Face-Lifting

Lifting – nach dem englischen *lift* so benannt – ist ein chirurgischer Eingriff, der zum Ziel hat, schlaff gewordenes Gewebe wieder anzuheben. Im Gesicht sind verschiedene Arten des Liftings möglich, so das Hals-Gesichts-Lifting. Es hebt Gewebe, das im Laufe der Zeit abgesackt ist und durchhängt, wieder an die ursprüngliche Position, stellt die ovale Form des Gesichts wieder her, strafft den Hals und korrigiert hängende Wangen oder tiefe Furchen am Nasenansatz. Ein Stirn-Schläfen-Lifting behebt horizontale wie auch vertikale Falten auf der Stirn sowie Krähenfüße. Auch begrenztere Liftings sind möglich, etwa nur das der Stirn oder des Halses. Andererseits gibt es auch das Total-Lifting, das Hals-Gesichts-Lifting und Stirn-Schläfen-Lifting miteinander verbindet. In allen Fällen können nach der Operation gewisse Unannehmlichkeiten auftreten – sichtbare Narben, Blutergüsse, Schmerzen: der Patient wird erst zwei oder drei Wochen nach dem Eingriff wieder »vorzeigbar«. Danach ist das Ergebnis in ästhetischer Hinsicht bis auf Weiteres äußerst zufriedenstellend, je nach Patient für einen längeren oder kürzeren Zeitraum. Es besteht jedoch das Problem, daß der Eingriff unter Umständen wiederholt werden muß.

Die Echthaar-Implantation

Dieses Verfahren besteht darin, Haare, die von einer genetisch für dauernde Behaarung programmierten Körperzone entnommen werden, etwa Nackenhaare, auf kahle Stellen zu verpflanzen. Der Eingriff mit mikrochirurgischen Spezialinstrumenten erfordert mehrere Behandlungen von etwa einem halben Tag, je nach Größe des zu behandelnden kahlen Bereichs. Diese Haartransplantation erzielt heutzutage höchst zufriedenstellende Ergebnisse: Die Haare wachsen wieder, und das Ganze sieht völlig natürlich aus. Der einzige Nachteil ist ... der hohe Preis.

Schönheitschirurgische Maßnahmen am Körper

Körper-Lifting

Mit dem Körper-Lifting können Hauterschlaffungen der Bauchdecke sowie an den Innenseiten der Oberschenkel und -arme korrigiert werden.

Verschiedene Techniken sind möglich, um den Bauch wieder plastisch werden zu lassen. Die Vorgehensweise hängt einerseits davon ab, in welchem Umfang die Korrektur erforderlich ist, andererseits von der Elastizität der Haut, dem Zustand der Bauchmuskeln usw. In manchen Fällen reicht einfach nur eine örtlich begrenzte Fettabsaugung. Bei anderen, in denen eine Fettansammlung in Verbindung mit einer Muskelerschlaffung vorliegt, ist eine Operation der Bauchdecke erforderlich (Abdominalplastik).

Ein Lifting der Oberschenkel oder -arme ist nur für Personen ratsam, die keine Möglichkeit haben, die Elastizität ihrer Haut auf anderem Wege wiederzuerlangen, denn bei sehr schlaffem Gewebe muß vielleicht eine beträchtliche Narbe in Kauf genommen werden. Handelt es sich um eine geringfügigere Erschlaffung, genügt ein Einschnitt in der Leiste oder unter der Achsel. Statt dieser Eingriffe wird im allgemeinen der Fettabsaugung der Vorzug gegeben, wo immer das möglich ist.

Die Brustverkleinerung oder Korrektur der Brüste

In manchen Fällen steht eine übermäßig große Brust mit einer allgemeinen Fettleibigkeit im Zusammenhang: In den Brüsten haben sich lokalisiert umfangreiche Fettansammlungen abgelagert, während die Milchdrüse ein normales Ausmaß hat. Eine übergroße Brust kann aber neben rein ästhetischen Bedenken auch zu körperlichen Störungen führen: Einerseits zu Schmerzen im Rücken, am Halsansatz und zwischen den Schulterblättern (das übermäßige Gewicht der Brüste zieht die Schultern nach vorn); andererseits können Schmerzen in den Brüsten selbst auftreten. Wenn der Busen trotz einer Diät zu groß bleibt, muß man vielleicht chirurgische Maßnahmen ins Auge fassen. Es gibt verschiedene Operationsverfahren, je nach Typ des vorgenommenen Einschnitts (in Form eines umgekehrten T, eines L oder I). Welche Technik auch immer angewandt wird, Narben müssen in Kauf genommen werden, und es ist wichtig, das vor der Operation zu wissen und sich damit abzufinden. Ein derartiger Eingriff macht einen kurzen Krankenhausaufenthalt erforderlich. Er kann für Frauen, die bisher unter zu großen Brüsten litten, eine deutliche Verbesserung ihrer Lebensqualität bewirken.

Der Gewichtsverlust bei einer längeren Diät kann in anderen Fällen zu einer erheblichen Verringerung der Fettschichten in der Brust führen, so daß diese durchhängt (»Waschlappen«-Brust). Auch in diesem Fall hat die Schönheitschirurgie Lösungen parat, entweder ein einfaches Lifting der Brust oder in Verbindung damit das Einsetzen von Implantaten, um der Brust wieder Form und Volumen zu geben. Die Implantate sind mit einem physiologisch verträglichen Serum gefüllt und werden hinter den großen Brustmuskel plaziert.

Allgemeine medizinische Pflegebehandlungen

Verschiedene Nahrungszusätze können dazu beitragen, das Allgemeinbefinden wieder zu verbessern. In den Industrieländern kommt es heutzutage ausgesprochen selten vor, daß Mangelerscheinungen an Vitaminen, Mineralsalzen oder Spurenelementen sich zu ernsteren Krankheiten auswachsen. Dennoch, da durch die systematische Bearbeitung von Lebensmitteln (wie Zucker, Salz, Mehl etc.) nicht nur Verunreinigungen beseitigt werden, sondern auch ein guter Teil der Vitamine, Mineralsalze oder Spurenelemente, kommt es häufiger zu chronischen Mangelerscheinungen. Diese Unterversorgung führt nicht zu einer Erkrankung, äußert sich aber in einer chronischen leichten Müdigkeit, die im Alltagsleben hinderlich ist. Mit der regelmäßigen Einnahme besonderer Nahrungszusätze lassen sich solche Mangelerscheinungen ohne weiteres ausgleichen.

Andere medizinische Maßnahmen helfen gezielt bei der Behandlung altersbedingter Störungen, bei Problemen von Frauen in den Wechseljahren oder bei Erektionsproblemen von Männern.

Die Vitamine

Diese Substanzen sind unbedingt lebenswichtig, aber nur in kleinsten Mengen. Es gibt zwei Arten von Vitaminen:

- Die wasserlöslichen, wie alle Vitamine der B-Gruppe und das Vitamin C. Sie sind vor allem in Obst und Gemüse enthalten. Es ist also unbedingt notwendig, oft frisches Obst oder rohes Gemüse zu verzehren, denn beim Kochen können die Vitamine sich im Kochwasser auflösen.
- Die fettlöslichen Vitamine A, D, E, K. Sie sind in manchen Pflanzenarten enthalten, vor allem aber in Fisch, Fleisch, Milchprodukten und den daraus zubereiteten Lebensmitteln.

Die Mineralsalze

Natrium, Kalium, Kalzium, Phosphor, Magnesium und Chlorid sichern – in kleinen Mengen eingenommen – die Körperfunktionen. Eine in jeder Hinsicht vernünftig ausbalancierte Ernährung führt dem Körper Mineralsalze in ausreichender Menge zu, und im allgemeinen sind Nahrungszusätze nicht erforderlich. Festzuhalten ist, daß Fisch ein idealer Lieferant von Mineralsalzen ist.

Die Spurenelemente

Es handelt sich um mineralische Substanzen wie Eisen, Jod, Zink, Kupfer, Fluor, Selen usw., die der Körper in kleinsten Mengen benötigt. Meeresprodukte wie Seefische und Krustentiere sind eine hervorragende Quelle für Spurenelemente.

Antioxydantien

Das Abnehmen der Fähigkeit zur Oxydation innerhalb der Körperzellen ist die Ursache für das Altern des Organismus. Das trifft besonders für die Zellen der Haut zu, die oxydierenden Stoffen und oxydierendem Streß am stärksten ausgesetzt sind. Um dem zu begegnen, werden, wo immer nur möglich, Antioxydantien zugeführt, sowohl mit der Nahrung als auch lokal in Form von Kosmetika gegen das Altern.

Die beiden wichtigsten Antioxydantien sind Vitamin C (Ascorbinsäure) und Vitamin E.

Vitamin C schützt vor freien Radikalen, die für das Altern der Haut verantwortlich sind, weil sie dem Feuchtigkeitshaushalt der Oberhaut schaden. Sie vermehren sich, wenn die Haut schädlichen Einflüssen wie z.B. Sonneneinstrahlung oder Umweltverschmutzung ausgesetzt ist. Außerdem regt Vitamin C die Kollagen-Synthese an. Erinnert sei noch einmal, daß es in Südfrüchten, Kiwis, Erdbeeren vorkommt, aber auch in Kürbis, Kohl oder Fenchel, die aber bevorzugt roh zu verzehren sind, denn Vitamin C wird bei Hitzeeinwirkung teilweise zerstört.

Vitamin E besitzt neben seiner antioxydierenden Wirkung die weitere Eigenschaft, die Oberhaut beim Speichern von Feuchtigkeit zu unterstützen. Es ist in pflanzlichen Ölen von Sonnenblumen, Raps, Erdnüssen und Oliven ebenso enthalten wie in Margarine und Trockenfrüchten.

DHEA

Seit einiger Zeiten machen die Medien viel Aufhebens um ein Hormon, das als der wahre Jungbrunnen gepriesen wird. Es soll gleich über eine Vielzahl positiver Eigenschaften verfügen, soll eine Verjüngung und eine Gewichtsabnahme bewirken, soll gegen Krebs, Herzkrankheiten und Alzheimer vorbeugen usw. Es handelt sich um DHEA oder Dehydroepiandrosteron, ein von den Nebennieren erzeugtes steroides Hormon. Der Organismus beginnt im Alter von sechs oder sieben Jahren, dieses Hormon herzustellen. Die Höchstmenge wird mit etwa 25 Jahren erzeugt, ab diesem Zeitpunkt verringert sich die Produktion um etwa 2% pro Jahr.

Wenn Sie sich mit DHEA behandeln lassen wollen, muß das unbedingt unter ärztlicher Kontrolle geschehen. Voraussetzung ist nämlich, daß ermittelt wird, wie hoch Ihr DHEA-Spiegel ist, um festzulegen, welche Dosis Sie brauchen.

Hormonsubstituierende Behandlung in den Wechseljahren

Seitdem die Substitutionsbehandlung mit Hormonen aufgekommen ist, hat sich das Leben vieler Frauen nach den Wechseljahren revolutioniert, auch wenn sie nicht allen Patientinnen verschrieben werden kann: kontraindiziert ist sie nach einer Brustkrebs-Therapie. Merkmal der Menopause ist, daß die Eierstöcke aufhören, Hormone zu produzieren. Die Behandlung besteht darin, die Hormone in Form von Pflastern, Cremes oder Tabletten zu verabreichen.

Diese Substitution von Hormonen hat sich bei allen Beschwerden, die üblicherweise in den Wechseljahren auftreten, als wirksam erwiesen. Durch sie gelingt es insbesonders, die Hitzewallungen zum Verschwinden zu bringen und die Lubrikationsfähigkeit der Vagina aufrechtzuerhalten. Zudem wirkt die Hormongabe vorbeugend gegen die Alterung der Haut, Erkrankungen der Herzgefäße und Osteoporose. Wird diese Behandlung abgelehnt oder ist sie kontraindiziert, führen Nahrungszusätze, die Soja, Jamswurzel und Salbei enthalten, zu guten Ergebnissen (Menoestro, Laboratoires Sunrex).

Die Behandlung von Erektionsstörungen

Eine Molekül, das seit einigen Jahren angeboten wird, das Sildenafil (unter dem Namen Viagra im Handel) hat in zahlreichen Fällen nachlassende Manneskraft wiederhergestellt. Das Mittel besitzt nämlich die Fähigkeit, die Muskeln um die Höfe der Penis-Schwellkörper zu lockern und so Erektionsstörungen bei Patienten zu behandeln, die auf Grund von Arterienschäden nur schwer zu Erektionen kommen. Das Medikament muß eine Stunde vor dem Geschlechtsverkehr eingenommen werden. Entgegen manchem, was hier und da geschrieben wurde, ist Viagra an sich nicht gefährlich, solange es nicht im Übermaß angewendet wird: Ratsam ist, nur einmal am Tag darauf zurückzugreifen und auf die Gegenanzeigen zu achten.

Ein anderes Medikament, Apomorphinhydrochlorid – als Uprima im Handel – wirkt durch Reizung einer Gehirnpartie, des Hypothalamus, der das Geschlechtsorgan stimuliert.

Für alle, die diese Art von Mitteln fürchten, gibt es als natürliche Alternative einen Nahrungszusatz, den *Tribulus terrestris*, der für seine allgemein wie auch sexuell stimulierende Wirkung bekannt ist (Forman, Laboratoires Sunrex).

Mit Streß umgehen können

Eigentlich ist Streß alles, was den Körper physisch (Unfall, große Kälte oder Hitze...) oder psychisch (Trauerfall, Scheidung, große Angst...) angreift. In Erweiterung des Begriffs betrachtet man in gewissem Umfang auch die Ärgernisse des Alltagslebens, die Aggressivität anderer oder Streitigkeiten in der Familie als stressende Faktoren.

Manch einer reagiert empfindlicher auf diese kleineren, alltäglichen Streßfaktoren, sein Körper reagiert mit einer Deregulierung, die vielfältige, mehr oder weniger gravierende Störungen hervorruft oder sogar richtige, als psychosomatisch bezeichnete Erkrankungen. Dabei handelt es sich um echte Krankheiten mit einem physischen Erscheinungsbild, wie man sie ernster nicht nehmen kann. Manche Magengeschwüre, Verdauungsstörungen oder sogar Krebserkrankungen können die Folge und die unbewußte Reaktion der Betroffenen auf Konfliktsituationen sein, die sie als Streß empfunden haben.

Je größer die Empfindlichkeit der einzelnen Person ist, desto höher ist das Risiko streßbedingter Gesundheitsstörungen. In der überwiegenden Mehrzahl der Fälle hat Streß jedoch nicht so schwerwiegende Folgen: Betroffene leiden mehr an funktionellen Störungen, d.h. nicht die Organe sind geschädigt, sondern ihre Funktionsweise ist gestört. Die Patienten klagen über Schmerzen, Krämpfe, Unwohlsein in den verschiedensten Formen, erhöhten Herzschlag usw., doch bei ärztlichen Untersuchung ist nichts Ungewöhnliches festzustellen. Andererseits spricht man auch von positivem Streß im Fall von »stressenden« Pflichten und Notwendigkeiten, die einen veranlassen, mehr zu arbeiten, sich selbst zu übertreffen und Fortschritte zu erzielen.

Hilfen von der »sanften« Medizin

Um streßbedingte Beschwerden zu behandeln, kennt die klassische Medizin ein ganzes Arsenal von Beruhigungsmitteln, Psychopharmaka und Antidepressiva, die sicherlich ihre Wirksamkeit haben, aber nicht ohne Nebenwirkungen sind und manchmal sogar erhebliche Störungen auslösen, so daß der Wert der eintretenden Linderung eingeschränkt wird. Die »sanft« genannte Medizin kann dagegen in beachtlicher Weise bei derartigen Beschwerden helfen.

Als »sanfte« Behandlungsart, die sich gegen streßbedingte Beschwerden bewährt hat, kann man die Akupunktur, Moor- und Schlammbäder (im Rahmen einer Kur oder Thalassotherapie oder aber in häuslicher Anwendung), Aurikulo-Akupunktur (Stimulation von Punkten am Ohr), die Fußreflexzonentherapie (Stimulation von Punkten am Fuß), die Homöopathie und das autogene Training, in erster Linie nach Schultz, betrachten. Vor allem aber gewährleisten die Behandlung mit pflanzlichen Produkten (Phythotherapie), Spurenelementen, Vitaminen und Mineralsalzen die besten und dauerhaftesten Ergebnisse.

Vom Tabak loskommen

Rauchen

Mein Vater rauchte dicke Zigarren und meine Mutter amerikanische Zigaretten, englische oder türkische, genau kann ich mich nicht mehr erinnern. Ich selbst habe nie geraucht, ich habe die Notwendigkeit dazu nicht verspürt. Natürlich habe ich es mal probiert, aber es hat mir nichts gebracht. Im übrigen bin ich der Ansicht, daß es eine völlig überflüssige Last ist, ständig eine Schachtel Zigaretten und ein Feuerzeug mit sich herumzutragen und dann in Verlegenheit zu sein, wohin mit der Asche. Dagegen ertrage ich es ohne weiteres, wenn Menschen um mich herum rauchen, auch wenn ich für mich dagegen bin.

K.L.

Es braucht hier nicht länger ausgeführt zu werden, was schon alle wissen; es sei also nur wiederholt, daß Tabak ein Gift für den Organismus ist, und ein auslösender Faktor für zahlreiche schwere Krankheiten, zu denen an erster Stelle Herzgefäßerkrankungen und Krebs zählen, besonders Lungen- und Kehlkopfkrebs.

Tabak enthält gleich mehrere Gifte, allen voran verschiedene Arten von Teer und das Nikotin. Die Teere lagern sich an den Innenwänden der Atemwege ab, reizen und verengen sie; ihnen ist es zuzuschreiben, wenn sich im Laufe der Zeit das Lungenvolumen verringert und Krebserkrankungen auftreten. Nikotin erzeugt einen Gewöhnungseffekt. Wenn man mit dem Rauchen aufhört, kann das plötzliche Absinken des Nikotinspiegels im Blut zu Störungen wie Nervosität, Schlaflosigkeit, Freßsucht usw. führen.

Trotz dieser unangenehmen Begleiterscheinungen ist es nie zu spät, mit dem Rauchen aufzuhören, selbst um den Preis, dafür ein paar Kilo zuzunehmen.

Die gängigen Methoden, mit dem Rauchen Schluß zu machen, lassen sich in zwei Gruppen unterteilen, die medikamentösen und die physiologischen. Es gibt auch psychologische Methoden wie die Hypnose, die allein für sich oder in Verbindung mit einer anderen Technik zur Anwendung kommen können. Wie bei Alkoholikern werden auch Rauchern Gruppentherapien zur Entwöhnung angeboten.

Keine dieser Methoden ist unfehlbar. Jeder muß – je nach seiner Disposition – die für ihn passende finden; in jedem Fall aber müssen am Anfang der feste Entschluß und die Überzeugung stehen, sich richtig entschieden zu haben. Um die größten Erfolgschancen bei der Tabakentwöhnung zu haben, sollten weitere Voraussetzungen gegeben sein:

- Beginn der Entwöhnung während einer von den psychischen Anforderungen her relativ ruhigen Phase, etwa im Urlaub;
- ganz oder wenigstens am Anfang Verzicht auf den Konsum von Alkohol;
- keine übermäßig gewürzten Speisen;
- regelmäßiger Verzehr von viel Vitamin C-reichem Obst (Orangen, Clementinen, Zitronen, Kiwis usw.);
- reichliche Flüssigkeitsaufnahme.

Wahr ist und bleibt jedoch: Das wichtigste und durch nichts zu ersetzende Heilmittel, um vom Rauchen loszukommen, ist der feste Wille dazu.

Unterstützende Verfahren bei der Tabak-Entwöhnung

Bei der Entgiftung können Sie die folgenden Mittel zur Unterstützung einsetzen:

- die Allopathie bietet Hautpflaster (patchs) oder nikotinhaltiges Kaugummi. Ziel ist eine Tabak-Entwöhnung des Patienten durch fortschreitendes Absenken des Nikotinspiegels im Blut, etwa durch Pflaster mit immer geringerer Nikotinkonzentration. So sollen die Begleiterscheinungen einer Entwöhnung wie etwa nervöse Störungen vermieden werden. In besonderen Fällen kann dem Patienten unterstützend auch ein leicht angstlösendes Medikament oder – noch besser – ein pflanzliches Beruhigungsmittel wie Weißdorn gegeben werden.
  In jüngster Zeit ist übrigens ein oral einzunehmendes Medikament (Zyban®) im Handel aufgetaucht, dem eine Wunderwirkung zugeschrieben wird. Seine Wirksamkeit ist jedoch überhaupt noch nicht bewiesen.
- Auch die Homöopathie hat Hilfen parat. Der Homöopath verordnet flüssige Lösungen, die geringe Mengen Ihres gewohnten Tabaks enthalten. Ein speziell ausgebildeter Apotheker mischt sie aus einer Ihrer eigenen Zigaretten an.
- Auch verschiedene äußerlich anzuwendende Verfahren können herangezogen werden, allein oder zur Ergänzung der Allopathie oder Homöopa-

thie. Zu nennen sind die Akupunktur und die von ihr abgeleiteten Methoden, die Aurikulo-Akupunktur durch Einstechen oder semi-permanente Einpflanzung von Nadeln in bestimmte Punkte des Ohres oder durch einen Faden, der diese Punkte stimuliert, und die elektrische Stimulierung dieser Punkte mit Hilfe eines Apparates, den man bei sich trägt.

Oft führen diese Techniken im Augenblick zu zufriedenstellenden Ergebnissen; das Problem ist allerdings die Dauerhaftigkeit des Erfolgs. Die größte Schwierigkeit liegt darin, den Versuchungen zu widerstehen; nicht wieder rückfällig zu werden, indem man in schwierigen Momenten erneut beim Rauchen Zuflucht sucht. Und es gibt das Risiko einer eventuellen Gewichtszunahme ...

Ein wichtiger Verbündeter: der Schlaf

Mein Schlaf

Ich habe immer verhältnismäßig gut geschlafen, besonders in Flugzeugen, Autos und Zügen, darum fahre ich auch selbst nicht Auto. Jetzt kann ich wunderbar sieben Stunden schlafen, ungestört von eventuellen Problemen oder mehr oder weniger angenehmen Ereignissen. Ich kann, falls nötig, kleine Schläfchen von 5 bis 15 Minuten machen, die so tief sind wie mein Nachtschlaf und die mich total erfrischen und entspannen.

Während der Schlankheitskur und auch noch jetzt, denke ich oft beim Einschlafen an mein Frühstück des nächsten Morgens: die Joghurts, das getoastete Vollkornbrot zum Tee.

K.L.

Zwar kann man noch nicht genau erklären, warum, aber sicher ist, schlafen ist lebenswichtig. Ein tiefer ruhiger Schlaf in eher kühler Umgebung sorgt dafür, daß man putzmunter aufwacht, und ist die Grundlage, um tagsüber in einer guten Verfassung zu sein.

Im Schlaf wird der Stoffwechsel heruntergefahren, der Körper schöpft frische Kräfte, und die Träume befreien die Seele. Im Schnitt braucht der Mensch acht Stunden Schlaf in 24 Stunden, manche weniger, andere mehr. Das Schlafbedürfnis nimmt ab, je älter man wird.

Gehen Sie zum Arzt!

Viele Millionen Menschen nehmen allabendlich Medikamente ein, um einschlafen zu können. Falls das bei Ihnen auch der Fall sein sollte, hören Sie damit nicht plötzlich von einem Tag zum anderen auf. Manche Mittel erzeugen einen Gewöhnungseffekt, daher muß die Dosis nach und nach verringert werden. Ein plötzliches Absetzen könnte zur Folge haben, daß Sie gar nicht mehr schlafen können. Suchen Sie zuvor einen Arzt auf, der natürlichen Heilverfahren positiv gegenübersteht und Ihnen genau angeben kann, in welchem Rhythmus Sie Ihre Schlafpillen durch weniger schädliche oder völlig natürliche Mittel ersetzen können.

Manchmal ist nicht erholsamer Schlaf direkt auf Störungen während der Schlafphase zurückzuführen, besonders auf sogenannte Schlaf-Apnoen, kurze Atemstillstände. Wenn der Arzt derartige Störungen vermutet, wird er

Ihnen eine Spezialuntersuchung verordnen, um eine genaue Diagnose zu stellen und die Behandlung einleiten zu können. Schlaflosigkeit kann – im Gegensatz zu einer Hypersomie – auch das Vorzeichen einer Depression sein.

Einige wesentliche Hinweise für einen guten Schlaf

Jeder hat seinen eigenen Rhythmus; finden Sie heraus, wann für Sie der ideale Zeitpunkt des Zubettgehens ist. Er macht sich ganz einfach durch Müdigkeit, durch Gähnen oder durch ein unweigerliches Bedürfnis, die Augen zu schließen, bemerkbar. Gehen Sie schlafen, wenn Sie müde sind, richten Sie sich nicht nach den Schlafgewohnheiten Ihres Partners oder Ihrer Partnerin. Lassen Sie den richtigen Moment nicht verstreichen, oder warten Sie die nächste Phase von Schläfrigkeit (1 1/2 oder 2 Stunden später) ab. Wenn Sie sich zu Bett legen und der Schlaf sich nicht einstellen will, versuchen Sie nicht, um jeden Preis doch einzuschlafen. Stehen Sie auf und beschäftigen Sie sich ganz in Ruhe mit etwas anderem, bis die Schläfrigkeit Sie erneut überkommt.

- Essen Sie abends nicht zu reichlich und verzichten Sie auf jeglichen Alkohol und alle anregenden Getränke (Tee, Kaffee). Trinken Sie nach dem Abendessen lieber einen Kräutertee aus Orangen- oder Lindenblüten, oder noch eine Tasse warme Milch.
- Schotten Sie Ihr Schlafzimmer so gut wie möglich von Umgebungslärm ab. Lüften Sie es gründlich. Empfehlenswert ist eine Temperatur nicht über 18°. Und wählen Sie ein Bett, das weder zu weich, noch zu hart ist, dazu leichte Decken und ein ziemlich flaches Kissen.
- Verschaffen Sie sich möglichst vor dem Zubettgehen etwas Bewegung: die beste Vorbereitung auf den Schlaf ist ein Spaziergang von einer viertel oder halben Stunde. Meiden Sie dagegen vor dem Schlafengehen jegliche größere physische oder intellektuelle Anstrengung. Wenn Sie besonders nervös sind, können Sie zwei oder drei Tage lang vor der Nachtruhe ein Bad mit Heu- oder Lindenblüten nehmen.
- Für diejenigen, die besonders schwer in den Schlaf finden oder an chronischer Schlaflosigkeit leiden, haben Behandlungen wie die Entspannungstherapie, die Akupunktur und die Aurikulo-Akupunktur, pflanzliche Therapien oder die Homöopathie ihre Wirksamkeit bewiesen.

Gegen die Müdigkeit ankämpfen

Die Müdigkeit ist das große Übel unserer Zeit; ihr Ursprung liegt häufig in nicht ausreichendem, zu wenig erholsamen Schlaf, aber auch ganz schlicht in einer übermäßigen Beanspruchung der Sinne – besonders des Hörsinns durch Fernsehen, Radio, Verkehrslärm und die Geräuschkulisse von Auto und öffentlichem Personennahverkehr – und im Alltagsstreß.

Aber Müdigkeit kann auch die Folge einer unausgewogenen Ernährung sein. Ein Zuviel oder Zuwenig an Vitaminen, Mineralstoffen, Spurenelemente, Proteinen, Fetten oder Kohlenhydraten kann den Hormonhaushalt aus dem Gleichgewicht bringen oder Verdauungsbeschwerden verursachen, die zu einer Überbelastung des Organismus mit Toxinen oder zu Stoffwechselstörungen führen. Folge ist eine vorzeitige Abnutzung der inneren Organe, des Knochengerüsts und der Muskeln. Mit dieser Alterung der Zellen geht eine ständige Müdigkeit einher.

- Eine physische Ermüdung tritt ein, wenn der Organismus sich nur unzureichend seiner Abfälle – der Milchsäuren – entledigen kann, weil die Mus-keln überbeansprucht werden oder nicht hinlänglich in Form sind. Im allgemeinen wird man mit einer Nacht ruhigen Tiefschlafs damit fertig. Wenn die Müdigkeit sich aber länger als nur ein paar Tage hält, kann es erforderlich werden, seine normale Tätigkeit für eine gewisse Zeit einzuschränken und zu drastischeren Mitteln wie einer Schlafkur, Massagen, medizinischen Bädern oder Akupunktur zu greifen.
- Intellektuelle Ermüdung, besonders Probleme mit dem Gedächtnis, können auf Phosphormangel zurückzuführen sein. Getreidekeime, Eigelb in Maßen, Champignons, Krustentiere und Fisch, Gerste, Linsen... sind Nahrungsmittel, die diesen Mangel ausgleichen können. Sie sollten wissen, daß Phosphor vom Körper besonders gut in Verbindung mit Mangan aufgenommen wird, das in Paranüssen, Mandeln, Gerste, Weizenvollkorn, Spinat und Erdnüssen enthalten ist.
- Die psychische Ermüdung steht am Ende lang andauernder physischer oder intellektueller Verausgabung. Ein solcher Zustand kann zu Depressionen führen, besonders dann, wenn der Erschöpfte, um fit zu bleiben, zu Aufputschmitteln greift, statt seine Aktivitäten zu unterbrechen und Körper wie Geist Ruhe finden zu lassen. Das endokrine System zeigt nach und nach Verschleißerscheinungen, und das führt zu einem Zustand totaler Erschöpfung. Sollte das bei Ihnen der Fall sein, suchen Sie einen Arzt auf; je nach Bedarf wird er Ihnen eine Psychotherapie verordnen oder Ihnen für kurze Zeit ein Psychotropikum – unter Umständen auch auf

pflanzlicher Basis (Phytotherapie) – verschreiben. Möglicherweise empfiehlt er aber auch die Akupunktur, eine homöopathische Behandlung, eine Entspannungstherapie oder eine Kur mit Spurenelementen (Magnesium, Selen).

Welchen dieser Behandlungen Sie aber auch immer den Vorzug geben, lassen Sie die Ermüdung auf keinen Fall chronisch werden. Nehmen Sie Ihren Mut fest in beide Hände und gehen Sie zum Arzt!

Mit Gymnastik in Form bleiben!

Gymnastik

Als Kind habe ich mich in der Schule intensiv sportlich betätigt; vor allem bin ich Fahrrad gefahren, denn das ist in Norddeutschland das einfachste Fortbewegungsmittel. Außerdem habe ich regelmäßig geturnt und unglaublich viel getanzt. Heute mache ich jeden zweiten Tag 15 bis 30 Minuten lang Übungen in meinem Gymnastikraum, ein paar Bewegungen zum Lockern, dann geht's auf den Stepper; ich stemme Gewichte, doch in Maßen. Ich will auf diese Weise die Spannkraft meiner Muskeln erhalten und mich in meinem Körper wohl fühlen. Ich lege aber Wert darauf, daß Kleidung elegant fällt, da muß man beim Sport aufpassen, da das für den Sitz der Jacken nicht besonders ideal ist.

K.L.

Viel zu oft mißachten wir, daß unser Körper für Bewegung gebaut ist, und daß auch unsere inneren Organe unbedingt die Massage durch Bewegungen brauchen, sonst erschlaffen sie und sind in ihrer Wirkung beeinträchtigt. Sogar das Gehirn und das Nervensystem verlangen vom Körper eine ausreichende Sauerstoffzufuhr, damit sie richtig funktionieren können.

Einige Übungen – etwa 15 Minuten täglich – reichen schon, um wieder in Form zu kommen. Wenn Sie das konsequent befolgen, werden Sie daraus Ausgeglichenheit, Entspannung und neue Energie schöpfen. Melden Sie sich zu einem Gymnastikkurs an. Treiben Sie Yoga oder eine andere Art sanfter Bewegung, bei der die Atmung die Grundlage der Bewegung ist – Tai-Chi zum Beispiel: Sauerstoff dient dem Körper sozusagen als »Treibstoff«, Körperbetätigung ohne Sauerstoffzufuhr bedeutet, den Körper zu überdrehen; selbst wenn man dadurch etwas Muskelmasse zulegt, wird der Organismus auf diese Weise doch erschöpft.

Werden Sie nicht ungeduldig, falls sich nicht sofort Ergebnisse zeigen, vor allem, wenn Sie seit Jahren keinen Sport mehr betrieben haben. Lassen Sie sich davon nicht beirren, daß Sie an den ersten Tagen Schmerzen verspüren. Sehr bald werden Sie eine deutliche Verbesserung Ihres physischen wie auch mentalen Allgemeinzustandes bemerken. Ihr Blutkreislauf wird angeregt, und Ihr Körper wird sich straffen. Dadurch wird Ihr äußeres Auftreten in jeglicher Hinsicht gewinnen: mehr Eleganz, geschmeidigere und leichtere

Bewegungen. Die Müdigkeit wird sich legen, Rückenschmerzen werden zurückgehen. Ohne zu übertreiben, kann man behaupten, daß 80% der Rückenschmerzen auf einer vermeidbaren Schwäche der Muskulatur beruhen. Bei diesen Beschwerden, über die jeder Sechste klagt, spielt auch die allgemeine Körperhaltung eine wesentliche Rolle – gerader oder runder Rücken.

Bevor Sie sich auf ein Gymnastikprogramm einlassen, konsultieren Sie Ihren Arzt, um Blutdruck, Herzrhythmus und Atemfrequenz kontrollieren zu lassen.

Auch wenn täglich nur fünfzehn Minuten aufzuwenden sind, damit Ihre Übung Wirkung zeigen, so liegt das Erfolgsgeheimnis doch in der Regelmäßigkeit der Betätigung. Geben Sie deswegen Ihre guten Vorsätze nicht beim kleinsten Vorwand wieder auf – wegen einer Reise zum Beispiel. Erhalten Sie Ihre tägliche Gewohnheit aufrecht, wo auch immer Sie sich befinden. Ersetzen Sie im ungünstigsten Fall die täglichen Übungen durch einen vierzigminütigen Fußmarsch. Hüten Sie sich aber davor, bei den Übungen Ihre Möglichkeiten zu überschreiten; falls Schmerzen auftreten, hören Sie auf und ruhen Sie sich aus.

Atmen lernen

Wenn Sie seit Jahren keine Gymnastik mehr getrieben haben, haben Sie sicher verlernt, so zu atmen, wie es Ihren Möglichkeiten optimal entspricht. Hier zwei einfache Wege, Ihre Atmung zu verbessern:

- Halten Sie mehrmals am Tag inne (morgens, mittags und abends zunächst zweimal, dann steigernd), atmen Sie tief ein, halten Sie den Atem an und atmen Sie dann langsam wieder aus; verharren Sie dann eine Weile ohne Luft in den Lungen, gewissermaßen atemlos und atmen Sie dann wieder tief durch.
- Halten Sie das Kinn auf die Brust gesenkt, den Hinterkopf nach oben gereckt und atmen Sie langsam ein; drücken Sie die Schultern dabei nach unten. Atmen Sie dann langsam wieder aus; dabei beugen Sie den Kopf nach hinten und ziehen die Schultern zu den Ohren hoch. Machen Sie diese Übung morgens und abends; erhöhen Sie dabei von Mal zu Mal die Zahl der Atemzüge.

Aufwärmen

Aufwärmübungen sind zu Beginn jeder Übungseinheit unverzichtbar: Wenn Sie Ihre Muskeln in kaltem Zustand beanspruchen, riskieren Sie Muskelrisse.

- Stellen Sie sich, die Füße etwa schulterbreit auseinander, aufrecht hin und heben Sie die Arme über den Kopf, so daß sie mit den Körper eine Linie bilden. Halten Sie dabei die geöffneten Hände flach gegeneinander. Die Wirbelsäule ist gerade. Schwingen Sie die Arme nach vorne und gehen Sie dabei in die Knie. Beugen Sie dann den Rumpf vor und schwingen Sie die Arme nach hinten durch. Ziehen Sie die Arme dann wieder nach vorne und richten Sie sich dabei wieder auf, sodaß die Knie gestreckt sind. Lassen Sie die Arme wieder in die Ausgangslage zurückschwingen. Führen Sie diese Übung anfangs dreimal durch, steigern Sie sich dann bis zu zehnmal.
- Eine weitere Möglichkeit, die Muskeln aufzuwärmen: schulterbreiter Stand, die Arme über den Kopf zu einer geraden Linie mit dem Körper strecken, die Hände flach, die gespreizten Finger drücken gegeneinander, die Wirbelsäule ist gerade. Unter Beibehaltung der Armhaltung mit geradem Rücken den Rumpf nach vorne neigen, bis der Körper einen rechten Winkel bildet. Mit durchgedrückten Beinen so stehen bleiben, dabei darf kein runder Rücken entstehen. Pendeln Sie mit dem Oberkörper in dieser Haltung mehrmals nach links und rechts. Mit gestreckten Beinen dann den Oberkörper und die Arme locker nach vorne fallen lassen und sich dehnen; dabei pendeln die Arme zwischen den Beinen hindurch. Richten Sie sich anschließend wieder auf. Diese Übung dreimal wiederholen.

Übungen für die Schultern

Der Kapuzenmuskel oben auf den Schultern neigt zu Verspannungen und Verhärtungen, die bohrende Schmerzen verursachen.

- Füße schulterbreit auseinander, eine aufrechte Position einnehmen, die Schultern zu den Ohren hoch ziehen, dann wieder in die Ausgangslage fallen lassen (fünfmal).
- Aus derselben Stellung die Schultern nach vorne ziehen, dabei darauf achten, daß der Rücken gerade bleibt. Die Schultern wieder nach hinten drücken (fünfmal).
- Ebenfalls in derselben Stellung die Schultern abwechselnd nach vorne und nach hinten kreisen lassen (fünfmal).

Übungen für die Brust

Wenn Sie das Aussehen Ihrer Brust wirklich verändern wollen, bleibt nur die plastische Operation. Um Ihre Brüste zu straffen, benetzen Sie sie morgens und abends mit kaltem Wasser und machen Sie die folgenden Übungen:

- Schulterbreiter Stand, aufrechte Position, den Blick fest auf einen Punkt in Augenhöhe richten. Die Handflächen vor dem Gesicht in Mundhöhe gegeneinander pressen, Spannung 10 Sekunden halten, dann wieder lockern (fünfmal).
- In aufrechter Stellung bei geradem Rücken die Arme verschränken, mit den Händen die Unterarme umfassen und auseinander drücken, dann wieder zusammenziehen (fünfmal).

Übungen zur Lockerung der Schultern

Für alle Übungen gilt: darauf achten, daß die Schultern nicht hochgezogen werden.

- In aufrechter Stellung mit leicht gespreizten Beinen, die Füße leicht nach außen, die Arme ausgebreitet. Die Arme nach vorne, dann nach hinten kreisen lassen (fünfmal in jede Richtung).
- In aufrechter Haltung mit schulterbreitem Stand, die Fußspitzen leicht nach außen gedreht, die Arme ausbreiten. Die geöffneten Handflächen zeigen nach oben. Ellbogen gerade, aber nicht durchgestreckt. Die Arme nach oben ziehen, als ob ein Luftwiderstand zu überwinden wäre.
- Dieselbe Übung, die Handflächen aber zum Boden gedreht, die Arme nach unten drücken, als ob ein Luftwiderstand zu überwinden wäre.
- In aufrechter Haltung mit leicht gespreizten Beinen und geradem Rücken die rechte Hand auf die rechte Schulter legen und die linke auf die linke Schulter. Die Ellbogen zuerst vor der Brust so eng wie möglich zusammenführen, dann nach vorne hochziehen, bis sie einander berühren. Sie dann noch etwas weiter anheben, anschließend wieder sinken lassen und seitlich an den Körper legen. Bei der Übung muß der Rücken gestreckt bleiben (fünfmal, dann zehnmal).
- In aufrechter Haltung und schulterbreitem Stand, Füße leicht ausgestellt, die Hände zu Fäusten geballt, die Arme in einer Pendelbewegung, die oben aus dem Rücken kommt, vor dem Körper kreuzen und wieder zurückführen (zehnmal).
- In aufrechter Haltung, die Füße leicht ausgestellt, Knie leicht gebeugt; die Arme liegen seitlich am Körper an, die offenen Handflächen zeigen zum Boden. Ziehen Sie die Arme in dieser Haltung nach hinten oben (zehnmal).
- In aufrechter Haltung, die Füße leicht ausgestellt, die Arme angewinkelt zu beiden Seiten des Körpers, die geballten Fäuste zeigen nach unten. Bei geschlossener Faust die Hände vor die Brust ziehen, die Arme weit öffnen und richtig strecken (zehnmal).

Übungen für Taille und Hüften

- Schulterbreiter Stand, Rücken aufrecht, Bauch und Po angespannt, Knie leicht gebeugt, die ausgestreckten Arme nach links und rechts in einer Scherenbewegung zusammenklappen und wieder öffnen (zehnmal).
- In aufrechter Stellung mit leicht gegrätschten Beinen und geradem Rükken beide Hände hinter den Kopf legen und sich zur linken Seite neigen. Danach Seitenwechsel. Verdrehen Sie nicht Ihren Oberkörper, die Bewegung kommt nur aus der Taille (zehnmal in jede Richtung).
- Dieselbe Übung als kreisende Bewegung des Oberkörpers, diesmal jedoch mit angewinkelten Armen, die Fingerspitzen liegen auf den Schultern (zehnmal in jede Richtung).
- In aufrechter Stellung, Beine leicht gegrätscht, die angewinkelten Arme vor der Brust gekreuzt, durch Vornüberbeugen mit dem rechten Ellbogen das linke Knie berühren. Auf dieselbe Weise den linken Ellbogen auf das rechte Knie senken. (zehnmal in jede Richtung).
- Legen Sie sich auf die linke Seite, so daß der linke Arm ausgestreckt unter Ihrem Kopf ruht; Sie bilden von den Füßen bis zu den Händen eine gerade Linie. Heben Sie das ausgestreckte rechte Bein und heben Sie es zehnmal von oben nach unten. Legen Sie sich auf die rechte Seite und wiederholen Sie dasselbe mit dem linken Bein.

Übungen für die Bauchmuskeln

- Legen Sie sich mit dem Rücken auf eine festen Unterlage, winkeln Sie die Beine an und ziehen Sie sie nacheinander an den Bauch. Die Arme liegen lang ausgestreckt über Ihrem Kopf. Wichtig ist, daß der Rücken ein paar Sekunden lang fest auf die Liegefläche drückt (zehnmal).
- Lang ausgestreckt auf dem Rücken liegend – die Arme zu beiden Seiten längs des Körpers, die Handflächen nach unten gekehrt – ziehen Sie die Knie an den Bauch und richten Sie unter Anspannung der Muskeln den Oberkörper auf, sodaß die Hände schließlich an den Knöcheln liegen (fünfmal).
- Dieselbe Position, ziehen Sie diesmal die Knie aber bis an die Brust (fünfmal).
- Legen Sie sich mit angewinkelten Beinen auf den Rücken, so daß die Knie sich berühren, die Füße leicht auseinandergestellt, die Hände hinter dem Kopf verschränkt. Heben Sie den Oberkörper von der Unterlage, indem Sie die Schultern und einen Teil des Rückens anspannen. Lassen Sie sich dann wieder auf die Unterlage sinken (fünfmal).

- Dieselbe Stellung, jetzt die Füße aber enger nebeneinander. Die Knie angewinkelt, die Hände hinter dem Kopf verschränkt; heben Sie das linke Bein an (die Fußspitze zeigt nach oben) und heben Sie den Oberkörper in Richtung des abgehobenen Beins, ohne daß dieses sich bewegt. Machen Sie dieselbe Übung mit dem rechten Bein (fünfmal).
- Legen Sie sich mit angewinkelten Beinen auf den Rücken, die Arme neben dem Körper ausgestreckt, die geöffneten Handflächen liegen auf der Unterlage. Heben Sie den gesamten Körper an, bis auf die Arme, die Füße und die Schultern. Stützen Sie Ihre Hüften mit den Händen ab und heben Sie sich weiter. Gehen Sie dabei langsam vor, und senken Sie dann den Körper, mit dem Oberkörper beginnend, ebenso langsam.
- Mit dem Rücken auf eine feste Unterlage legen, die Hände – Handflächen nach unten – unter den Po legen, heben Sie nun die gestreckten Beine, bis sie so rechtwinklig wie möglich zum Körper stehen, heben Sie gleichzeitig den Nacken und den Oberkörper von der Unterlage ab. Während Sie das rechten Bein möglichst hoch recken, senken Sie das linke, und umgekehrt, wie eine sich öffnende und schließende Schere (fünfmal).
- Mit dem Rücken auf eine festen Unterlage legen, die Hände hinter dem Kopf verschränken. Heben Sie Kopf und Schultern vom Boden ab und führen den rechten Ellbogen zum linken Knie, das gleichzeitig an den Körper gezogen wird. Ziehen Sie in derselben Weise linken Ellbogen und rechtes Knie gegeneinander (fünfmal für jede Seite).

Übungen für den Rücken

- Setzen Sie sich mit geschlossenen, ausgestreckten Beinen und senkrecht über dem Kopf ausgestreckten Armen auf den Boden. Beugen Sie langsam den Oberkörper nach vorn, bis die Hände die Füße berühren und der Kopf auf den Knien liegt. Übertreiben Sie es nicht, versuchen Sie es lieber ein weiteres Mal. Am Anfang heben die Knie öfter vom Boden ab (dreimal).
- Legen Sie sich auf eine feste Unterlage. Heben Sie Schultern und Kopf an, winkeln Sie die Beine an und umfassen Sie die Füße fest mit den Händen. Lassen Sie dann – die Füße immer noch fest im Griff – Kopf und Rücken auf die Unterlage sinken, ziehen Sie dabei die Füße gegen den Leib, wie man es häufig bei Babys sieht (dreimal).

Ein Schlüsselwort: das Gleichgewicht

Um in Form zu bleiben, müssen Sie alles daran setzen, Ihr Leben und Ihre Arbeit gut zu organisieren und ein harmonisches Verhältnis zwischen Ihrem Familienleben, Ihrer Berufstätigkeit, Ihrer Freizeitbeschäftigung und Ihren Verpflichtungen herzustellen. Man hört häufig Klagen von Leuten, die sich in ihrer Haut nicht wohlfühlen, sich alle möglichen Sorgen machen, deprimiert sind und Überdruß verspüren, mit einem Wort, nicht gut drauf sind, und ihr Hauptproblem liegt in ihrer Unfähigkeit, ihr Leben zu organisieren.

Oft neigen wir Menschen dazu, Tatsachen als gegeben hinzunehmen, obwohl sie nur die Folge einer verborgenen Ursache sind. So klagen manche Leute über ständige Müdigkeit und suchen in Medikamenten Abhilfe. Andere sind traurig, depressiv und nehmen Zuflucht zur Medizin, indem sie ihren Charakter mit Beruhigungsmitteln verändern. Wieder andere schlafen schlecht, liegen nachts lange wach und sind schon morgens beim Aufstehen völlig erschöpft.

Der Arzt, den sie aufsuchen, unterzieht sie gleich einer ganzen Serie von Untersuchungen, um der Störung auf den Grund zu gehen, und findet manchmal auch eine Ursache, die er dann behandeln kann. Aber in sehr vielen Fällen handelt es sich ganz einfach um Erscheinungen einer unangepaßten Lebensweise, der gegenüber auch der Arzt machtlos ist. Er kann vielleicht die Störungen abmildern oder durch eine Behandlung zum Verschwinden bringen, sobald die Behandlung aber aufhört, treten die Störungen wieder auf; in Wirklichkeit hat sich nichts geändert! Die Behandlung hat sich nur wie ein Schleier über die Störungen gelegt, um sie zu verhüllen.

Welche Lehre kann man daraus ziehen? Schlicht die, daß die Umstände diese Patienten veranlaßt haben, eine Existenzweise anzunehmen, die sie nicht vertragen, oder die sie vielleicht einmal vertragen haben, aber jetzt nicht mehr. Darauf reagieren dann Körper und Seele und melden in Form von Störungen Protest an. Zum Beispiel verrichtet jemand eine Arbeit, die ihn nicht erfüllt, seine Kollegen bringen ihn zur Verzweiflung, sein so sehr geliebter Partner ist ihm unerträglich geworden..., er läßt sich dadurch aber nicht erschüttern, schluckt Beruhigungsmittel und wartet darauf, daß es sich bessert... oder er an Altersschwäche stirbt.

In einer solchen Lage sollte man reagieren, die Augen öffnen und endlich zu verstehen versuchen, worin denn eigentlich die Ursachen des Zustands liegen, in dem man sich befindet: erst dann werden einem Lösungen einfallen. Es ist eine Frage des persönlichen Temperaments und der materiellen Situation – beide bestimmen die Wahlmöglichkeiten – ob man sich klarsichtig auf die Situation einläßt, was einem das Leben schon erheblich erleichtert, ob man Arrangements aushandelt, damit der Mißstand sich bessert oder die Probleme ganz verschwinden. Zugegebenermaßen ist es schwierig und oft auch schmerzhaft, sich eine andere Arbeitsstelle zu suchen oder sich von jemandem zu trennen, aber davor die Augen zu verschließen, kann nicht die richtige Lösung sein. Letztendlich hat alles seinen Preis, das Glück und auch der Zustand, in dem man verbleibt.

Positiv denken

Wozu klagen und sich krank ärgern, wenn etwas anders läuft als man es sich vorgestellt hat? Wenn Sie auf eine Schwierigkeit stoßen, tun Sie besser daran, die Situation als solche zu akzeptieren und zu versuchen, mit dem Problem oder gar der Katastrophe zurechtzukommen. Haben Sie sich erst einmal eingestanden, daß es zwecklos ist, gegen Ereignisse, die nicht von Ihnen abhängen, anzugehen, so haben Sie einen großen Schritt in Richtung Gelassenheit getan. Das bedeutet nun nicht, in tiefste Schicksalsergebenheit zu verfallen – sie würde nur zu Gleichgültigkeit und Untätigkeit führen. Ganz im Gegenteil, reagieren Sie unverzüglich, ohne Zeit mit langen Klageliedern zu verlieren, und suchen Sie die günstigsten Lösungen, um der Situation die Stirn zu bieten.

Wenn bei Ihrem Problem erst einmal das Gröbste überwunden ist, dann können Sie es noch einmal in aller Ruhe überdenken; Sie können erforschen, ob die Ursache nicht bei Ihnen selbst, in Ihrem eigenen Verhalten liegt. Dann können Sie daraus eine Lehre für die Zukunft ziehen und Wiederholungen begegnen, indem Sie selbst sich ändern.

Soweit eine Art von Philosophie, mit der Sie in vielen Situationen zurechtkommen, von den kleinen Alltagsärgernissen bis zu den schwerwiegendsten Ereignissen.

Eine erfüllende Arbeit

Arbeit

Man sagt, ich sei arbeitssüchtig; für mich ist die Arbeit eigentlich keine Arbeit, denn ich tue sie ja gern. Wenn ich eine Tätigkeit so reichlich betrieben habe, daß ich davon erst einmal genug habe, gehe ich zu einer anderen über. Mit der Mode, und was dazu kommt, meinen Fotostudios, meinem Verlag mit Gerhard Steidl samt Buchhandlung und einiger Dinge mehr, langweile ich mich nie; im Gegenteil, ich bin glücklich und dankbar, das alles machen zu können. Es versteht sich von selbst, daß das alles nur mit einer reibungslosen Organisation funktionieren kann. Ich habe die Mitarbeiter um mich herum sorgfältig ausgewählt, und jeder weiß, was ich von ihm erwarte. Es wäre mir höchst zuwider, meine Zeit durch mangelhafte Organisation zu verlieren, denn es gibt so viel zu tun, zu hören, zu sehen, zu lesen, zu zeichnen und zu schreiben... Langeweile gibt es nicht, nur langweilige Leute, die sich für nichts interessieren.

K.L.

Um in Form zu bleiben, ist es absolut wünschenswert, daß Sie eine Arbeit verrichten, die Ihrem Interesse und Ihrer Neigung entspricht. Wie viele Menschen setzen für ihre Arbeit im wahrsten Sinne des Wortes ihre Gesundheit aufs Spiel. In zahlreichen Fällen ist es so, daß die Leute dem Beruf, den sie ausüben, überhaupt kein Interesse entgegenbringen und er für sie immer mehr zu so etwas wie einer Zwangsarbeit wird, die sie im Laufe der Zeit als ständige Aggression empfinden. Ihr Körper reagiert auf diese Aggression mit Störungen, und Nicht-in-Form-zu-sein ist noch die geringste.

Gewiß ist nicht jedermann dazu auserkoren, einen glanzvollen Posten einzunehmen, aber man kann in mehr als einem Metier Erfüllung finden, vorausgesetzt, man liebt seinen Beruf, fühlt sich zu ihm »berufen« und erfährt durch ihn eine persönliche Zufriedenheit. Wenn das bei Ihnen nicht der Fall ist, tauschen Sie Ihre jetzige Arbeitsstelle gegen eine echte Aufgabe ein; bei allen Schwierigkeiten ist das die Mühe wert. Sollte das nicht möglich sein, kompensieren Sie, wenn irgend möglich, die frustrierenden Bereiche Ihrer beruflichen Tätigkeit mit irgendeiner Freizeitbeschäftigung, Hauptsache, sie gefällt Ihnen, Sie können sich voll darin einbringen und selbst verwirklichen.

Die Vorzüge einer guten Organisation

Um gut in Form zu sein, ist es erforderlich, mit sich selbst im Gleichgewicht zu sein, und das Gleichgewicht erfordert seinerseits eine gewisse Regelmäßigkeit im alltäglichen Leben.

Lassen Sie sich Ihre Freizeit nicht von Verpflichtungen auffressen, zu denen Sie keine Lust haben. Machen Sie sich das Leben so einfach wie möglich, streichen Sie aus Ihrem Freundeskreis die, zu denen Sie sich nicht hingezogen fühlen, meiden Sie Komplikationen aller Art, es sei denn, Sie verspüren Lust auf die eine oder andere Verwicklung. Mit einem Wort, bringen Sie sich nicht in die Lage, daß Sie etwas über sich ergehen lassen müssen.

Teilen Sie in Ihrer partnerschaftlichen Beziehung die unangenehmen, aber notwendigen Aufgaben mit Ihrem Partner.

Wenn Ihre Arbeitsstätte von Ihrer Wohnung zu weit entfernt ist und die zeitraubenden Fahrten Sie mürbe machen, wechseln Sie Ihre Arbeit – oder ziehen Sie um. Wenn Sie sich zwingen durchzuhalten, lauert die Depression auf Sie, oder aber ein Magengeschwür. Ihr Körper empfindet diese Situation nämlich sehr wohl als unerträglich... Wenn Sie sich dagegen sträuben, diese unbefriedigende Situation selbst abzustellen, wundern Sie sich nicht, daß Sie nicht in Form sind!

Schaffen Sie sich einen regelmäßigen Zeitraum für körperliche Bewegung. Es ist keinesfalls erforderlich, daß Sie sportliche Höchstleistungen anstreben: regelmäßig spazierengehen oder schwimmen, etwas Joggen, Gymnastik oder Tennis sind ein bedeutender Beitrag dazu, daß Sie in Form bleiben.

Planen Sie ebenfalls einen festen Zeitraum für Betätigungen ein, die Sie persönlich mögen.

Was das Familienleben angeht, so ist sein Gleichgewicht wesentlich für die Ausgeglichenheit eines jeden einzelnen. Soweit eben nur möglich, widmen Sie jeden Tag einige Zeit Ihren Kindern, und wenn es nur ein paar Minuten sind.

Um tatsächlich in Bestform zu sein, ist zwingend notwendig, daß Sie für sich selbst verantwortlich sind, Ihr Wohlergehen in die eigenen Hände nehmen und sich selbst so organisieren, daß Sie Ihren Platz in der Gesellschaft finden, ohne von ihr erdrückt zu werden. Notwendig, daß Sie Ihre Vorteile wahrnehmen, die Nachteile aber so gut wie möglich zu vermeiden verstehen. Das ist der Preis, um Ihre Bestform zu erlangen, denn das seelische Gleichgewicht ist für das körperliche unerläßlich.

1 Die Pflegeserie »Les Basiques du Manoir« ist zu beziehen über:
Laboratoires Sunrex, 18, av. Des Champs-Élysées, 75008 Paris. Tel.: 0033 1 56 28 14 32 – Fax: 0033 1 47 27 31 08 – Internet: www.sunrexparis.com

Nachwort

»Manchmal gefror sein scharfsichtiger Blick zu einer Gleichgültigkeit, in der jedoch keine Verachtung lag, so wie es eben einem gestandenen Dandy geziemt, einem Mann, der etwas in sich trägt, was höher ist als die Welt der sichtbaren Dinge.«

Jules Barbey d'Aurevilly:
Über Dandyismus und Georges Brummell

»Das Tao, das einen Namen trägt, ist nicht das Tao. Das geschriebene Tao ist nicht das Tao. Es ist besser, sich die Ohren zuzuhalten als gesprochen zu hören den Namen des Tao.«

Wer Zugang zum Taoismus hat, kann der Versuchung nicht widerstehen, ihn mit dem Dandyismus gleichzusetzen. Wie unbenennbar der damit bezeichnete Zustand ist, veranschaulicht der Aphorismus Ciorans: »Wer im Bewußtsein lebt, ein Heiliger zu sein, der kann kein großer Heiliger sein.«

Genau so verhält es sich mit dem Dandyismus, den man nicht auf das reduzieren darf, was der Larousse darüber schreibt: »Modeerscheinung in Kleidung und Ästhetik, die auf einer besonders raffinierten, ständig sich erneuernden Eleganz beruht und mit geistiger Affektiertheit und Flegelhaftigkeit verbunden ist.«

Der Dandyismus ist eine kaum definierbare Geisteshaltung von hohem Anspruch; ihr liegt eine ständige Suche nach der vollendeten Harmonie zwischen dem Individuum, seiner Umwelt und nach außen sichtbaren Zeichen dieser Suche zugrunde.

Wie so häufig der Fall, liegt die öffentliche Meinung beim Dandyismus völlig daneben, hält die Auswirkungen für die Ursachen und stuft die Dandys als Exzentriker um jeden Preis ein: sie seien locker-frivole Gemüter und eitle, oberflächliche Individuen, die nur um sich selbst kreisen und dem Rest der Menschheit aus Prinzip keinerlei Interesse entgegenbringen.

Damit verkürzt man den Dandyismus um seine spirituelle Dimension und reduziert den Dandy auf einen albernen Hampelmann, genau zu jenem schmachtenden Gecken, den Paul Gavarni zeichnete: Im Park des Palais-Royal hat er sich gleich auf sieben zusammengestellten Stühlen in Positur gebracht und liegt wie hingegossen da. Doch das ist nur der inszenierte äußere Schein des Dandys und zeigt nicht die Fundiertheit und ganze Breite der Lehre. Mag auch vordergründig der Eindruck entstehen, als käme es nur auf die äußere Erscheinung an, tief im Inneren ist der Dandyismus ein Akt der Weltabkehr und der Selbstentsagung im demütigsten aller Büßergewänder, dem der Eleganz. Der Dandy tritt in dem Sinne eigentlich gar nicht mehr auf, sondern ist paradoxerweise ständig am Verschwinden. Seine Gestalt wandelt in entgegengesetzter Richtung zu den neu aufgetauchten Welten; sein Stock gleicht einem Periskop, ausgefahren zur Beobachtung eines vergessenen Kontinents, den Apollinaire, dieser Lehrmeister des Dandytums, ständig beschwor.

Ich war der Ansicht, die Art der Dandys wäre endgültig im Aussterben begriffen, erdrückt von der Übermacht des Einheitstypus, des Ideals von Gleichmacherei und Mehrheitsströmung, dessen Credo Uniformität (wenn auch ohne Uniform) ist und dem Originalität – vor allem im Denken – ein Horror ist.

So ist der Lauf der Welt, und die Anhänger des Dandyismus haben es nicht leicht, weiterhin ihr Überlebens-Biotop zu behaupten; Meter um Meter müssen sie dafür kämpfen. Nur um den Preis zahlreicher Zugeständnisse an die Welt um sie herum haben die letzten Dandys den Grundbestand ihrer Lebensphilosophie verteidigen können: die größte Freiheit und die Originalität im Denken. Diese beiden geistigen Voraussetzungen bestimmen verständlicherweise auch das Verhalten des Dandys und drücken seiner ganzen Lebensart den Stempel des Originellen auf. Das muß sich nicht unbedingt in extravaganter Kleidung ausdrücken, manche sind nur Dandys im Geiste, andere geben sich durch ihr ausgefallenes Outfit als »komplette« Dandys zu erkennen. Bei einer derartigen Zurschaustellung der zugrundeliegenden Philosophie bleiben Konfrontationen mit Mitmenschen nicht aus, und der Dandy wird oft als unsympathisch, arrogant, provozierend und als gesellschaftlicher Außenseiter eingestuft. Er erträgt die Schwierigkeiten, die man ihm macht, und alle möglichen Affronts, lebt mit der Kritik von allen Seiten und dem Spott seiner Mitmenschen. Was ihm besonders zusetzt, ist der ständige Konflikt mit sich selbst, die Zerrissenheit zwischen dem, was er ist, und dem, was er werden möchte, um dem Idealbild seiner selbst zu entsprechen.

Die quälenden Selbstzweifel, von denen der Dandy beherrscht wird, finden ihren Ausdruck in einer Festtags-Maske, hinter der sich das drohende Drama verbirgt.

Nach außen keine Tränen zeigen!
Bleib' ein geheimnisvoller Märtyrer,
Versteck deine Seele vor der Neugier
Derer, denen du begegnest.

Lass' beim Klang von Musik in moll
Sich ergießen die Ängste deines Herzens
Doch zeig' nach außen keine Tränen!
Bleib' ein geheimnisvoller Märtyrer.

Bleibe stumm bis dahin du scheidest!
Der wahre Spleen schweigt sich aus
Und das Bewußtsein hat Augen
Nur um jederzeit zu weinen.
Doch nach außen keine Tränen zeigen!

Diese gereimte Aufforderung des Dandy Maurice Rollinat, tragischer Dichter der »Névroses«, deckt sich mit der Regel des Asketismus, wie sie auch für Oscar Wilde noch Gültigkeit besaß: »Wie der gute Franz von Assisi bin ich mit der Armut vermählt; aber in meinem Fall ist die Ehe gescheitert.« Selbst *Die Ballade vom Zuchthaus zu Reading*, fürwahr ein Werk schwarzer Gedanken, trägt in ihrem Herzen den Keim der Eitelkeit: wie die Lilie in seiner Hand, als er auf dem Piccadilly Circus flaniert, oder jene Verwünschung, die er wenige Stunden vor seinem Tod der Einrichtung seines Zimmers im Hotel d'Alsace entgegenschleuderte: »Ich habe mich mit der Tapete auf Leben und Tod duelliert.«

Leichtigkeit und schwermütiger Ernst sind die beiden Pole, zwischen denen der Geist des Dandy hin- und herschwingt. So bat der Modezar Brummell, als er ruiniert und krank war und mit einem Fuß im Grabe stand, die Schwestern des Hospizes in Caen um einen Spiegel, denn nichts war ihm wichtiger, als den korrekten Sitz seiner Kleidung zu überprüfen.

Hinter der Eitelkeit des Dandys, die sich auch bei Karl Lagerfeld findet, wenn er sagt: »Ich will ein schicker Kleiderbügel sein«, verbirgt sich in Wirklichkeit eine Entschlossenheit, ein unbeugsamer Wille, seinen Körper wie Materie zurechtzubiegen und nach dem zu formen, was sein Geist will.

Die wahre Eleganz ist für den Dandy der Lohn eines mystischen Kampfes gegen die Materie, gegen Alltäglichkeit und Konvention: »In affektiertester Haltung auf den Bänken der Literatencafés sitzend, demonstriere ich, wie sehr ich ein schmerzgeplagter Mann bin. Erregt meine Beichte Erstaunen? Mein Eleganz ist für mich so etwas wie der Aussatz des Leprösen, und dieser Spazierstock ist meine Geißel. Diese Hand, deren Anmut Sie preisen, hielt außer zu nichtigem Gruße nie eine andere Hand.« (Juan Paral: *Gespräche im Café de Flore – Alchimistische Briefe*)

Mein Freund Karl Lagerfeld hat sich in seine Metamorphose begeben wie andere in einen Orden eintreten, nachdem sie die Entscheidung lange bedacht haben. Er hat sich eine Selbstdisziplin auferlegt und sie peinlich genau eingehalten; heute ist er für meine Begriffe glücklich und zufrieden, sein Ziel erreicht zu haben. Ich glaube, er ist jetzt zu sich selbst zurückgekehrt wie man nach einer langen, anstrengenden Reise wieder nach Hause kommt, so, wie es in poetischen Worte die folgenden Sätze ausdrücken:

»Unsere Gestalten überlagerten sich aufs Genaueste, bis zur metaphysischen Vereinigung und wir schwiegen... lange und mit Ungestüm. Von dem Tag an verließen wir uns nicht mehr und unsere Gesichter verschmolzen zu einem, zu einer figürlichen Darstellung, bleich und verschwommen hinter der Künstlichkeit einer Maske im Wechsel greller und pastellener Farben.« (Juan Paral: *Monographie eines kleinen blaßlila Elefanten oder sechsunddreißig Schnappschüsse.*)

Letzten Endes wird der Dandy zum Mystiker, und zwar zu einer besonders schmerzzerrissenen Variante, die jenseits aller Konvention angesiedelt ist. Als zeitloser Vagabund durchschreitet er die Menge, manchmal geehrt, meist gesteinigt, doch jedesmal löst er Prozesse der Bewußtwerdung aus, wirft bei jedem Auftreten die Frage auf »Was ist denn das?«, mit der die philosophischen Frage »Wer sind wir / Wer bin ich?« formuliert ist, diese Ausgangsfrage jeglichen Nachdenkens über den Sinn des Lebens.

An jene, die noch meinen, um schlank und elegant zu werden, brauche man nur nach einer Diät zu leben und sich mehr körperliche Bewegung zu verschaffen, ergeht am Ende dieses Buches eine letzte Warnung: *die wahre Eleganz ist allein die der Seele.*

Jean-Claude Houdret

Tabellen

Idealgewicht Frauen

Größe cm	leichter Knochenbau	mittlerer Knochenbau	schwerer Knochenbau
148	42,0 - 44,8	43,8 - 48,9	47,4 - 54,3
149	42,3 - 45,4	44,1 - 49,4	47,8 - 54,9
150	42,7 - 45,9	44,5 - 50,0	48,2 - 55,4
151	49,0 - 46,4	45,1 - 50,5	48,7 - 55,9
152	43,4 - 47,0	45,6 - 51,0	49,2 - 56,5
153	43,9 - 47,5	46,1 - 51,6	49,8 - 57,0
154	44,4 - 48,0	46,7 - 52,1	50,3 - 57,6
155	44,9 - 48,6	47,2 - 52,6	50,8 - 58,1
156	45,4 - 49,1	47,7 - 53,2	51,3 - 58,6
157	46,0 - 49,6	48,2 - 53,7	51,9 - 59,1
158	46,5 - 50,2	48,8 - 54,3	52,4 - 59,7
159	47,1 - 50,7	49,3 - 54,8	53,0 - 60,2
160	47,6 - 51,2	49,9 - 55,3	53,5 - 60,8
161	48,2 - 51,8	50,4 - 56,0	54,0 - 61,5
162	48,7 - 52,3	51,0 - 56,8	54,6 - 62,2
163	49,2 - 52,9	51,5 - 57,5	55,2 - 62,9
164	49,8 - 53,4	52,0 - 58,2	55,9 - 63,7
165	50,3 - 53,9	52,6 - 58,9	56,7 - 64,4
166	50,8 - 54,6	53,3 - 59,8	57,3 - 65,1
167	51,4 - 55,3	54,0 - 60,7	58,1 - 65,8
168	52,0 - 56,0	54,7 - 61,5	58,8 - 66,5
169	52,7 - 56,8	55,4 - 62,2	59,5 - 67,2
170	53,4 - 57,5	56,1 - 62,9	60,2 - 67,9
171	54,1 - 58,2	56,8 - 63,6	60,9 - 68,6
172	54,8 - 58,9	57,5 - 64,3	61,6 - 69,3
173	55,5 - 59,6	58,3 - 65,1	62,3 - 70,1
174	56,3 - 60,3	59,0 - 65,8	63,1 - 70,8
175	57,0 - 61,0	59,7 - 66,5	63,8 - 71,6
176	57,7 - 61,9	60,4 - 67,2	64,5 - 72,3
177	58,4 - 62,8	61,1 - 67,8	65,2 - 73,2
178	59,1 - 63,6	61,8 - 68,6	65,9 - 74,1
179	59,8 - 64,4	62,5 - 69,3	66,6 - 75,0
180	60,5 - 65,1	63,3 - 70,1	67,3 - 75,9
181	61,3 - 65,8	64,0 - 70,8	68,1 - 76,8
182	62,0 - 66,5	64,7 - 71,5	68,8 - 77,7
183	62,7 - 67,2	65,4 - 72,2	69,5 - 78,6
184	63,4 - 67,9	66,1 - 72,9	70,2 - 79,5
185	64,1 - 68,6	66,8 - 73,6	70,9 - 80,4

Idealgewicht Männer

Größe cm	leichter Knochenbau	mittlerer Knochenbau	schwerer Knochenbau
157	50,5 - 54,2	53,3 - 58,2	59,9 - 63,7
158	51,1 - 54,7	53,8 - 59,9	57,4 - 64,2
159	51,6 - 55,2	54,3 - 59,6	58,0 - 64,8
160	52,2 - 55,8	54,9 - 60,3	58,5 - 65,3
161	52,7 - 56,3	55,4 - 60,9	59,0 - 66,0
162	53,2 - 56,9	55,9 - 61,4	59,6 - 66,7
163	53,8 - 57,4	56,5 - 61,9	60,1 - 67,5
164	54,3 - 57,9	57,0 - 62,5	60,7 - 68,2
165	54,9 - 58,5	57,6 - 63,0	61,2 - 68,9
166	55,4 - 59,2	58,1 - 63,7	61,7 - 69,6
167	55,9 - 59,9	58,6 - 64,4	62,3 - 70,3
168	56,5 - 60,6	59,2 - 65,1	62,9 - 71,1
169	57,2 - 61,3	59,9 - 65,8	63,6 - 72,0
170	57,9 - 62,0	60,7 - 66,6	64,3 - 72,9
171	58,6 - 62,7	61,4 - 67,4	65,1 - 73,8
172	59,4 - 63,4	62,1 - 68,3	66,0 - 74,7
173	60,1 - 64,2	62,8 - 69,1	66,9 - 75,5
174	60,8 - 64,9	63,5 - 69,9	67,6 - 76,2
175	61,5 - 65,6	64,2 - 70,6	68,3 - 76,9
176	62,2 - 66,4	64,9 - 71,3	69,0 - 77,6
177	62,9 - 67,3	65,7 - 72,0	69,7 - 78,4
178	63,6 - 68,2	66,4 - 72,8	70,4 - 79,1
179	64,4 - 68,9	67,1 - 73,6	71,2 - 80,0
180	65,1 - 69,6	67,8 - 74,5	71,9 - 80,9
181	65,8 - 70,3	68,5 - 75,4	72,7 - 81,8
182	66,5 - 71,0	69,2 - 76,3	73,6 - 82,7
183	67,2 - 71,8	69,9 - 77,2	74,5 - 83,6
184	67,9 - 72,5	70,7 - 78,1	75,2 - 84,5
185	68,6 - 73,2	71,4 - 79,0	75,9 - 85,4
186	69,4 - 74,0	72,1 - 79,9	76,7 - 87,1
187	70,1 - 74,9	72,8 - 80,8	77,6 - 87,1
188	70,8 - 75,8	73,5 - 81,7	78,5 - 88,0
189	71,5 - 76,5	74,4 - 82,6	79,4 - 88,9
190	72,2 - 77,2	75,3 - 83,5	80,3 - 89,8
191	72,9 - 77,9	76,2 - 84,4	81,1 - 90,7
192	73,6 - 78,6	77,1 - 85,3	81,8 - 91,6
193	74,4 - 79,3	78,0 - 86,1	82,5 - 92,5
194	75,1 - 80,1	78,9 - 87,0	83,2 - 93,4
195	75,8 - 80,8	79,8 - 87,9	84,0 - 94,3

Finis

Letzte Woche hatte ich Karl Lagerfeld zum Abendessen zu Gast. Im Laufe unseres Diät-Menüs – Langustenschwänze, dazu Gaspacho in Aspik und eine Avocado-Creme, Filet vom Kapitänsfisch, Dampfkartoffeln, gemischter Salat, als Dessert einen Cocktail exotischer Früchte, das Ganze begleitet von reichlich Pepsi Max – ließ er beiläufig fallen:

»Mir gefällt der Schluß Ihres Buches, doch Sie sprechen nur von Dandys. Und wo bleiben die Damen?«

Tatsächlich hat mich mein Thema – »Wie ich Karl Lagerfeld geholfen habe, schlank zu werden« – derart gefangengenommen, daß ich in meiner Schlußbemerkung die Frauen vergessen habe, dabei sind sie mir eigentlich stets gegenwärtig. Hatte ich sie doch während meines ganzen Buches vor Augen; meine Rezepte, meine Kosmetik-Vorschläge und meine allgemeinen Ratschläge sind zum größten Teil ihnen gewidmet.

In meinen Augen hat alles, was die Männer betrifft, ebenfalls Gültigkeit für die Frauen – bis auf jene Abweichungen, mit denen der weiblichen Physiologie Rechnung zu tragen ist. Ob sie will oder nicht, das Leben der Frau wird durch ihren Hormonhaushalt geregelt, der sich von der Pubertät über die Schwangerschaft bis zu der Zeit nach den Wechseljahren ändert. In jedem dieser Stadien können sich besondere Probleme ergeben, die mit den endokrinen Drüsen zusammenhängen. Doch meine Diät-Vorschläge gelten unabhängig davon, nur während der Schwangerschaft müssen sie angepaßt werden.

Weiblichkeit, wie sie heute verstanden wird, ist mit einer gewissen Schlankheit verbunden – was nicht mit Magerkeit zu verwechseln ist –, aber das ist nicht immer so gewesen. Noch in der heutigen Zeit ist das Schönheitsideal je nach Kultur verschieden: Bei den Afrikanerinnen stehen Rundungen hoch im Kurs, bei den Asiatinnen Feingliedrigkeit, bei den Frauen der nördlichen Halbkugel ein athletischer Körperbau usw.

Wichtig ist es also, meine Damen, daß Sie Ihren Willen und Ihre ganze Entschlußkraft daransetzen, von Ihren Voraussetzungen her Ihre gesamte Persönlichkeit zur Geltung zu bringen. Dabei dürfen Sie nicht vergessen, daß jeder Mensch anders ist und nichts Sie zwingen kann, dem Druck der Medien mit ihren standardisierten Vorbildern – Sängerinnen, Filmstars – zu folgen. Jede von Ihnen hat das Recht, sowohl vom Wesen wie von der Gestalt her das Beste aus sich zu machen; Sie sollten dabei meinen letzten Rat beachten: »*Das Gewicht, das Ihnen steht, meine Damen, ist das, bei dem Sie sich wohlfühlen.*«

Jean-Claude Houdret

Register Rezepte

Suppen und Brühen

Vorspeisen und Salate

Eierspeisen

Krustentiere und Fische

Fleisch und Geflügel

Nudeln und Pizza

Gemüse

Saucen und Dressings

Desserts